David Steindl-Rast

Credo

Das Buch

Es besteht nur aus 77 Worten. Das apostolische Credo ist die älteste erhaltene Zusammenfassung des christlichen Glaubens. Jeden Satz befragt Steindl-Rast: »Was heißt das eigentlich?«, »Woher wissen wir das?« Und: »Warum ist das so wichtig?« Und plötzlich spricht dieser alte Text ganz neu und enthüllt eine universelle Botschaft von Vertrauen, Mitgefühl, Frieden, Liebe und Erkenntnis.

»Bruder David, lange Jahre im Dialog zwischen den Religionen aktiv, ist einer der herausragenden Menschen, denen ich begegnet bin. Was seinem Buch Wert und Kraft gibt, ist die Aufrichtigkeit seiner Antworten. Sie kommen aus einem weiten Herzen, reichen hinein in seine eigene Lebensweise und sind eng mit der Gegenwartserfahrung verbunden.« (Dalai Lama)
»Ein zeitgemäßes, tiefgründiges und wichtiges Buch. Sehr empfehlenswert für Leute, die eine Spiritualität wünschen, die Sinn ergibt!« (Ken Wilber)
»Die Lektüre seiner Auslegung des Credo ist Bereicherung für alle, die sich entschieden zum christlichen Glauben bekennen, aber auch für alle, die auf der Suche nach dem Sinn ihres Lebens sind.« (Odilo Lechner OSB)

Der Autor

David Steindl-Rast OSB, geb. 1926 in Wien, Dr. phil., weltweit inspirierend im Dialog zwischen westlicher und östlicher Spiritualität. Geistlicher Mentor des weltweit bekannten Netzwerks »gratefulness«. Vortragstätigkeit in über 70 Ländern. Lebt bei Salzburg. Bei Herder u.a. »Musik der Stille«, »Achtsamkeit des Herzens«, »Fülle und Nichts«; bei Kreuz: »Einladung zur Dankbarkeit«.

David Steindl-Rast

Credo

Ein Glaube, der alle verbindet

Mit einem Vorwort des Dalai Lama

FREIBURG · BASEL · WIEN

HERDER spektrum Band 7116

Gewidmet meinem Weggefährten, Freund und Bruder,
Vanja Palmers,
in dessen Stube und mit dessen Hilfe
dieses Buch begonnen
und mehr als ein Jahrzehnt später
abgeschlossen wurde.

2. Auflage 2015

Titel der Originalausgabe: Credo

Hermann-Herder-Straße 4, 79104 Freiburg
produktsicherheit@herder.de
www.herder.de

Umschlagkonzeption: RME Roland Eschlbeck
Umschlaggestaltung: Verlag Herder
Umschlagmotiv: Helen Siegl („Kind und Sonne“)
© David Steindl-Rast
Satz: DTP-Satzservice Peter Huber, Freiburg
Herstellung: GGP Media GmbH, Pößneck

Printed in Germany

ISBN 978-3-451-07116-4

DER DALAI LAMA

VORWORT

Ganz unabhängig davon, wo wir leben, welchen Glauben wir haben oder ob wir keinen Glauben haben: uns allen ist der Wunsch gemeinsam, das Leben in seiner Fülle zu leben und deshalb uns und das Leben unserer Lieben soweit es geht zu verbessern. Und unabhängig davon, wo sie ursprünglich entstanden sind, gleichen sich alle großen religiösen Traditionen der Welt in dem einen Punkt: Sie verfügen über das Potenzial, den Menschen zu helfen, miteinander, mit sich selbst und mit unserer natürlichen Umwelt in Frieden zu leben.

Menschen, die das Christentum oder den Buddhismus ernsthaft praktizieren, können sich daher gegenseitig bereichern und spirituell unterstützen. Dessen wurde ich mir erstmals so richtig bewusst, als mich vor vielen Jahren Thomas Merton besuchen kam. Er hatte den Mut, Glaubenstraditionen zu erkunden, die jenseits der seinigen lagen, so dass er sozusagen den Geschmack dieser anderen Lehren zu verkosten vermochte. Das hat auch mir die Augen geöffnet und die Begegnung mit ihm wurde mir zur Quelle echter Inspiration. Seit damals hatte ich das Glück, in freundschaftlichen Kontakt mit weiteren Persönlichkeiten zu kommen, die in ihrem eigenen spirituellen Leben derart frohe Glaubenserfahrungen gemacht hatten, dass ihnen das half, auch den Wert anderer Traditionen zu schätzen und nicht nur ihre eigene Tradition als kostbar zu empfinden. Mir wurde das Privileg zuteil, mit solchen ermutigenden Männern und Frauen nicht nur Gespräche führen zu können, sondern auch an ihren Gebeten und ihrer religiösen Praxis teilhaben zu dürfen. Ein hervorragendes Beispiel dafür ist Bruder David Steindl-Rast, den viele einfach als Bruder David kennen. Mit seiner großen Erfahrung als Benediktinermönch ist er schon lange Jahre im Dialog zwischen den Religionen aktiv.

Daher ist es mir auch persönlich eine besondere Freude, das vorliegende neue Buch von Bruder David erscheinen zu sehen, über das wir uns beide ausführlich unterhalten haben. Darin erörtert er auch, wie der christliche Schöpfungsglaube und das buddhistische Verständnis des wechselseitig bedingten Entstehens zwei verschiedene Wegweiser in Richtung ein und derselben Erfahrung sind. Er zeigt die Möglichkeit auf, wie man seiner christlichen und westlichen Verwurzelung vollkommen treu zu bleiben vermag und sich dennoch zum Beispiel von einer buddhistischen Verständnisweise und Erfahrung bereichern lassen kann. Natürlich gilt das gleiche auch umgekehrt für die buddhistische Seite. Ja, es gehört zum Wesen des echten interreligiösen Dialogs, dass er auf dieser Überzeugung beruht.

Die Art Mut, von der ich oben sprach, zeigt sich auch hier wieder: nämlich darin, dass Bruder David sich als Ausgangstext einen Grundlagentext des christlichen Glaubens vorgenommen hat, das Apostolische Glaubensbekenntnis. Er setzt so an, dass er es Punkt für Punkt durchgeht und fragt: Was heißt das eigentlich? Woher wissen wir das? Und warum ist das wichtig? Was seinen Worten Wert und Kraft gibt, ist die Offenheit seiner Antworten, die aus einem weiten Herzen kommt. Sie reicht hinein in seine eigene Lebensweise und ist eng verbunden mit seiner Erfahrung als Zeitgenosse. Bruder David legt großen Wert auf die alles wunderbar miteinander verbindende Idee der Dankbarkeit. Dankbarkeit für die Güte des Schöpfers und der Schöpfung steht in klarem Einklang mit der Dankbarkeit für die Güte des Buddha und aller empfindenden Lebewesen. In unseren Herzen Dankbarkeit zu nähren heißt, eine positive Geisteshaltung zu nähren. Und eine positive Geisteshaltung ist etwas, das uns letztlich zum Guten und zum Glück gereicht. Ich bin mir sicher, dass viele Leser und Leserinnen sich mir anschließen und Bruder David von Herzen dankbar sind, dass er dieses Buch geschrieben hat.

8. Februar 2010

EINLEITUNG

Dieses Buch beschränkt sich auf das Wesentliche. Das soll auch diese Einleitung tun. Drei Fragen also vorab:

Wozu heute überhaupt ein Buch über das Credo?
An wen richtet es sich?
Und wie packen wir unsere Aufgabe an?

Wozu heute ein Buch über das Credo?

Das Apostolische Glaubensbekenntnis – nach seinem ersten Wort im lateinischen Urtext „Credo" genannt – ist die älteste heute noch gültige Zusammenfassung des christlichen Glaubens. Alle, die getauft werden wollen, sprechen mit diesen Worten aus, worauf sie gläubig vertrauen, und wozu sie sich freudig verpflichten. Es ist also nicht erstaunlich, dass zahlreiche Kommentare dazu geschrieben wurden, auch in neuester Zeit. Warum aber noch ein Buch über das Credo? Ich bin davon überzeugt, dass der tiefgehende Bewusstseinswandel, der sich in unserer Zeit ereignet, einen ganz neuen Ausgangspunkt für unsere Betrachtungsweise verlangt.

Unser Weltbild ist völlig anders als das vor-wissenschaftlich mythische, von dem das Credo geprägt ist. Der Ansatz unserer Auslegung dieses Textes nimmt also die Wissenschaft ernst, würdigt aber auch die tiefen Einsichten, die in poetischen Bildern, wie etwa der Jungfrauengeburt oder der Himmelfahrt, ihren Ausdruck finden. Unser kultureller Horizont ist heute global, während der, aus dem das Credo stammt, auf den Mittelmeerraum beschränkt war. Aus dieser globalen Sicht müssen wir heute zugeben, dass jede Religion – auch die christliche – Ausdruck eines allen Menschen gemeinsamen Ur-Vertrauens auf den Sinn des Lebens ist. Die Aufgabe, die ich mir mit dem vorliegenden Buch gestellt habe, ist es, das christliche Glaubensbekenntnis für diesen gemeinsamen Urgrund der Glaubens durchscheinend zu machen. Unsere Gotteserfahrung erlaubt es nicht mehr, uns Gott als von der Welt getrennt vorzustellen. Wir müssen also den Glauben an Gott, um den es im Credo geht, vom Bewusstsein unserer lebendigen Verbundenheit mit der göttlichen Wirklichkeit her interpretieren. Die Autoritätskrise, in der wir stehen, zwingt uns darüber hinaus, zu fragen, worauf wir uns letztlich verlassen können. Wir werden also Glaubenssätze immer wieder auf persönlich nachvollziehbare Erfahrung und Überzeugung zurückführen müssen – auf innere Autorität also, bei allem Respekt für äußere.

Wenn es gelingt, dem Weltbild unserer Zeit, dem erweiterten kulturellen Horizont, einem neuen Gottesbewusstsein und der Autoritätskrise gerecht zu werden, dann, und nur dann, wird dieses neue Buch über das Credo gerechtfertigt sein. Dann werden wir aber auch eine weitere Frage – kann ein gebildeter Mensch auch heute noch das Apostolische Glaubensbekenntnis mit Überzeugung sprechen? – mit einem klaren Ja beantworten dürfen.

An wen richtet sich dieses Buch?

Beginnen wir mit dem innersten Kreis und ziehen von da her zunehmend weitere. Alle, die im Credo mit Überzeugung den Ausdruck ihres Glaubens sehen, werden eine zeitgemäße Auslegung mit Interesse lesen. Obwohl sie selber fest im Glauben stehen, werden sie es begrüßen, „Antworten bereit zu haben für alle, die sie nach ihrer höchsten Hoffnung befragen" (1 Petr 3,15). Andere Christen haben möglicherweise selbst mehr Fragen als Antworten. Nicht wenige meiner Freunde schweigen einfach, wenn sie beim gemeinsamen Glaubensbekenntnis im Sonntagsgottesdienst zu einer Stelle kommen, von der sie nicht wirklich überzeugt sind. Hoffentlich wird dieses Buch ihnen helfen, ihre Schwierigkeiten durch ein reiferes Verständnis zu überwinden.

Andere, die sich das Glaubensbekenntnis überhaupt nicht mehr überzeugt zu eigen machen können, nehmen am Gottesdienst gar nicht erst teil. Ihr Bedürfnis nach Zugehörigkeit bleibt aber lebendig. Ein Leserkreis, für den dieses Buch besondere Bedeutung haben könnte, sind die aus der Kirche Ausgetretenen. Sie nehmen nämlich in vielen Fällen den Glauben besonders ernst, ernst genug jedenfalls für einen öffentlichen Schritt wie den Kirchenaustritt. Das verlangt Respekt. Es führt aber auch zu der Frage: Wohin führt dieser Schritt des Austretens? Da hilft mir ein Bild aus meiner Jugend in Wien: Wenn die Donau ins Überschwemmungsgebiet austritt, dann verlässt sie ihren alten Lauf gar nicht, sondern schließt vielmehr weitere Gebiete ein. Es scheint, dass wir berechtigt sind, das Austreten vieler Christen in diesem Sinn zu verstehen. Indem sie aus einer Kirche austreten, die ihnen zu eng geworden ist, schließen sie sich gar nicht aus, sondern sie schließen dadurch vieles ein, was zu einem umfassenderen Verständnis von Kirche und Glauben gehört.

Ich schaue auf die Flut von Kirchenaustritten und sehe darin voll Hoffnung ein Austreten der Kirche über ihre herkömmlichen Ufer, eine Überschwemmung. Die wirft zwar viel Altes über den Haufen, sogar manches, worum mir leid ist, kündigt aber Neues an, so wie eine Donauüberschwemmung anzeigt, dass in den Alpen der Schnee schmilzt und also der Frühling kommt. In diesem Sinne müssen auch alle, die sich darum bemühen, als kirchentreue Christen zu leben, innerlich immer wieder aus der Kirche austreten, ohne die Kirche zu verlassen. Das muss ich selber täglich tun. Gerade aus Treue zur Kirche gilt es, über alle Enge hinauszutreten, in ein wahrhaft katholisches – allumfassendes – Glaubensverständnis.

Das apostolische Glaubensbekenntnis galt der Kirche schon sehr früh als Kennzeichen für katholisches Christsein. Der Begriff „katholisch“ tritt in unserer Zeit über Begrenzungen hinaus, die man ihm aufzuzwingen versuchte; er kommt zu sich selber. Katholisch bedeutet ja wörtlich „allumfassend“. In diesem Sinne hielt etwa auch Martin Luther ausdrücklich am katholischen

Glauben fest. Als katholisch wurde jener Glaube bezeichnet, der „allen immer und überall" gemeinsam war. Unter „allen" wurden in der Vergangenheit freilich nur Christen verstanden. Der Glaube ist aber mehr als das Geglaubte; er ist eine innere Haltung, die Christen mit Andersgläubigen gemein haben. Daher ist jener Glaube wahrhaft katholisch, an dem „alle (und zwar alle Menschen, nicht nur Christen) immer und überall" Anteil haben.

Dieser eine Glaube, der allein es verdient katholisch genannt zu werden, drückt sich in einer Vielfalt von Religionen aus. Es geht in ihnen um das Selbe und doch nicht um das Gleiche. (Rot und grün sind nicht das Gleiche und doch ist es ein und das selbe farblose Licht, das uns in allen Regenbogenfarben erscheint.) Indem wir die ursprüngliche Definition katholischen Glaubens nicht ändern, sondern breiter und tiefer verstehen, sehen wir uns als Christen heute plötzlich vor eine ganz neue Aufgabe gestellt. Während unsere Vorfahren glaubten, zeigen zu können, dass wir allein die Wahrheit haben, muss unsere Generation schon zufrieden sein, wenn wir zeigen können, dass wir sie *auch* haben. In diesem Sinne versuchen wir in diesem Buch zu zeigen, dass auch das christliche Credo echter Ausdruck jenes Glaubens ist, der alle Menschen immer und überall kennzeichnet, ja, der uns erst zu vollen Menschen macht.

Ein weiterer Leserkreis, für den dieses Buch bestimmt ist, besteht daher aus Menschen, deren Horizont so weit geworden ist, dass ihr Glaube neue Formen sucht, um sich auszudrücken. Von diesen sind viele in einem christlich gefärbten religiösen Umfeld aufgewachsen, haben aber etwa im Zen, im Yoga, oder im Sufismus eine neue Heimat gefunden. Nicht wenige von ihnen bleiben trotzdem tief mit dem Glauben ihrer Kindheit verbunden. Nicht wenige Suchende entdecken sogar erst mit Hilfe der spirituellen Übungen aus anderen Religionen den Sinn und Wert der von ihnen zurückgelassenen, scheinbar veralteten Formen wieder. Der Wurzelgrund, aus dem der Glaube seine Nahrung zieht, liegt letztlich tiefer als alle Formen und Glaubenssätze, so hilfreich diese auch sein mögen.

Den weitesten Leserkreis bilden wohl jene spirituell Suchenden, die das Christsein nie von innen her kannten. Sie fragen: Gibt es wirklich etwas am christlichen Glauben, was für jedes Menschenherz Bedeutung hat? Mit anderen Worten: Inwiefern ist der christliche Glaube im Vollsinn katholisch? Das muss sich am Glaubensbekenntnis aufzeigen lassen. Und dieses Buch versucht genau dies zu tun.

Wie gehen wir unsere Aufgabe an?

Erstaunlicherweise hat bisher noch kein Kommentator das Verständnis des Glaubensbekenntnisses aus allgemeinmenschlichem religiösem Bewusstsein heraus entwickelt. An das intellektuelle Urteil bei der Erklärung von Glaubenssätzen zu appellieren ist eines, etwas ganz anderes ist es, Leser und Leserinnen diese Glaubenssätze von innen her selber erarbeiten zu lassen. Glaube ist Erfahrungssache oder er verdient diesen Namen nicht. Glaube aus zweiter Hand ist nicht wirklich Glaube. Der Glaube jener, die uns das Glaubensbekenntnis überliefert haben, muss im Herzen derer, die es heute beten, lebendig werden. Die Argumente, welche wir hier anführen, stützen sich letztlich auf keine äußere Autorität, sondern wir berufen uns auf das glaubensoffene menschliche Bewusstsein. Für den Glauben trägt jeder persönlich die Verantwortung. Das ist natürlich nichts Neues. Neu ist nur, dass wir hier Leser/innen dazu ermutigen, aus dieser Verantwortung heraus zu handeln und so Schritt für Schritt ein reifes Glaubensverständnis zu entwickeln.

Dieser Ansatz verwässert das Credo in keiner Weise. Er stellt vielmehr seine Quintessenz heraus. Wir relativieren den christlichen Glauben keineswegs, führen ihn vielmehr auf die einzige Quelle zurück, die als absolut gelten darf: die mystische Erfahrung. Dieses Buch geht davon aus, dass der Mystiker ja kein besonderer Mensch ist, sondern jeder Mensch ein besonderer Mystiker; es spricht alle, die es lesen, als Mystiker an. Als *ein* möglicher Ausdruck mystischer Einsicht, die grundsätzlich allen

Menschen zugänglich ist, wird so das apostolische Glaubensbekenntnis erst allen zugänglich, unabhängig von ihren religiösen Überzeugungen (oder dem Fehlen von solchen). Dieser Ansatz setzt Akzente, die vielen Menschen heute noch weitgehend unvertraut sind.

Kurz gesagt: Dieses Buch nimmt das persönliche religiöse Erleben auf ganz neue Weise ernst. Es geht hier nicht nur darum, den Inhalt des Glaubensbekenntnisses der persönlichen Erfahrung nahe zu bringen. Wir machen vielmehr diese Erfahrung hier zum Ausgangspunkt. Schließlich sind diese Glaubenssätze ja ursprünglich nicht fertig verpackt und zugeschnürt vom Himmel gefallen. Sie drücken vielmehr das religiöse Erleben jener Menschen aus, die das Credo zuerst formulierten. Dieses Erleben muss auch für uns nachvollziehbar sein. Offenbarung kommt ursprünglich von innen. Es muss uns also auch heute noch möglich sein, ihren Ursprung in unserem eigenen Inneren zu entdecken. Wir brauchen das Rad allerdings nicht neu zu erfinden. Es genügt, die Form, die wir im Credo dankbar von unserer Tradition empfangen, von innen her nachzuvollziehen. In diesem Sinne erfahren wir Offenbarung zugleich auch von außen.

Wir gehen auch in unseren Fragestellungen über vertraute Modelle hinaus. Herkömmliche Kommentare bringen zu jedem Glaubenssatz nur die eine Frage: „Was heißt das eigentlich?" Wir fügen jeweils zwei weitere Fragen hinzu. Zunächst: „Woher wissen wir das?" Das ist die Autoritätsfrage. Bei aller Ehrfurcht für die (äußere) Autorität der christlichen Tradition muss unsere Antwort auf diese zweite Frage letztlich in unserer inneren Autorität verankert sein. Weiterhin: „Warum ist dieser Glaubenssatz so wichtig?" In einem so komprimierten Dokument wie dem Credo dürfen wir von jedem Satz äußerste Gewichtigkeit erwarten. Die Frage, warum einem bestimmten Satz so viel Gewicht beigelegt wird, weist auf die spezifisch christlichen Schwerpunkte in der Ausformung des menschlichen Grundglaubens hin. In ihrem Zusammenwirken ermöglichen unsere

Fragen eine dreifache Überprüfung. Sie sind sozusagen ein kräftiges Werkzeug mit drei Zinken, das uns helfen soll, unsere schwierige Aufgabe in den Griff zu bekommen. Meine persönlichen Erwägungen, die jedem Abschnitt angefügt sind, wollen zu eigenen Betrachtungen – vielleicht sogar zu Gruppengesprächen – anregen.

Zu den Früchten, die Menschen in der Vergangenheit ernteten, wenn sie das Credo beteten und so ihrem Glauben Ausdruck gaben, zählen folgende: Ein tiefer Herzensfriede, ein Gefühl der Zugehörigkeit und des Daheimseins und eine feste Verankerung im ewigen Jetzt des gegebenen Augenblickes. Als ein Christ, der das Credo schon seit fast achtzig Jahren betet, kann ich dafür bürgen, dass diese Früchte auch heute noch reifen und taufrisch verfügbar sind. Christ oder Nichtchrist, wer immer das Credo Satz für Satz mit unserer dreizinkigen Zange in den Griff bekommt, sollte imstande sein, in diesem Text jenen Ur-Glauben zu erspüren, der uns als Menschen eint – in uns selbst, untereinander und mit dem göttlichen Seinsgrund.

Von diesem Einssein könnte in unserer zerspaltenen Welt sogar unser Überleben abhängen. Je tiefer wir einen Glaubenssatz verstehen, umso weniger werden wir darauf bestehen, dass sein Glaubensinhalt einzig in dieser Form ausgedrückt werden darf. Zugleich werden wir aber auch die Einzigartigkeit gerade dieser Ausdrucksweise schätzen können. Sich auf den Wortlaut von Glaubenssätzen zu versteifen, entzweit; der Akt des Glaubens aber verbindet. Dies zu vermitteln habe ich mich hier vor allem bemüht. Wie weit es mir gelungen ist, wird das Urteil derer entscheiden, die dieses Buch lesen.

Engelberg/CH, Pfingsten 2010

Credo in Deum,

Patrem omnipotentem,
Creatorem caeli et terrae.
Et in Iesum Christum,
Filium eius unicum,
Dominum nostrum:

qui conceptus est de Spiritu Sancto,
natus ex Maria Virgine,
passus sub Pontio Pilato,

crucifixus,
mortuus,
et sepultus,
descendit ad inferos:

tertia die resurrexit a mortuis;
ascendit ad caelos;
sedet ad dexteram Dei Patris omnipotentis:
inde venturus est iudicare vivos et mortuos.

Credo in Spiritum Sanctum,
sanctam Ecclesiam catholicam,
Sanctorum communionem,
remissionem peccatorum,
carnis resurrectionem,
vitam aeternam.
Amen.

Textfassung aus dem *Missale Romanum* von 1970.

Ich glaube an Gott,

den Vater, den Allmächtigen,
den Schöpfer des Himmels und der Erde.
Und an Jesus Christus,
seinen eingeborenen Sohn,
unsern Herrn,

empfangen durch den Heiligen Geist,
geboren von der Jungfrau Maria,
gelitten unter Pontius Pilatus,

gekreuzigt,
gestorben
und begraben,
hinabgestiegen in das Reich des Todes,

am dritten Tage auferstanden von den Toten,
aufgefahren in den Himmel;
er sitzt zur Rechten Gottes, des allmächtigen Vaters;
von dort wird er kommen,
zu richten die Lebenden und die Toten.

Ich glaube an den Heiligen Geist,
die heilige katholische Kirche,
Gemeinschaft der Heiligen,
Vergebung der Sünden,
Auferstehung der Toten
und das ewige Leben.
Amen.

Übersetzung, die am 15./16. Dezember 1970 von der *Arbeitsgemeinschaft für liturgische Texte der Kirchen des deutschen Sprachgebietes* verabschiedet wurde.

„ICH GLAUBE“

Was heißt das eigentlich?

Nur in der Zusammensetzung „ich glaube“ enthüllt jedes dieser beiden Wörter seine volle Bedeutung: Glauben ist für das Ich, um das es hier geht, unendlich mehr als ein Für-wahr-halten; und nur das Ich, das in diesem Vollsinn glaubt, ist unser wahres menschliches Selbst. Das kleine Ich – unser Ego, das letztlich aus einer Täuschung entspringt – kann bestenfalls etwas als tatsächlich anerkennen; glauben kann es nicht. Und warum nicht? Weil der Glaube nicht eine Ansammlung von Behauptungen ist, die ein gläubiger Mensch für wahr hält; der Glaube ist vielmehr tiefstes, wagemutiges Vertrauen. Sein Gegenteil ist nicht Zweifel, sondern Furchtsamkeit. Angst und Furchtsamkeit aber sind das Lebenselement des Ego, das der Selbsttäuschung des Abgetrenntseins vom Ganzen sein Scheindasein verdankt. Kein Wunder, dass es in seiner Vereinzelung den Rest der Welt als drohend und beängstigend erlebt. Unser wahres Ich ist im Ganzen des Seins eingebettet – wovor soll es da Angst haben?

Wenn wir also sagen „ich glaube“ und beiden Wörtern ihre volle Bedeutung geben, treten wir damit in die Größe und Tiefe wahren Menschseins ein. Wir können das zur Verdeutlichung etwas dramatisch ausmalen: Da tritt ein Menschlein in ein Kirchlein – alles recht zahm und alltäglich, bis es zum Credo kommt und zum „ich glaube“. Für Augen, die sehen könnten, was sich da in Wirklichkeit ereignet, flögen plötzlich Dach und Kirchturm davon, die Mauern würden zerstieben, Raum und Zeit wären nicht mehr. Es betet jetzt das eine, allumfassende menschliche Ich im ewigen Jetzt.

Das Glaubensbekenntnis, das mit den schwerwiegenden Worten „Ich glaube“ beginnt, spricht zwar in der Formensprache der christlichen Tradition, jedoch mit der Stimme einer Spiritualität, die Gemeingut aller Menschen ist. Das Ich, das sagen kann „ich glaube“ und es im Vollsinn sagen kann, ist unser wahres Ich, das eine echte, allen Menschen gemeinsam eigene Selbst.

Woher wissen wir das?

Jeder von uns weiß es aus eigener Erfahrung, kann es zumindest selbst nachprüfen. „Erkenne dich selbst!“ stand über dem Eingang des Apollotempels in Delphi, aber nicht nur die alten Griechen sahen darin den Schlüssel zur tiefsten Einsicht. Sobald ein Mensch zu Selbstbewusstsein erwacht, steht er vor der Herausforderung zur Selbsterkenntnis. Und schon bei den ersten Schritten auf dem Weg der Selbst-Erkundung stoßen wir auf den Unterschied zwischen dem Bewusstsein, das wir beobachten, und dem höheren, größeren Bewusstsein, das beobachtet. Wir können hier nicht im Einzelnen auf diese wichtige Unterscheidung eingehen, das ist aber auch nicht nötig; es gibt ausgezeichnete Anleitungen zur Selbsterkenntnis, z. B. Eckhard Tolles Buch „Jetzt“ und Genpo Roshis „Big Mind Prozess“. Für uns genügt es hier festzustellen: Ein Nach-innen-Schauen kann uns zeigen, wie sehr wir uns meist mit dem Ego identifizieren, das wir beobachten können; es ist uns aber auch möglich zu lernen, mehr und mehr daheim zu sein im Beobachter selbst, in unserem wahren Selbst. In dem Ausmaß, in dem uns das gelingt, wird das Ego aufgehoben – aufgehoben in der dreifachen Bedeutung dieses Wortes: Unser Selbst-Verständnis wird auf eine höhere Ebene des Bewusstseins hinaufgehoben; unsere Selbst-Identifizierung mit dem Ego, unserer äußeren „Maske“, wird für ungültig erklärt, aber das, worum es uns eigentlich geht, unsere Selbst-Wertschätzung, wird unverlierbar bewahrt.

Wir können es auch so sagen: Selbstbeobachtung / Selbstreflexion, Selbsterkenntnis zeigt uns, wie sehr wir im Ego verstrickt sind. Wir sind nicht einmal imstande, dem Sturzbach unserer Gedanken Einhalt zu gebieten. Nur selten denken *wir*; meist denkt *es* uns. Nur selten gebrauchen wir unser Denken als Werkzeug, das uns gehorcht; meist werden wir einfach mitgerissen vom Strudel der Gedanken und Geschichtchen, durch die unser Ego die Illusion seiner Eigenständigkeit aufrechterhält. Wir können aber lernen, dem ein Ende zu machen, indem wir im Jetzt leben; die Gedanken sind nämlich immer mit Vergangenheit und Zukunft beschäftigt. Wer im Jetzt des Augenblicks lebt, findet da den Beobachter der Gedanken, sein wahres Selbst.

Klassische Statuen haben typischerweise ein Standbein und ein Spielbein. Rufen wir uns zum Beispiel Michelangelos David in Erinnerung. Sein rechtes Bein trägt ihn, sein linkes schwingt fast tänzerisch aus. Anfänger in der Selbsterkenntnis stehen mit ihrem Standbein fest im Ego. Die Aufgabe besteht darin, unser Schwergewicht zu verlagern, bis unser Schwerpunkt im großen Selbst liegt – in unserer Buddha-Natur würden Buddhisten sagen. Andere Traditionen drücken das Heimfinden zum wahren Selbst anders aus. Christen werden etwa mit Paulus sagen: „Ich lebe, doch jetzt nicht ich, sondern Christus lebt in mir" (Gal 2,20) – was Paulus da meint, ist das eine, uns allen eigene Selbst, das uns zu Menschen macht.

Dieses unser wahres Selbst kann lächeln über die Kniffe, durch die das Ego sich zu verewigen sucht; es ist ja eins mit allen; was soll es da fürchten? Es hat grenzenloses Vertrauen; das heißt, es *glaubt*, im tiefsten Sinn des Wortes. Darum heißt es auch nicht „*wir* glauben", sondern – die Verwirklichung vorwegnehmend – „ich": der Mensch schlechthin, das eine allumfassende Selbst, – „Purusha" in der Hindu-Mythologie, oder etwa „Iitoi" in der Mythologie der Tohono O'Odham in Arizona; der kosmische Christus, der hier im Christen das erste Wort des Glaubensbekenntnisses spricht, das Wort, in dem alles Weitere zusammengefasst und schon vorweggenommen ist. Welchen Namen wir ihm auch geben wollen, dieses von Natur aus gläubige Selbst in uns zu finden, ist uns möglich, ja, es ist das Ziel aller spirituellen Übungen. Wenn wir diese Möglichkeit auch nur von ferne erahnen, dann wissen wir, was es bedeutet, im Sinne des Credos zu sagen: ICH GLAUBE.

Warum ist das so wichtig?

Weil diese Sichtweise das Credo zu etwas ganz anderem macht als das, wofür es gewöhnlich gehalten wird, nämlich für eine Aufreihung von Glaubenssätzen, durch welche Christen sich von allen anderen unterscheiden. So, wie es hier dargestellt werden soll, ist das Credo aber gerade Ausdruck dessen, was alle Menschen, die zu ihrem wahren Selbst vorstoßen, gemeinsam haben – eine der Möglichkeiten, dieses Gemeinsame auszudrücken, eben die christliche Ausdrucksweise. Anstatt den Gegensatz zwischen „uns“ und den „Anderen“ zu betonen, entkräftet ihn das Credo. Sein erstes Wort schon setzt das Bewusstsein jenes wahren Selbst voraus, in dem alle Menschen eins sind. Im Lichte dieses Verständnisses dürfen und müssen wir dann jede weitere Aussage des Glaubensbekenntnisses auslegen. Wir werden das in diesem Buch auch tun.

Jede der unterschiedlichen spirituellen Traditionen eröffnet uns ihren je eigenen Zugang zum wahren Menschsein. Je mehr wir den Weg dahin finden, umso freier werden wir durch die verschiedenen Zugänge ein- und ausgehen, ohne uns an Fremdartigem zu stoßen oder an Vertrautes zu klammern. Es ist wohl offensichtlich, wie wichtig ein solches Verständnis ist in einer Welt, die immer noch von Religionskriegen verheert wird, einer Welt, in der es immer noch Menschen gibt, die zu glauben scheinen, dass man ein besserer Christ werden könne auf Kosten echter Menschlichkeit. Und dieser gefährliche Irrtum ist leider nicht auf Christen beschränkt; er bricht über uns herein, so oft wir einer Ideologie den Vorrang geben gegenüber Ehrfurcht vor Menschenwürde und menschlichen Belangen. Wie wichtig also, sich bewusst zu werden, dass das Glaubensbekenntnis in tiefer Menschlichkeit seine Wurzeln hat!

Das Gebot „Liebe deinen Nächsten wie dich selbst“ (Lev 19,18) lautet, genauer übersetzt: „Liebe deinen Nächsten *als* dich selbst“, weil – so setzt der Text voraus – dein wahres Selbst dich und deinen Nächsten umfasst. Nur *dieses* Selbst kann wahrhaft lieben. Das Credo beginnt damit, dieses Selbst als lebendigen Grundstein für alles Folgende zu legen. Wenn wir nur sagen ICH GLAUBE und zutiefst wissen, was das bedeutet, dann ist darin schon wie in einem Samenkorn alles enthalten, was sich im ganzen übrigen Glaubensbekenntnis entfalten wird.

Persönliche Erwägungen

Was ist von allen Dingen am schwersten zu glauben? Manches, was Naturwissenschaft uns lehrt, scheint auf den ersten Blick ganz unglaublich. Kann es z. B. wahr sein, dass die Zahl der Sterne im Weltall so groß ist wie die Zahl aller Sandkörner an allen Stränden der Welt zusammen? Soll ich glauben, dass in meinen Adern jede Sekunde Millionen roter Blutkörperchen sterben und ebenso viele neu entstehen? Schwer zu glauben, und doch beweisbar! Dass auf unserem Planeten alle 24 Stunden 200 000 mehr Menschen geboren werden als sterben? Wollen wir das vielleicht nicht wahr haben, und finden es deshalb so schwer zu glauben? Aber hier handelt es sich nur darum, *etwas* zu glauben; *an* etwas glauben ist unvergleichlich schwieriger. Beim *Etwas*-Glauben geht es um Tatsachen, die sich nachprüfen lassen; wenn wir aber *an* etwas glauben, dann fordert das von uns persönliches Vertrauen auf eine Wirklichkeit, die nicht bewiesen werden kann, aber auch gar nicht bewiesen werden muss, weil sie *selbstverständlich* ist – im Vollsinn dieses Wortes, den wir uns durch die Erwägungen dieses Buches erarbeiten müssen. Der Glaube, der im Credo spricht, bezieht sich eben auf jene Wirklichkeit, die nur unserem wahren Selbst verständlich ist. (Darauf werden wir immer wieder zurückkommen müssen.)

Wenn wir in uns gehen und uns fragen, was uns auf dieser Ebene des *An*-etwas-Glaubens am schwersten fällt, dann werden wohl viele von uns zugeben müssen: Das Schwierigste ist es, an die Liebe eines anderen Menschen wirklich zu glauben. Ja, es gibt Liebesbeweise und Proben, an denen sich die Liebe eines Anderen zeigt, aber letztlich müssen wir uns doch darauf verlassen. Es kommt alles auf dieses Sich-verlassen an. Und damit weist die Sprache schon hin auf den entscheidenden Punkt: Was wir verlassen müssen, ist unser kleines Ich, das sich in die Illusion des Abgetrenntseins verkapselt; und wir verlassen uns *auf* etwas – bewegen uns auf etwas anderes hin –, nämlich auf unser großes Selbst, in dem Du und Ich eins sind, obwohl sie unterschieden bleiben.

Das Erlebnis, in dem mir das zum ersten Mal bewusst wurde, begann als ein Spiel, das ich mit meinem Vetter gemeinsam erfand – oder wohl eher wieder-erfand, denn ich glaube, Kinder erfinden es in jeder Generation neu. Da lagen wir auf unserer rot karierten Decke im Gras hinter dem Lindenhof, gelangweilt und mürrisch, weil wir unser Mittagsschläfchen machen mussten, obwohl wir doch schon so große Buben zu sein meinten. Und dann begann unser Erlebnis als ein Wettspiel, wer dem anderen länger in die Augen schauen könne. Wer zuerst wegschaut, hat verloren. Unversehens wurde aber mehr als ein Spiel daraus. Vielleicht begann es damit, dass wir uns selber winzig klein und dunkel in der Pupille des anderen sahen. Was dann geschah, kann ich auch heute noch nicht in Worte fassen. Ich könnte nur etwa sagen: Ich fiel in Friedis Augen, wie Kinder im Märchen in einen Zauberteich fallen – und er fiel in die meinen. Und wie die Kinder im Märchen waren wir plötzlich in einer anderen Welt – in einer Welt, in der wir zugleich zwei und eins sein konnten. Als unsere Augen zu wässern begannen, schlossen wir beide sie zugleich.

Später spöttelten wir verschämt darüber, aber insgeheim wussten wir doch – und sollten es nie wieder vergessen –, dass wir einen Augenblick lang die *wirkliche* Welt gesehen hatten. Dort ist alles Liebe; Schauen ist Lieben, Atmen ist Lieben, Dasein ist Lieben – nicht in irgend einem sentimentalen Sinn, sondern einfach als ein freudiges „Ja" zum Eins-sein, ein nicht hinterfragbares, unbezweifelbares „Ja" aus ganzem Herzen zum All-einssein.

„Ich bin durch dich so ich". Jahrzehnte später kamen mir diese Worte des amerikanischen Dichters E. E. Cummings unter die Augen und berührten mich tief – nicht zuletzt wohl, weil sie mich an das Spiel zweier Kinder auf jener rotkarierten Decke erinnerten. *„i am through you so i"* schrieb der Dichter, und ließ damit in mir die Erkenntnis aufleuchten, was mein Kindheitserlebnis gewesen war: Begegnung mit Gott, für dessen Gegenwart ja jede tiefe menschliche Begegnung letztlich durchsichtig wird.

Nur einem Du gegenüber hat es überhaupt Sinn, „ich" zu sagen. Dass ein Du mir vertraut, macht mein Selbstvertrauen erst möglich. Die Begegnung von Ich und Du ist der Quellgrund, aus dem gläubiges Vertrauen entspringt. Ich werde ich, indem ich dir vertraue. Das Ich, das diesem Vertrauen entstammt, glaubt eben; es ist unser wahres Selbst, das Ich, das im Credo sagt: ICH GLAUBE.

Und Du, Leserin oder Leser? Wann und wie bist Du diesem Paradoxon begegnet? Krame nicht in Deinen Erinnerungen nach äußerlich auffallenden Erlebnissen. Unter denen wirst Du kaum finden, worum es hier geht. Vielleicht hat auch Dich ein spielerischer Augenblick in Deiner Kindheit jenen tiefen Glauben erleben lassen, den man nie vergisst, oft vernachlässigt, aber doch jederzeit neu erwecken kann.

„ICH GLAUBE AN GOTT“

Was heißt das eigentlich?

Wenn wir die beiden ersten Wörter – ICH GLAUBE – recht verstanden haben, dann ist es fast verwunderlich, dass hier noch ausdrücklich AN GOTT hinzugefügt wird. Im tiefsten Sinne glauben kann man ja nur an Gott. Ja, indem wir glauben, bekommen wir sozusagen erst ins Blickfeld, was wir Gott nennen, richten uns auf das aus, was allein Gott genannt zu werden verdient, wenn wir überhaupt wagen wollen, es zu benennen.

Die beiden Wörter ICH GLAUBE enthalten schon alles, was das Glaubensbekenntnis im einzelnen entfalten wird, so wie ein Samenkorn schon die ganze Pflanze enthält. Im Lateinischen sind die beiden sogar nur ein Wort CREDO, das im Deutschen oft für das ganze Glaubensbekenntnis steht und ihm seinen Namen gibt. Im lateinischen Wort CREDO schwingt die Bedeutung zweier Wortelemente mit: „COR“ (= Herz) und „DO“ (= ich gebe). Das heißt, im Glauben setze ich mein Herz auf das, woran ich glaube; ich gebe mich zuinnerst hin. In diesem Sinn ist der Glaube eben mehr als eine Zusammenfassung von Geglaubtem, mehr als eine Liste von Glaubenssätzen. Was sich in Sätzen aussprechen lässt, bleibt immer unzulänglicher Versuch, das auszudrücken, was die stumme Gebärde des Glaubens meint, wenn unser Herz sich auf das Unaussprechliche hin öffnet und sich auf diese Wirklichkeit verlässt.

Das Glaubensbekenntnis ist erst in zweiter Linie die Aufzählung verschiedener Glaubenswahrheiten; in erster Linie ist es eben persönliches Bekenntnis einer einzigen Wahrheit, nämlich, dass ich glaube. Das bedeutet, dass mein Vertrauen auf etwas stark genug ist, um mein Herz darauf zu setzen. Und was immer das ist, nennen wir GOTT. In diesem ersten Satz des Credos bedeutet GOTT noch nicht mehr – allerdings auch nicht weniger – als das, worauf ich mein äußerstes Vertrauen setze. Weitgehend noch inhaltslos, ist das Wort GOTT hier einfach Wegweiser in die Richtung jener vertrauensvollen Zugehörigkeit, die allein dem Leben Sinn schenkt.

Hier am Beginn des Glaubensbekenntnisses ist uns noch kein Bild für GOTT gegeben, nicht einmal der durch Paul Tillich bekannt gewordene, fast bildlose Ausdruck „Urgrund des Seins". (Er stammt vom englischen Dichter Gerard Manley Hopkins – „*Ground of being, and granite of it: past all / Grasp, God*" – „Urgrund des Seins, und sein Urgestein: Jenseits von allem / Begreifen, Gott".) Hier steht GOTT nur erst einmal für den Zielpunkt der abgrundtiefen, unaustilgbaren Sehnsucht des menschlichen Herzens nach letztem Sinn. Von dieser Sehnsucht lässt sich aber das Vertrauen auf ihre Erfüllung nicht wegdenken; unser Vertrauen, dass sie gestillt werden wird, gehört wesentlich zu ihr. Und dieses Vertrauen ist der Ur-Glaube an Gott.

Woher wissen wir das?

Kurz gesagt, aus Erfahrung. Sobald unser menschliches Bewusstsein erwacht, sind wir uns auch schon – ganz gleich wie blass und undeutlich – des göttlichen Bereiches bewusst. Ist Dir schon einmal aufgefallen, dass alles, was Du erlebst, in Dir zu einer Geschichte gestaltet wird, die Du innerlich jemandem erzählst? Schon als kleine Kinder tun wir das. Auch wenn wir diese Geschichte nie jemandem mit Worten mitteilen, so setzt doch die Tatsache unseres inneren Erzählens einen Zuhörer voraus, an dessen Anteilnahme wir glauben, ohne uns das klar bewusst zu machen. Aber das – wenn auch nur dunkle – Bewusstsein dieser Anteilnahme bildet sozusagen die Leinwand, auf die wir unsere ganze Lebensgeschichte projizieren. Bevor wir sonst irgend etwas wissen oder kennen, vertrauen wir in diesem Sinne gläubig auf GOTT – als den Anteil nehmenden Zuhörer, dem wir unser Leben Schritt für Schritt erzählen.

Lange bevor uns Gottes*erfahrung* auf irgend eine Weise konkret zuteil wird, ist Gottes*bewusstsein* die Voraussetzung unseres bewussten Seins überhaupt, der Bildschirm, auf dem sich alles, was uns sonst bewusst wird, abzeichnet. Dass uns etwas bewusst wird, heißt ja, dass es uns zunächst anspricht und dass wir es wieder als inneres Wort aussprechen; das setzt aber ein Gegenüber voraus. Was wir GOTT nennen, wenn wir dieses Wort richtig verwenden, ist eben unser innerstes Ur-Gegenüber.

Viele Menschen haben heute Mühe, wenn von GOTT die Rede ist. Das kann ich nur zu gut verstehen. Allzu oft wurde dieses Wort ja missbraucht. Um Missverständnisse zu vermeiden, gebrauche ich selber oft andere Ausdrücke: „Letzte Wirklichkeit", „Urgrund des Seins", „Quelle aller Lebendigkeit". Wenn wir aber den Text, der uns hier vorliegt, verstehen wollen, dann geht es nicht darum, das Wort GOTT durch ein anderes zu ersetzen, sondern darum, unser Verständnis dafür zu vertiefen, was hier im Zusammenhang des Glaubensbekenntnisses eigentlich damit gemeint ist.

In Augenblicken, in denen uns unsere tiefste Zugehörigkeit – und somit GOTT – bewusst wird, quillt gläubiges Vertrauen ganz spontan auf. Abraham Maslow (1908–1970) spricht da von „Gipfelerlebnissen" – *Peak Experiences*. In diesen besten, wachsten, lebendigsten Augenblicken unseres Lebens wissen wir uns mit einer Wirklichkeit verbunden, die weit über unser begrenztes Selbst hinausgeht. Diese Erfahrung innigster Zugehörigkeit ist so grundlegend, dass es sinnlos wäre, sagt Maslow als Psychologe, zu fragen, ob wir es da mit Phantasie oder Wirklichkeit zu tun haben. Was sollen wir denn als Wirklichkeit bezeichnen, wenn nicht solche Urerfahrungen? Sie liefern uns ja überhaupt erst den Maßstab für das, was verdient „wirklich" genannt zu werden.

Abraham Maslow, ein bahnbrechender Forscher und Denker des 20. Jahrhunderts, stellte sich die Aufgabe, herauszufinden, was psychologisch vorbildlich entwickelte Menschen zu solchen mache. Zu seiner Überraschung stellte sich heraus, dass geistig besonders leistungsfähige, gesunde, schöpferische und widerstandsfähige Menschen eines gemeinsam haben: mystische Erfahrungen. Sie alle berichteten bei Maslows Untersuchungen von Augenblicken, in denen sie sich einer grenzenlosen Zugehörigkeit bewusst wurden und alles, was es gibt, als wahr und gut und schön erlebten – ganz so wie die großen Mystiker der verschiedenen Traditionen. Maslow prägte den Ausdruck „Gipfelerlebnis", weil es seinen Kollegen unpassend erschien, in der wissenschaftlichen Literatur von „mystischen Erfahrungen" zu sprechen; bis zu seinem Lebensende bestand er allerdings darauf, dass zwischen beiden kein Unterschied bestehe.

Eine zweite Entdeckung, zu der Maslows Forschung führte, war ebenso unerwartet, dass nämlich – soweit es erlaubt ist, zu verallgemeinern – alle Menschen Gipfelerlebnisse zu haben scheinen. Was die hervorragenden von den gewöhnlichen Sterblichen unterscheidet, ist die Art und Weise, wie sie mit dem Erlebten umgehen. Was Menschen geistig groß und gesund macht, ist, dass sie ihr Leben von ihren mystischen Erfahrungen prägen lassen, sie nicht vergessen oder verdrängen, sondern sich nach ihnen ausrichten. So entspringen z. B. aus dem Bewusstsein grenzenloser Zugehörigkeit ein Gemeinschaftsgefühl, das alle Menschen einschließt, und die Bereitschaft, danach zu handeln. Aus der überwältigenden Erfahrung des Wahren, Schönen und Guten entspringt ein dankbares Wachsein für die Gaben, die jeder Augenblick uns schenkt. Und diese Haltung ist bei großen Menschen andauernd und lebensprägend.

Vielleicht erinnerst Du Dich an einen Augenblick, in dem Du das Gefühl hattest, wirklich Du selber zu sein, gerade deshalb, weil Du irgendwie über Dich hinausgehoben wurdest – von Musik, vom hochgewölbten Himmel einer sternklaren Nacht, vom Anblick eines schlafenden Kindes, das an seinem Daumen saugt. Plötzlich verblassen, verschwimmen, verschwinden die scharfen Grenzen zwischen Dir und der Welt rundum, ja zwischen Dir und dem Urgrund, aus dem alles aufsteigt und in den alles zurückfließt. In solchen Augenblicken verkosten wir flüchtig, was Mystiker die Erfahrung des All-eins-seins nannten. Es scheint fast unmöglich, solches auch nur einmal zu erleben, ohne fürs Leben dadurch bestimmt zu sein; unser innigstes Verlangen weist ja in dieser Richtung. Doch Gipfelerlebnisse gehen vorüber und verblassen in der Erinnerung; das lässt sich nicht aufhalten.

Wir haben dann aber die Wahl: Wir können das Erfahrene vergessen, oder wir können danach handeln, und das heißt, gläubig leben. Je mehr unsere Haltung im täglichen Umgang mit Menschen, Tieren, Pflanzen und Dingen unserem Bewusstsein innerster Verbundenheit mit dem Urgrund allen Seins entspricht, umso höher entwickelt sich unsere Gottverbundenheit und umso klarer finden wir Sinn im Leben. Solcher Glaube verlangt, wie die Pflege jeder persönlichen Beziehung, wache Kreativität. Ohne sie sinkt unsere Gottesbeziehung zu einer Art Halbschlaf ab. Unsere existentielle Bezogenheit auf Gott kann sogar als eine lästige Abhängigkeit missverstanden werden, von der wir uns dann zu „befreien" suchen. Im innersten Herzen vertrauend anzuerkennen, „ich bin Dein, Du bist mein", das ist der Glaube, der uns frei und lebendig macht.

Weshalb ist dieser Punkt so wichtig?

Nichts ist uns Menschen wichtiger, als im Leben Sinn zu finden. Alle Schmerzen und Schwierigkeiten sind auszuhalten, solange wir darauf vertrauen, dass alles Sinn hat. Sobald wir aber am Sinn des Ganzen zweifeln, können uns selbst die günstigsten Lebensumstände nicht vor der Verzweiflung retten. Wie würdest Du selber die Frage beantworten: Was gibt meinem Leben Sinn? Wie immer Du darauf antwortest, eines ist sicher: Irgend eine Form von Zugehörigkeit wird sich in Deiner Antwort ausdrücken. So zeigt uns unsere eigene Erfahrung: Was unserem Leben Sinn gibt, ist Zugehörigkeit. Wir sollten diese Erfahrungstatsache nicht vergessen.

Eine zweite Einsicht ist ebenso wichtig: Unsere tiefste Zugehörigkeit ist die zu Gott.

Aber halt! Wir dürfen nicht annehmen, dass wir von vornherein wüssten, was wir unter GOTT verstehen. Wir müssen das umgekehrt angehen und uns zuerst fragen: Worin ist meine tiefste Zugehörigkeit verankert – jenseits all dessen, was entsteht und vergeht? Die Antwort darauf zeigt uns dann erst, was wir persönlich mit GOTT meinen. Nur so erhält das Wort GOTT eine für uns persönlich gültige Bedeutung. Die Form, in welcher sich unser Gottesglaube ausdrückt, ist nicht von letzter Wichtigkeit, sie kann sich ändern. Worauf es ankommt, ist, dass wir uns der abgründigen Tiefe bewusst werden, in die wir den Anker unserer Sinnsuche hinabgelassen haben, dass wir daran erkennen, was GOTT für uns persönlich bedeutet, und dass wir dadurch in unser tägliches Leben Sinn und Freude einfließen lassen.

Nun erhebt sich die Frage: Ist es von Bedeutung, zusätzlich zu diesem inneren Glauben auch noch ausdrücklich zu bekennen „ICH GLAUBE AN GOTT"? Wir dürfen diese Frage bejahen. Sooft ich mir mein Gottvertrauen innerlich ins Bewusstsein rufe, erinnert mich das an den tiefsten Sinn, der meinem Leben Richtung gibt. Dass ich weiß, woran ich mein Herz gehängt habe, und es mir selber klar sage, hilft mir, Umwege der Selbstentfremdung oder Sackgassen wie Gefühle von Verwirrung und Verwaist sein zu vermeiden. Weil mein Glaube mir Vertrauen gibt, dass das Leben Sinn hat, kann ich weitergehen. Sooft ich diese ersten Worte des Glaubensbekenntnisses ausspreche, erinnere ich mich daran, worin der Sinn meines Lebens verwurzelt ist. Im guten Erdreich des ICH GLAUBE AN GOTT gedeiht meine dankbar freudige Lebendigkeit.

Wir können aber noch einen Schritt weiter gehen. Mit anderen *gemeinsam* diesen tiefsten, alle Menschen verbindenden Glauben zu bekennen, stärkt das Bewusstsein weltweiter Gemeinschaft. Die Erfahrung unserer Zugehörigkeit zum gemeinsamen Seinsgrund (den freilich nicht alle GOTT zu nennen brauchen) haben wir mit allen Menschen gemein. Sie ist auch die Grundlage für unsere gegenseitige Zusammengehörigkeit.

Nichts dürfte heute notwendiger sein als dieses weltweite Gemeinschaftsbewusstsein aller Menschen zu fördern, das sich dann auf Tiere, Pflanzen und selbst auf die unbelebte Natur ausweitet. Es gibt viele Glaubensüberzeugungen, aber nur einen Glauben. Wir müssen lernen, unsere Überzeugungen weniger wichtig zu nehmen als die Urgebärde gläubigen Vertrauens. Glaubensüberzeugungen haben die Kraft, uns zu entzweien, Glaube aber hat die noch größere Kraft, uns zu einen.

Das Credo ist ursprünglich ein Taufbekenntnis. Das Untertauchen im Taufwasser wird da zum sakramentalen Sinnbild für ein Hineingeborenwerden in neues Leben: Gottes Leben in uns und unser Leben in Gott – dem dreieinigen. Der feierliche Dreischritt der Formel ICH – GLAUBE – AN GOTT nimmt hier schon vorweg, worum es bei dieser Dreieinigkeit geht: Es geht vor allem um das unbegreifliche Du – nämlich GOTT als Gegenüber – das mir entgegenwartet und mich erst dadurch zum Ich macht (das Credo wird dieses Du „Vater" nennen); dann geht es um eben dieses ICH, das mit göttlichem Leben lebendig ist (Christus in uns); und schließlich um lebendiges GLAUBEN, in dem sich dieses Leben ausdrückt, und das die beiden Pole – Gott und Ich – innerhalb der einen göttlichen Wirklichkeit vereint (um den Heiligen Geist). Der ganze Text des Glaubensbekenntnisses wird nach und nach entfalten, was der Satz ICH GLAUBE AN GOTT mit seinen drei Aspekten vorwegnimmt. Darum ist dieser erste Satz so wichtig.

Persönliche Erwägungen

Im Credo geht es nirgends um Argumente für oder wider Gottes Existenz. Auch dem menschlichen Herzen geht es nicht um Spekulationen, sondern um Erkenntnis. Pascal hat dieser Tatsache ihren bleibend gültigen Ausdruck gegeben: „Le coeur a ses raisons, que la raison ne connaît point". – „Das Herz hat seine Gründe, die der Verstand nicht kennt". Nur unser mystisches Erleben kann diese Gründe ausloten; nur in dichterischer Sprache dürfen wir wagen, davon zu reden.

Der Dichter David Whyte entfaltet Pascals Einsicht in gegenwartsnaher Sprache. Darum ist es nicht erstaunlich, dass sein „Selbstbildnis" in den USA zur Zeit zu einem der meist zitierten Gedichte geworden ist. Mit seinen ersten, sehr herausfordernden Worten schon spricht es vielen Menschen unserer Zeit aus dem Herzen – und zwar keineswegs nur spirituell gleichgültigen, sondern vor allem den ernstlich Gott Suchenden:

„Es interessiert mich nicht,
ob es einen Gott gibt oder viele Götter."

Und warum nicht? Weil das rein theoretische Fragen sind. Dem Herzen aber geht es um Einsicht, die der Erfahrung entspringt. Und von Erfahrung sprechen gleich die nächsten Zeilen:

„Ich möchte wissen, ob du
dazugehörst oder dich verlassen fühlst,
ob du Verzweiflung kennst und sie erkennen kannst
in anderen."

Darauf kommt es also an: Ob wir jene allumfassende Zugehörigkeit kennen, die den Gegenpol darstellt zu Verlassenheit und Verzweiflung. Wir dürfen sicher sein, dass wir schon irgendwann einmal dieses All-eins-sein gefühlt haben – in einem *Gipfelerlebnis*, würde Maslow sagen. Wir dürfen uns nur nicht irreführen lassen durch diesen Ausdruck und gleich ans Matterhorn denken oder an einen Gipfel im Himalaya. Vielleicht war unser persönlicher Gipfel im Vergleich dazu ein Ameisenhaufen; das spielt keine Rolle. Es genügt jedenfalls, dass wir uns schon einmal so recht daheim gefühlt haben im All, wenn auch nur einen Augenblick lang. Wir hörten etwa eine Melodie (Händels Alleluja ist für mich so eine) und waren plötzlich so ganz da; alles war recht so, wie es war, und wir waren Teil des Ganzen, *waren* irgendwie das Ganze. Einmal wenigstens, das genügt – oder es sollte genügen. Wir dürfen das Geschenk eines solchen Augenblickes nur nicht vergessen. Sooft wir uns dankbar daran erinnern, wissen wir, dass wir „dazugehören" und sind vor der Verzweiflung gerettet.

Das ist aber eine Haltung, die wir täglich neu erringen, täglich auf neue Art beweisen müssen. Das Leben verändert uns ja ständig, ob wir es wollen oder nicht. Es fordert uns heraus, sicher zu sein, dass der Anker hält – auch in Stürmen. Darum fragt der Dichter weiter, ob wir auch wirklich zu leben bereit sind:

„Ich möchte wissen,
ob du zu leben bereit bist in der Welt
mit ihrem harten Zwang,
dich zu verändern. Ob du zurückschauen kannst
mit festem Blick und sagen:
‚Hier stehe ich'."

Nur das gläubige Ich weiß, wo es steht. Nur unser wirkliches Selbst steht überhaupt. Unser kleines Ego wird nur ankerlos umhergeschwemmt. Aber es sehnt sich, „aufgehoben" zu werden – ausgelöscht, über sich hinausgehoben ins große Selbst und dort liebend verwahrt. Darum die weitere Frage:

„Ich möchte wissen,
ob du es verstehst,
in die feurige Lebenshitze hineinzuschmelzen,
hineinzufallen
mitten in deine Sehnsucht."

– die Sehnsucht nach dem All-eins-sein. In allem, was wir Liebe nennen, schwingt irgendwo lauter oder leiser diese Sehnsucht mit. Denn Liebe ist ja nicht nur ein Gefühl, sondern letztlich unser „Ja" zur Zugehörigkeit, ein „Ja", das jeder Funke unseres Geistes, jeder Herzschlag unseres Leibes ausruft. Darum holt auch hier der Dichter weit aus zu seinem vierten und letzten „Ich möchte wissen", das nach der Liebe fragt:

„Ich möchte wissen,
ob du bereit bist,
Tag für Tag die Folgen der Liebe zu ertragen
und die ungewollte bittere Leidenschaft
deiner unausweichlichen Niederlage."

Sooft ich es lese, trifft mich hier dieses Wort „Niederlage" wieder wie ein Blitz. Besser gesagt, mein kleines Ich wird so vom Blitz getroffen. Mein wahres Selbst *ist* ja Liebe – das große „Ja" zum All-eins-sein. Darin aufzugehen ist Niederlage für mein Ego, aber es ist zugleich das strahlende Aufleuchten des gläubigen Selbst – die „feurige Umarmung", die allem Leiden, aller Sehnsucht Sinn gibt. Hier liegt auch die Antwort auf die Frage bezüglich des einen Gottes und der vielen Götter. Sie wurde eingangs des Gedichtes zurückgewiesen, weil nur vom Kopf gestellt; hier in den beiden letzten Zeilen wird sie vom Herzen in ganz überraschender Weise doch beantwortet:

„In ***dieser*** feurigen Umarmung, heißt es,
reden selbst die Götter von Gott."

Das ganze Gedicht verdient es, am Ende dieses Abschnittes noch einmal vorgelegt zu werden. Man muss es mehrmals lesen, um ihm gerecht zu werden. Mir wurden in den Jahrzehnten meiner Freundschaft mit David Whyte viele feurige Gipfelerlebnisse geschenkt. Gemeinsam beugten wir uns über die äußersten Klippen der Aran-Inseln und schauten hunderte Meter tief senkrecht hinunter auf den Atlantischen Ozean. Gemeinsam erlebten wir einen Frühlingstag auf einer kleinen Insel in einem irischen See, einen jener verzauberten Tage, wenn nach langem Regen der Schlehdorn wie in Brautschleiern strahlend weiß im Sonnenschein dasteht, und der Kuckuck nicht aufhört zu rufen. Und auf einer dritten Insel, Whidbey Island an der Westküste Nordamerikas, saßen wir gemeinsam auf einer alten Holzbank, und da ereignete sich – nichts. (Wir sagen das so leichthin. Wenn sich Nichts aber einmal wirklich ereignet – uns wirklich bewusst wird –, dann ist das vielleicht der höchste Gipfel, den wir erleben können.)

Worauf es bei diesen persönlichen Erwägungen ankommt, ist, dass Du in Deinen eigenen Erinnerungen etwas findest, was dem entspricht, wovon ich erzähle. Wann und wie hast Du etwas erlebt, was Maslow ein Gipfelerlebnis nennen würde? (Und vergiss nicht: Gipfel sind von ganz unterschiedlicher Höhe.) Wann und wo hast Du – ganz gleich wie flüchtig und wie bald bezweifelt oder vergessen – jene „feurige Umarmung" erlebt, von der David Whytes „Selbstbildnis" spricht? Lies es hier als Ganzes; vielleicht wirst Du darin Dein eigenes Selbst abgebildet finden. Vielleicht hat der Dichter das sogar erhofft. Das Selbst, das sagen kann Ich glaube an Gott, ist ja das große Selbst in dem wir alle eins sind.

Selbstbildnis

David Whyte

Es interessiert mich nicht, ob es einen
Gott gibt oder viele Götter.
Ich möchte wissen, ob du
dazugehörst oder dich verlassen fühlst,
ob du Verzweiflung kennst und sie erkennen kannst
in andern. Ich möchte wissen,
ob du zu leben bereit bist in der Welt
mit ihrem harten Zwang,
dich zu verändern. Ob du zurückschauen kannst
mit festem Blick und sagen:
„Hier stehe ich". Ich möchte wissen,
ob du es verstehst,
in die feurige Lebenshitze hineinzuschmelzen,
hineinzufallen
mitten in deine Sehnsucht. Ich möchte wissen,
ob du bereit bist,
Tag für Tag die Folgen der Liebe zu ertragen
und die ungewollte bittere Leidenschaft deiner unausweichlichen Niederlage.

In ***dieser*** feurigen Umarmung, heißt es,
reden selbst die Götter von Gott.

Self Portrait
by David Whyte

It doesn't interest me if there is one God
or many gods.
I want to know if you belong or feel
abandoned.
If you know despair or can see it in others.
I want to know
if you are prepared to live in the world
with its harsh need
to change you. If you can look back
with firm eyes saying
this is where I stand. I want to know
if you know
how to melt into that fierce heat of living
falling toward
the center of your longing. I want to know
if you are willing
to live, day by day, with the consequence of love
and the bitter
unwanted passion of sure defeat.

I have been told, in ***that*** fierce embrace, even
the gods speak of God.

„Ich glaube an Gott, DEN VATER“

Was heißt das eigentlich?

Mit dem Namen VATER für Gott beginnt unser Text, den allgemein menschlichen Glauben spezifisch christlich auszudrücken; es bleibt jedoch – und das müssen wir betonen – derselbe Glaube. Trotz verschiedener Ausdrucksformen, trotz verschiedener Entwicklungsstufen innerhalb dieser Ausformungen, bleibt der Glaube immer das Wagnis tiefsten Vertrauens auf eine liebende Macht, die uns unendlich übersteigt. Ja, eine *liebende* Macht muss es sein – und das will das Wort VATER ausdrücken –, denn letztes Vertrauen können wir nur auf Liebe setzen.

An Jesus fiel schon seinen Zeitgenossen auf, dass er auf ganz persönliche Art Gott „Abba“ – VATER – nannte. Vielen Christen ist das Bild Gottes als Vater zu vertraut geworden; sie vergessen dabei allzu leicht, dass es doch nur ein Bild ist. Andere bemerken, dass der ausschließliche Gebrauch des Vaterbildes für Gott weitreichende psychologische und soziologische Verzerrungen bewirken kann. Zu viele männliche Züge werden da unbewusst in die Gottesvorstellung hineinprojiziert; zu viele mütterliche Aspekte werden übersehen. Das unterstützt männlichen Chauvinismus in Kirche und Gesellschaft und es kann leicht dazu verleiten, sich Gott so vorzustellen wie den eigenen Vater, mit allen Spannungen, die daraus erwachsen. Selbst das treffendste Bild für Gott bleibt immer unzulänglich. Bilder und Worte „gehen am Unsäglichen aus“, sagt Rilke, wie die Sterne ausgehen am Tag.

Ganz gleich wie passend ein bestimmtes Bild ist, es wird gewisse Aspekte nicht ausdrücken können, die andere Bilder klarer zeigen. Der christliche Glaube an Gott spiegelt sich für unser heutiges Lebensgefühl besser im Vertrauen eines Kindes zur Mutter. Jesus selbst stellt den Vater – etwa im Gleichnis vom verlorenen Sohn (Lk 15,11–24) – eher so dar, wie wir uns eine liebende Mutter vorstellen. Wenn wir heute trotz alledem immer noch Gott unseren VATER nennen, dann tun wir das, weil Jesus es getan hat, aber wir haben das Recht – heute vielleicht sogar die Pflicht –, hin und wieder Gott auch Mutter zu nennen.

So verstanden deutet der Vatername im Glaubensbekenntnis auf einen Zweig der allgemein menschlichen Glaubensentwicklung hin, der mit Jesus beginnt. Der Stamm der menschlichen Glaubenstradition ist älter und hat viele Äste. Obwohl das Credo von hier an Ausdruck des *christlichen* Glaubens ist, mögen auch jene, welche einen anderen Ausdruck des universellen Glaubens vorziehen, die hier gewählten Bilder bereichernd finden. Je mehr wir aus dem Wesentlichen des Glaubens leben, umso mehr werden wir uns an der Vielfalt seiner Ausdrucksformen freuen können, anstatt uns daran zu stoßen.

Ähnlich dem kosmischen Weltraum ist auch der „Gottraum" in uns so unermesslich weit und vielfältig, dass menschliche Entdeckungsfahrten seit undenklichen Zeiten scheinbar widersprüchliche Berichte zurück bringen konnten, die doch alle stimmen. Schon Nikolaus von Kues (1401–1464) sprach von der *„coincidentia oppositorum"* – dem Zusammentreffen aller Widersprüche – in Gott. Die Gottraumerfahrungen jüdischer, christlicher und islamischer Mystiker betonen besonders die persönlichen Aspekte unserer letzten Zugehörigkeit. Auch andere Traditionen, wie z.B. die indianische, verwenden das Bild von Vater, Mutter, Großmutter oder Großvater für Gott. Was das Vaterbild zum Ausdruck bringen will, ist, dass wir als Menschen die letzte Wirklichkeit als persönlich mit uns verbunden und für uns sorgend erleben können. Und doch behauptet der Glaube an den persönlichen Gott nicht, dass Gott im herkömmlichen Sinn Person sei. Wenn ich Person bin, kann Gott nicht weniger sein; Gott kann aber unvorstellbar mehr sein. Letztlich weist VATER auf ein erstes Du hin, durch das ich überhaupt erst „ich" sagen kann, ein Du, mit dem ich von meinem Wesen her verbunden bin.

Woher wissen wir das?

In den besten, lebendigsten Augenblicken unseres Lebens, in jenen Urerlebnissen, die Abraham Maslow *„Peak Experiences"* („Gipfel-Erlebnisse") nennt – auf den Gipfeln wacher Lebendigkeit also erleben wir grenzenlose Zugehörigkeit. Wir können dem Wesen dieser Zugehörigkeit tiefer nachforschen. Dabei finden wir zunächst, dass Zugehörigkeit immer gegenseitig ist: Was uns gehört, dem gehören auch wir irgendwie an. Diese Gegenseitigkeit wird um so intensiver, je persönlicher die Beziehung ist. Selbst unsere Beziehung zu Dingen zeigt eine gewisse Gegenseitigkeit; sie verlangen etwas von uns: Pflege, Behutsamkeit, Geduld. Von da können wir zu Pflanzen, zu Tieren und zu Mitmenschen fortschreiten, um ein Ansteigen und eine Vertiefung von Gegenseitigkeit anschaulich zu machen. Um zu fühlen, wie gegenseitige Zugehörigkeit sich fortschreitend vertieft, brauchen wir nur aufmerksam der Reihe nach sagen: „mein Fahrrad", „meine Hauspflanzen", „mein Hund", „mein Kind". Schließlich weist dieser Anstieg in die Richtung, die wir Gott nennen. In dem Psalmvers „Gott, du bist *mein* Gott" (Ps 63,1) hat das Fürwort „mein" mehr Gewicht und tiefere Bedeutung als in irgend einem anderen Zusammenhang. Schon bevor ich sonst noch etwas über Gott weiß, kann ich sagen, dass Gott im vollen Sinne *mein* ist, weil ich Gott völlig angehöre. In der menschlichen Beziehung zur göttlichen Quelle des Seins erreicht Gegenseitigkeit ihren Höhepunkt.

Weil ich Person bin und weil mein Verhältnis zur letzten Wirklichkeit zutiefst persönlich ist, drücke ich es in persönlichen Bildern aus, wie eben dem des Vaters. Dabei schreibe ich zwar Gott alle Vollkommenheiten des Personseins zu, aber keine der Begrenzungen dieses Begriffes. Ich erfahre mich doch und zwar in einem positiven Sinne als Person, kann dann die letzte Wirklichkeit unpersönlich sein?

Einer meiner Zen-Lehrer, Eido Shimano Roshi, verwendete oft für den Urgrund des Seins das Bild des Meeres, aus dem wir als einzelne Menschen wie Wellen auftauchen und in das wir wie Wellen wieder zurücksinken. Dieses Bild schien mir dem Persönlichen nicht ganz gerecht zu werden. „Als Welle bin ich doch Person mit Bewusstsein und Freiheit. Soll ich das alles verlieren, wenn ich wieder ins Meer zurückfließe?" fragte ich. Eido Roshis Antwort: „Wie könnte die Welle persönlich sein, wenn nicht auch das Meer persönlich wäre?" Diese tiefe Einsicht erlaubt uns, unsere Beziehung zum Quellgrund des Seins auch in personalen Bildern auszudrücken. Jesus tat dies, indem er aus seiner mystischen Erfahrung heraus Gott VATER nannte.

Warum ist das so wichtig?

Unsere Lebensfreude kann wesentlich gesteigert werden, wenn wir unsere persönliche Beziehung zur letzten Wirklichkeit bewusst pflegen. Das erst macht Dankbarkeit möglich und öffnet so das Tor zur Freude. Was wir als gegeben hinnehmen, lässt uns kalt; nur das, wofür wir dankbar sind, macht unser Herz warm und froh. Freude ist nämlich jenes Glück, das nicht von dem abhängt, was uns zustößt. Sie hängt davon ab, wie dankbar wir sind für das uns Geschenkte – es sei, was es sei. Wir halten also den Schlüssel zur Lebensfreude in unseren eigenen Händen. Und Dankbarkeit wird am intensivsten, wenn sie persönlich ist. Auch die Freude, die sie auslöst, ist dann am größten. So oft wir uns an unsere persönliche Beziehung zur letzten Wirklichkeit erinnern wächst unsere Lebensfreude, weil wir Raum schaffen für Dankbarkeit. Die Frucht, die auf dem Baum der Dankbarkeit reift, ist Freude. Diese Freude bekommen wir zu kosten, wenn wir Gott VATER nennen.

Dass die Glaubenstradition, die auf Jesu zurückgeht, Gott mit solcher Betonung VATER nennt, unterscheidet sie einerseits von anderen Traditionen, schmiedet aber zugleich ein kräftiges Verbindungsglied zu allen anderen. Weil Christen Gott VATER nennen, müssen sie alle anderen Menschen, die ja ebenso Gottes Kinder sind, als Geschwister ansehen – ja sie müssen alle Geschöpfe als Mitglieder in Gottes Haushalt anerkennen und entsprechend behandeln: Eine unersetzliche Einstellung, ja geradezu ein notwendiges Weltbild – besonders für unsere Zeit.

Persönliche Erwägungen

Zwar habe ich seit meinen Volkschultagen kein Kreuzworträtsel mehr gelöst, aber Wortspiele und Wörter überhaupt faszinieren mich. Dazu gehören Anagramme, also Wörter, die man in beiden Richtungen lesen kann – von links nach rechts, wie wir gewöhnlich lesen, und von rechts nach links, wie man etwa Hebräisch liest. Der Name „Anna" wäre so ein Wort; oder ein längeres – „Reittier"; oder gar „Lagerregal". Manche Wörter gewinnen eine neue Bedeutung, wenn man sie umgekehrt liest; so Tor/rot, Gras/Sarg, oder Leben/Nebel. Je länger solche Wörter werden, umso kostbarer erscheinen sie mir irgendwie. Und gar erst Sätze, die man vorwärts und rückwärts lesen kann! Jedes Schulkind kennt: „Ein Neger mit Gazelle zagt im Regen nie". Aber etwas Sinnvolleres wäre wünschenswert. „Reue – Fegefeuer" gefällt mir schon besser; oder die Mahnung an faule Schüler: „Lese, Esel!" Besonders hübsch ist: „Reizend lügt güldne Zier", was man auch in beiden Richtungen lesen kann.

Mehr aber als alle anderen dieser Kunststücke mit Wörtern beschäftigt mich nun schon seit langer Zeit eines der ältesten und berühmtesten, und es hat mit unserem Thema hier zu tun, obwohl das auf den ersten Blick nicht offensichtlich ist. Es handelt sich um ein magisches Quadrat, das aus fünf lateinischen Wörtern besteht, die man hier nicht nur von rechts nach links und von links nach rechts lesen kann, sondern auch von oben nach unten wie chinesische Schriftzeichen, und sogar von unten nach oben.

Die fünf Wörter bilden sogar einen Satz: „Der Sämann (*sator*) Arepo (wohl ein Eigenname) hält (*tenet*) durch seine Mühe (*opera*) die Räder (*rotas*)".

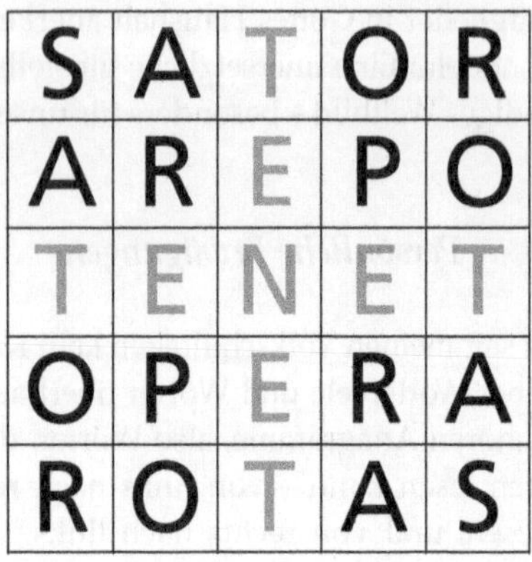

Nachdem *sator* in alten Texten auch Name für den Weltenschöpfer ist (*„Sator rerum“*, *„Sator et Redemptor“*) dürfen wir wohl eine religiöse Bedeutung aus dem Satz herauslesen: Gott hat die Welt nicht nur ausgesät und sich selbst überlassen, sondern hält sorgsam die Räder des Weltalls in Händen – hält „auch dich, auch dich“, wie man das doppelte *„et te“* interpretiert hat, das in *„tenet“* enthalten ist. Wenn wir dazu noch das Schriftbild betrachten – das kosmische Kreuz, dessen Enden das T bildet, das vor-christliche Tau-Kreuz, jeweils von A und O flankiert – dann leuchtet es ein, dass Menschen im Blick darauf sich beschützt und behütet fühlten von der Macht, die das All zusammenhält und auch uns in liebenden Armen trägt.

Tief ist dieses Bewusstsein des Geborgenseins dem Menschenherzen eingeprägt. Zu ganz verschiedenen Zeiten und an ganz verschiedenen Orten kann es sich plötzlich aussprechen. So auch erstaunlich genau in Eduard Mörikes Neujahrsgedicht, dessen zweite Strophe bei uns zuhause als Segen eingerahmt an der Wand hing. Die Räder sind hier Sonnenräder und Kreise von Sternenbahnen; das In-Händen-halten wird ausgeweitet zum Raten, Lenken und Wenden; sogar das A und O ist hier als „Anfang und Ende“ erwähnt, und der große Sämann wird VATER genannt.

In Ihm sei's begonnen,
der Monde und Sonnen
an blauen Gezelten
des Himmels bewegt.
Du, Vater, du rate!
Lenke du und wende!
Herr, dir in die Hände
sei Anfang und Ende,
sei alles gelegt!

Wenn wir sehen wie im Sator-Quadrat all dies zum geheimnisvollen Buchstabenbild wurde, darf es uns nicht wundern, wenn wir es schon vor 79 n. Chr. in Pompeji und in den nächsten Jahrhunderten überall im römischen Reich verbreitet finden; im Norden bis England, im Osten bis Syrien. Wenn wir das Schriftbild so recht auf uns einwirken lassen, dann können wir auch heute noch – weit entfernt von allem Abrakadabra – die Zauberkraft fühlen und bewundern, die Buchstaben in sich tragen. Aber es liegt noch weit mehr darin verborgen. Eine ganz überraschende Entdeckung zeigte erst in unserer Zeit, was für ein kulturgeschichtliches Kleinod wir in diesem Magischen Quadrat besitzen.

Plötzlich, wie Zauberer einen Hasen aus dem Zylinder springen lassen, entdeckten zwischen 1924 und 1927 drei Forscher (anscheinend unabhängig von einander), dass alle Buchstaben unseres Wortquadrates aufgebraucht werden, wenn man mit ihnen zweimal *„Pater noster"* so schreibt, dass diese Worte ein kosmisches Kreuz bilden. Dabei bleiben zwei A und zwei O übrig, die, als Alpha und Omega, Anfang und Ende versinnbildend, dem neu entstehenden Bild noch tieferen symbolischen Inhalt geben. Wer hätte vermuten können, dass sich dieses Geheimnis im Sator Quadrat verbarg? Eingeweihte kannten wohl von Anfang an diesen tiefsten Sinn. Offensichtlich entstand das Quadrat überhaupt erst als geheime Verschlüsselung des Glaubens an Gott als „unser Vater". Dieser Glaube hat im Judentum seine Wurzeln, und auch das T-Kreuz ist ein schon vorchristliches

Symbol – etwa das Zeichen der Auserwählung, das Gott dem Propheten Ezechiel befahl „auf die Stirn aller Männer" zu schreiben, „die über die in der Stadt begangenen Gräueltaten seufzen und stöhnen" (Ez 9,4). Ein Kreuz ist das Zeichen schlechthin, mit dem alle, die nicht schreiben können, ein Schriftstück signieren. So hat Gott dem Weltall gleichsam seinen Namen eingeschrieben als unser VATER. Hinter dem gekreuzten *TENET* im magischen Quadrat, das „er hält, er hält" bedeutet, verbirgt sich also der Vatername dessen, der die Welt in Händen hält. Wer denkt bei dieser Vorstellung nicht an Goethes Wort:

Gottes ist der Orient!
Gottes ist der Okzident!
Nord- und südliches Gelände
Ruht im Frieden seiner Hände.

Wir können uns hineinversetzen in den Stolz, mit dem ein Kind sagt: „Mein VATER ist der Steuermann dieses Schiffes". Und das dürfen wir alle mit stolzem Vertrauen sagen. Wir alle dürfen jenen VATER nennen, der das Steuerrad des Universums in Händen hält. Aber es ist auch wichtig, dass wir über diesen kosmischen Dimensionen von Gott als VATER die Wärme und Vertrautheit nicht vergessen, die im Vaterbild mitschwingt. Und wer diese Eigenschaften in der Beziehung zum eigenen VATER nie erlebt hat, kann sich die Worte eines jugendlichen Sträflings zueigen machen: „Gott ist wie der VATER, den ich mir gewünscht hätte".

Wenn wir im Credo Gott Schöpfer nennen (und wir werden gleich darauf zu sprechen kommen), so meinen wir damit: Quelle und Ursprung von allem was es gibt. VATER deutet dagegen vor allem auf Gottes fürsorgendes Nahesein und auf unsere Zugehörigkeit zu Gott, ja unsere Gottähnlichkeit hin. Wenn wir nicht vermögen, beim Wort VATER im Credo die herzerwärmenden Obertöne mitschwingen zu lassen, die Jesus diesem Sinnbild gab und die zugleich Gottes Mütterlichkeit anklingen lassen, dann sollten wir es vielleicht lieber eine Zeit lang nicht verwenden.

Und wenn ich gefragt werde: Du, was sind Deine persönlichen Erfahrungen, die bewusst oder unbewusst wach werden, wenn das Wort VATER fällt? Wenn der Pfarrer am Vatertag alle Väter einlädt, für einen besonderen Segen aufzustehen, dann stehe auch ich mit voller Überzeugung auf. Die Menschen, denen ich auf eine oder die andere Weise VATER sein darf, haben mir mehr Kummer, aber auch mehr Beglückung geschenkt, als ich von den zwölf Kindern hätte erwarten können, die ich mir wünschte, bevor ich Mönch wurde.

Wen bemutterst Du? Wem bist Du väterlich verbunden? Und was lernst Du aus solchen Beziehungen für Deine Gottesbeziehung? Clemens Brentano schrieb:

„Sei nicht bange um das Kind!
Lass es alles selbst verdienen.
Sei barmherzig, streng und lind,
Sei, wie Gott mit dir, mit ihnen."

Was für ein großes Geschenk ist doch die Erinnerung an Eltern, die barmherzig, streng und lind mit uns umgingen. Nur eines ist noch größer: Wenn das Wort VATER im Credo solche Erinnerungen im Herzen Deiner eigenen Kinder weckt.

„Ich glaube an Gott, den Vater, DEN ALLMÄCHTIGEN"

Was heißt das eigentlich?

Zuerst bekennen wir unseren Glauben an Gott, den Jesus uns als liebenden Vater kennen lehrte, und dann erst nennen wir Gott den ALLMÄCHTIGEN. Diese Abfolge ist für den Sinngehalt wichtig. Wir beginnen nicht mit dem Begriff von Allmacht, sondern mit dem Bild eines liebenden Vaters. Was allmächtig bedeutet, ist in diesem Zusammenhang vom philosophischen Begriff göttlicher Allmacht unterschieden. Nur als liebendem Vater spricht das Credo Gott Allmacht zu. Nichts ist allmächtig, außer Liebe. Lebenserfahrung lehrt uns, dass Liebe die Macht hat, selbst die verfahrensten Situationen in Ordnung zu bringen, indem sie ihnen einen neuen, tieferen Sinn gibt. Wir dürfen die Einsicht des hl. Augustinus, *„Ordo est amoris"*, so verstehen, dass die Weltordnung – die uns oft so chaotisch, ja absurd anmutet – durch die Allmacht der Liebe doch letztlich Sinn hat.

Wer mit Überzeugung bekennen kann, „Ich glaube an Gott, den Vater", der drückt damit auch schon letztes Vertrauen aus auf die Allmacht von Gottes väterlicher Liebe.

Woher wissen wir das?

Es muss zunächst als offensichtlicher Widerspruch erscheinen, dass Gott zugleich liebend und ALLMÄCHTIG sei. Muss uns angesichts des Leidens, das wir in uns und um uns herum erfahren, Gottes Liebe nicht als aller Macht beraubt erscheinen? Oder noch ärger: Wäre ein allmächtiger Gott, der solches zulässt, nicht ein maßlos grausames Ungeheuer? Diese Unvereinbarkeit kann niemals aus unpersönlicher Hubschrauberperspektive gelöst werden. Aus persönlicher Erfahrung aber wissen wir genug, um über den Widersinn hinauszukommen.

Was lehrt Dich Deine eigene Lebenserfahrung? Wonach sehnst Du Dich mehr, nach einer leidlosen Existenz oder nach einer sinnvollen? Ist nicht das ärgste Leid die Sinnlosigkeit? Wir können härtere Entbehrungen überleben, als wir uns je zugetraut hätten, wenn aber das Leben für uns seinen Sinn verliert, geben wir auf und kommen um. Was ist es aber, das dem Leben letztlich Sinn gibt? Die Antwort lautet: *Liebe.* Gilt das nicht ganz persönlich auch für Dich? Darüber müssen wir weiter nachdenken.

Liebe, die ihren Namen verdient, ist immer freies Geschenk; sie kann weder erkauft noch erzwungen werden. Das ist der springende Punkt: Nur Liebe gibt unserem Leben Sinn; Liebe aber setzt Freiheit voraus. Unsere Menschenwürde wurzelt in unserer Freiheit. Wir können leider diese Freiheit missbrauchen und so Leid verursachen. Aber können wir Leid vermeiden, indem wir unsere Freiheit aufgeben? Ohne Freiheit, keine Liebe; ohne Liebe, kein Sinn im Leben; ohne Sinn im Leben, das größtmögliche Leid: Sinnlosigkeit. Der einzige Ausweg aus dieser Sackgasse führt in die entgegengesetzte Richtung: Unsere Freiheit so zu gebrauchen, dass wir durch Liebe dem Leid Sinn geben – und es so überwinden.

Es gibt ein lebensbejahendes Leiden und ein lebensverneinendes. Wir können sozusagen „gegen den Strich“ leiden – widerwillig; oder mit dem Strich – aus Liebe willig. Was können wir aber denen sagen, die nicht im Stande sind, ihrem Leid durch Liebe Sinn zu geben? Sagen können wir meist nichts, denn das wäre ehrfurchtslos angesichts solchen Leidens. Wir können ihnen nur schweigend zur Seite stehen und wissen: Wenn ein Kind leidet, so leiden Mutter und Vater noch mehr. Die philosophische Konstruktion eines leidensunfähigen Gottes bricht da offensichtlich zusammen; sie löst sich schon in einer einzigen Kinderträne auf. Im Bild des ALLMÄCHTIGEN Vaters ist inbegriffen, dass immer und überall, wo Leid – und nicht nur menschliches Leid – erlitten wird, Gott selbst leidet. Diese Einsicht schafft das Leiden nicht aus der Welt, aber sie nimmt ihm den Stachel, denn sie gibt ihm Sinn.

Warum ist das so wichtig?

Indem wir Gott unseren Vater nannten, begannen wir uns selbst und die ganze Welt als Gottes Haushalt in einem neuen Licht zu sehen: im Licht der Liebe. Indem wir nun diese Liebe allmächtig nennen, bekennen wir gläubig, dass ihr Licht nicht nur in die Finsternis *hinein*, sondern „*in* Finsternis leuchtet" (Joh 1,5) – *im* Leiden, *im* Widersprüchlichen, *im* letztlich Unverständlichen. Liebe ist ALLMÄCHTIG, weil sie die Finsternis zum Licht machen kann, indem sie ihr Sinn gibt. Ein solcher Glaube erschließt ganz neue Möglichkeiten, mit der Schattenseite der Wirklichkeit schöpferisch umzugehen.

All das hier Gesagte bleibt billiger Trost, solange wir Denken nicht umsetzen in Tun – in unseren eigenen dunkelsten Stunden und den Dunkelstunden der Menschheit. Da kommen uns vielleicht Namen in den Sinn von Menschen die uns als Pioniere diesen Weg vorangegangen sind – Hildegard von Bingen, Elisabeth von Thüringen, Vincenz von Paul, Florence Nightingale, Albert Schweitzer, Dietrich Bonhoeffer, Mutter Teresa ... Diese Frauen und Männer – und gar erst ihr Vorbild, Jesus Christus – waren auf der geschichtlichen Ebene am Ende doch die Unterlegenen. Dadurch warnen sie uns auch: Wir dürfen die ALLMACHT Gottes nicht als höchste Steigerungsstufe der Macht der Mächtigen missverstehen. Das Machtsystem der Welt ist ja eine Hauptursache der Leiden. Sie standen auf der Seite der von diesem System Unterdrückten und Ausgebeuteten, und sie unterlagen. Trotzdem sind sie strahlende Zeugen dafür, dass die ALLMACHT Gottes, die das Credo meint, nämlich die ALLMACHT der Liebe, das Leid überwindet, indem es dem Leben Sinn gibt. Liebe ist allmächtig, selbst in der Niederlage.

Persönliche Erwägungen

Das Wort ALLMÄCHTIG kann leicht irreführen, weil es uns dazu verleitet, die Macht der Mächtigen in der Weltgeschichte zum Maßstab dafür zu nehmen, was wir Macht nennen. Alle spirituellen Traditionen der Welt kennen aber einen anderen Maßstab. Paulus drückt ihn so aus: „Die göttliche Schwachheit ist stärker als die Menschen sind" (1 Kor 1,25). „Wenn ich schwach bin, bin ich stark", sagt er (2 Kor 12,10). Diese Wahrheit zeigt sich meist erst nach und nach als letztgültig. Vielleicht sollten wir Gott daher lieber „*letzt*mächtig" nennen als ALLMÄCHTIG. Vor 2500 Jahren schon schrieb Laotse im *Tao Te King*:

Auf der ganzen Welt
gibt es nichts Weicheres und Schwächeres als das Wasser.
Und doch in der Art, wie es dem Harten zusetzt,
kommt nichts ihm gleich.
Es kann durch nichts verändert werden.

Dass Schwaches das Starke besiegt
und Weiches das Harte besiegt,
weiß jedermann auf Erden,
aber niemand vermag danach zu handeln.

(Übersetzung von Richard Wilhelm; Abschnitt 78)

Warum vermögen wir nicht danach zu handeln? Weil das viel von uns verlangt. Und was es verlangt, das sagt Jesus im Lukasevangelium (22, 25f): „Die weltlichen Könige üben Gewalt aus, und die Machthaber nennt man gnädige Herren. Bei Euch aber soll das nicht so sein! Der Größte unter euch soll sein wie der Geringste, und der Vornehmste wie ein Diener".

Das entscheidende Merkmal göttlicher Macht ist es, dass sie nicht *über*mächtigt, sondern *er*mächtigt. Wir alle haben mehr Macht, als wir meinen. Wo hast Du persönlich Ermächtigung erfahren oder gespendet? In Deiner Familie? Wie würde Dein Arbeitsplatz aussehen, wenn jeder Übergeordnete sich als Diener der Untergeordneten verstünde? Und warum ist das nicht wirklich so? Erinnerst Du Dich an ein Erlebnis, in dem etwas Schwaches Dich mit Macht bewegte?

Dichtung kann das, worum es hier geht, eindrücklich sagen, ohne es ausdrücklich sagen zu müssen: In einem Gebet, in dem er Gott als „Du grenzenlose Gegenwart“ anspricht – unbegrenzt also auch an Mächtigkeit – beschreibt Rainer Maria Rilke wie er Gott als den Mächtigen, ja Übermächtigen feiern und darstellen würde: als großes Fest, als prunkendes Juwel, als Berg, als Brand, als Sandsturm in der Wüste. Aber das sind alles begrenzte menschliche Machtvorstellungen. Die wahre Macht grenzenloser Gegenwart offenbart sich ihm am Ende des Gedichtes – in Schwachheit.

Wenn ich gewachsen wäre irgendwo,
wo leichtere Tage sind und schlanke Stunden,
ich hätte dir ein großes Fest erfunden,
und meine Hände hielten dich nicht so,
wie sie dich manchmal halten, bang und hart.

Dort hätte ich gewagt, dich zu vergeuden,
du grenzenlose Gegenwart.
Wie einen Ball
hätt ich dich in alle wogenden Freuden
hineingeschleudert, dass einer dich finge
und deinem Fall
mit hohen Händen entgegenspringe,
du Ding der Dinge.

Ich hätte dich wie eine Klinge
blitzen lassen.
Vom goldensten Ringe
ließ ich dein Feuer umfassen,
und er müsste mirs halten
über die weißeste Hand.
Gemalt hätt ich dich: nicht an die Wand,
an den Himmel selber von Rand zu Rand,
und hätt dich gebildet, wie ein Gigant
dich bilden würde: als Berg, als Brand,
als Samum, wachsend aus Wüstensand –

oder
es kann auch sein: ich fand
dich einmal...
    Meine Freunde sind weit,

ich höre kaum noch ihr Lachen schallen;
und du: du bist aus dem Nest gefallen,
bist ein junger Vogel mit gelben Krallen
und großen Augen und tust mir leid.
(Meine Hand ist dir viel zu breit.)
Und ich heb mit dem Finger vom Quell einen Tropfen
und lausche, ob du ihn lechzend langst,

und ich fühle dein Herz und meines klopfen
und beide aus Angst.

„SCHÖPFER DES HIMMELS UND DER ERDE“

Was heißt das eigentlich?

Gott SCHÖPFER zu nennen heißt, sich gläubig darauf zu verlassen, dass alle Dinge und Begebenheiten letztlich Sinn haben müssen, weil sie aus jener tiefsten Sinnquelle fließen, die wir Gott nennen. Beim Schöpfernamen schwingt die Vorstellung weiser Ordnung mit, von durchgreifender, bis ins einzelne gehender Gestaltung, von treuer Fürsorge. Die Triebkraft jedes Schöpfungsprozesses ist Liebe. Alles ist Geschenk, und das gibt allem Sinn.

Aber Vorsicht: Auch Schöpfung ist nur ein bildlicher Ausdruck; auch SCHÖPFER ist nur ein Bild, und bildliche Vorstellungen können irreführen. Beim Schöpfungsbegriff müssen wir uns vor dem Irrtum hüten, es handle sich um einen Anstoß von außen. Die schöpferische Kraft im Weltall ist zwar Geschenk, wirkt aber als Be-gabung von innen her. Sie ist eins mit dem Selbstverwirklichungsimpuls von allem, was es gibt. Gott ist kein kosmischer Uhrmacher, obwohl wir das Universum als Kosmos, als bis in die letzte Einzelheit geordnetes Ganzes erleben. Das Wort Kosmos kommt ja vom griechischen κοσμειν (*kosmein*), das „ordnen“ bedeutet. Auch hier ist das oben erwähnte Augustinuswort anwendbar: *„Ordo est amoris“*; alle Ordnung entspringt letztlich der Liebe.

Im biblischen Schöpfungsmythos geht es anders zu als in Collodis *Pinocchio,* wo Geppetto eine Puppe schnitzt, die ihm davonläuft. Der biblische SCHÖPFER haucht dem Werk seiner Hände seinen eigenen Lebensatem ein. Könnten wir (und so der ganze Kosmos) inniger verbunden sein mit Gott? Hier muss das Bild von Gott als unser Vater das Bild von Gott als unser SCHÖPFER ergänzen und berichtigen. Es geht hier um ein Gegenüber, mit dem wir doch im Innersten eins sind. Weil Lebendiges nicht *er*zeugt sondern *ge*zeugt wird, verlangt etwas in uns danach, dass auch Pinocchio zuletzt nicht Puppe bleibt, sondern in der Geschichte Collodis der Fleisch-und-Blut-Lausbub wird, der er eigentlich schon von Anfang an war. „Gezeugt, nicht geschaffen; eines Wesens mit dem Vater", sagt eine andere Fassung des Glaubensbekenntnisses von Christus aus, und es ist ja der Christus in uns, der im Credo spricht; das haben wir vom ersten Wort an betont.

Goethes Faust wollte wissen, „was die Welt im Innersten zusammenhält". Das schöpferische Prinzip, nach dem er suchte, heißt Liebe. Sie bewegt selbst das kleinste Teilchen des Universums von innen her. Alles, was es gibt, gehört untrennbar zusammen. Auch Schöpfung und SCHÖPFER sind gegenseitig sinnverbunden. Und das entspricht unserer nüchternen Arbeitsdefinition von Liebe als existentielles Ja zur Zugehörigkeit.

HIMMEL UND ERDE bedeutet hier: Alles, was es gibt – „alles Sichtbare und alles Unsichtbare", wie eine andere Fassung des Credo es ausdrückt; aber auch das ist nur bildlich gesprochen. Wir könnten vielleicht statt HIMMEL UND ERDE Bewusstsein und Materie sagen; das wäre etwas trocken, dafür aber unserem heutigen Verständnis näher. ERDE bedeutet alles, was unseren Sinnen zugänglich ist – das materielle Universum; HIMMEL ist alles, was darüber hinausgeht. Früher wurden HIMMEL UND ERDE im Sinne von oben und unten verstanden, unserer heutigen Vorstellung entspricht es eher, an Innen und Außen zu denken, an Verborgenes und Offenbares.

Durch die Begegnung mit fernöstlichem Gedankengut sind heute nicht wenige Menschen, die sich über diese Dinge Gedanken machen, mit der Unterscheidung zwischen der *manifestierten* und der *un-manifestierten* Wirklichkeit vertraut. Diese beiden Begriffe drücken gut aus, was das Begriffspaar HIMMEL UND ERDE sagen will. So könnten wir unter ERDE alles schon Verwirklichte verstehen und unter HIMMEL alles, was noch „in Gott verborgen" liegt (Kol 3,3) – verborgen in dem mit Schöpferkraft schwangeren göttlichen Nichts. Der große Theologe und Religionsphilosoph Raimundo Panikkar sagt dazu treffend: „Das Nichts, aus dem Gott alles erschafft, ist Gott".

Wir müssen Bilder finden, die uns helfen, dürfen aber nie vergessen, dass es nur Bilder sind. Die mythische Bedeutung von Himmel als Ort ewiger Seligkeit schwingt im Credo beim Bild SCHÖPFER DES HIMMELS UND DER ERDE kaum mit. Das entspricht der ursprünglichen Bedeutung von HIMMEL in der hebräischen Bibel; dort ist HIMMEL der Ausgangspunkt von Gottes liebender Schöpferkraft.

Woher wissen wir das?

Auch was SCHÖPFER DES HIMMELS UND DER ERDE bedeutet, können wir alle aus persönlicher Einsicht wissen. Wir müssen nur unsere Aufmerksamkeit auf zwei Wahrnehmungen richten, die wir hier unter den Stichworten „Gegenwart" und „Dankbarkeit" erwägen wollen. Zunächst zu Gegenwart – nicht im Sinn von Zeit (dem gegenwärtigen Augenblick), sondern im Sinn eines persönlichen Gegenübers:

Wenn wir um uns schauen, so erleben wir die Welt als sinnträchtig: schwanger mit Bedeutung. Jedes Ding sagt etwas aus – manchmal so überwältigend wie ein sommerliches Gewitter, manchmal so zart wie ein Kücken, das soeben aus dem Ei geschlüpft ist. In jedem Ding spricht uns etwas an, wenn auch nicht in Worten und Begriffen, so doch unserem Herzen vernehmlich. Diese Erfahrung ist uns zugänglich; wir müssen nur unsere Scheu überwinden, und – Selbsttäuschung vermeidend – ein wenig introspektiv experimentieren. Wir sollten vielleicht ein paar stille Minuten ohne Ablenkung mit einem Stein oder einer Blume verbringen und uns Rechenschaft darüber geben, was wir da erleben.

Hinter den Dingen begegnen wir einer Gegenwart, die uns „entgegenwartet", wie Rilke es ausdrückt: einer Gegenwart, die uns etwas sagt, oder schweigend auf unsere Antwort wartet. Diese allgemein menschliche Erfahrung steht hinter dem „Gott sprach … und es ward" im biblischen Schöpfungsbericht. Wir haben es da mit einem dichterischen Ausdruck zu tun, dafür dass jedes Ding und jede Begebenheit als Wort verstanden werden kann. Ein horchendes Herz weiß sich von Gott angesprochen in allem, was es gibt.

Auch in unserer Alltagserfahrung können wir diese große Gegenwart spüren. In der Begegnung mit der Wirklichkeit wird uns nämlich etwas wie Vertrauenswürdigkeit bewusst, besonders in der Ordnung der Natur. Es ist also nicht unvernünftig, wenn der Theologe H. R. Niebuhr von „Verlässlichkeit im Herzen aller Dinge" spricht. In allem, was es gibt, spürt unser horchendes Herz den Pulsschlag einer großen Gegenwart, auf die wir uns gläubig verlassen dürfen. Und je mehr wir uns darauf verlassen, umso mehr erfahren wir tatsächlich diese Verlässlichkeit. Auch das kann jeder Mensch selber nachprüfen, und es führt nun folgerichtig zu unserem zweiten Stichwort: *Dankbarkeit*.

Wir erfahren alles, was es gibt, selbst unser eigenes Dasein, als uns geschenkt. *Es gibt* Galaxien, und *es gibt* Moleküle, und *es gibt* mich. Und dieses Es, von dem uns alles geschenkt wird, was *es gibt*, schwingt mit, wenn wir im Credo Gott SCHÖPFER nennen. Unpersönliche Begriffe, wie „Ursprung" oder „Quelle des Seins", vermeiden vielleicht manche Missverständnisse, die das Bild vom SCHÖPFER als „Geber aller Gaben" verursachen kann, wenn wir es wörtlich nehmen, sie bekommen aber das persönliche Du nicht in den Blick, das mir überhaupt erst mein Ichbewusstsein gibt – und auch das wieder als Geschenk. („Ich bin durch Dich so Ich".) Wir wissen also aus ganz persönlicher Erfahrung von einem verlässlichen Gegenüber, dem wir alles verdanken; und darauf will SCHÖPFER DES HIMMELS UND DER ERDE hinweisen.

Warum ist das so wichtig?

Weil es nicht um kosmologische Spekulation geht, wenn wir im Credo Gott SCHÖPFER DES HIMMELS UND DER ERDE nennen, sondern um unser eigenes schöpferisches Leben. Unsere bewusste Ausrichtung auf das Es, dem wir alles verdanken, was es gibt, macht uns dankbar, und Dankbarkeit macht schöpferisch. Das Stichwort ist hier „Gelegenheit". Genau betrachtet sind wir ja nicht für dies oder jenes dankbar, sondern immer für die Gelegenheit, uns daran zu freuen. Und wenn wir erst einmal wach werden für die unzähligen Gelegenheiten, uns zu freuen, die wir vordem freudlos als gegeben hinnahmen, dann vervielfältigt sich mit einem Schlag unsere Lebensfreude. Es geschieht aber noch etwas Weiteres: Wir kommen in Übung und lernen jede gegebene Gelegenheit beim Schopf zu packen; das macht uns schöpferisch. Jetzt sind wir nämlich imstande, auch mit Situationen schöpferisch umzugehen, in denen uns etwas begegnet wofür wir nicht dankbar sein können. Wir fragen uns dann ganz spontan: „Wozu schenkt mir das jetzt Gelegenheit?" (Meist ist es Gelegenheit, Neues zu lernen.) Menschen, die zu einer solchen Haltung fähig sind, erfahren nicht nur viel mehr Freude, sie sind auch im höchsten Grade schöpferisch.

Wir erleben jeden Augenblick als einen „gegebenen" Augenblick. Wie wir dazu Stellung nehmen, steht uns frei. Was wir aus diesem Augenblick machen, darin besteht unser Mitwirken am Schöpfungsprozess, der eben noch nicht abgeschlossen ist. Ja, was wir im Credo bekennen, ist unabhängig davon, ob die Schöpfung überhaupt Anfang und Ende hat. In jedem Augenblick wird alles, was es gibt, uns neu geschenkt, und wir können es in Dank verwandeln. Das Wesen göttlicher Schöpfung ist Geschenk, das Wesen menschlicher Schöpfung ist Dankbarkeit. Durch diesen Austausch nehmen wir teil am göttlichen Leben selbst. Dies ist die gewichtigste Antwort auf die Frage, warum der Glaube an Gott als SCHÖPFER so wichtig sei. Wir wollen aber auch noch andere erwägen.

Schöpfungsglaube, recht verstanden, kann zu einer verantwortlicheren Lebenshaltung beitragen, indem wir die Welt als unser Zuhause verstehen, als ein Heim, das uns fürsorglich bereit gestellt wurde, für das wir also sorgen müssen. Gott als SCHÖPFER zu betrachten füllt uns mit Ehrfurcht und Verantwortungsbewusstsein für die ganze Natur, und das schließt auch unseren Leib ein; der SCHÖPFER drückt sich selber in allem Erschaffenen aus. Das erfüllt uns, wenn wir es recht verstehen, mit Ehrfurcht. Himmel und Erde, Geist und Materie in gleicher Weise als von Gott erschaffen zu sehen, gibt unserem Weltbild auch Ausgewogenheit.

Eine ganz frühe Schicht menschlicher Religiosität spricht von Gott als SCHÖPFER, und dieses Bild ist auch heute noch außerhalb des Christentums in vielen Teilen der Welt lebendig. Mit dem Glauben all dieser Menschen verbinden wir uns, so oft wir im Glaubensbekenntnis Gott als SCHÖPFER DES HIMMELS UND DER ERDE bekennen. Das Überleben der menschlichen Familie – unser eigenes nicht weniger als das der Guarani im Regenurwald – hängt davon ab, unsere Gemeinsamkeit bewusst zu bejahen. Schöpfungsglaube kann da ein Bindeglied sein, wenn wir das dichterische Bild der Weltschöpfung nicht wörtlich nehmen, was seinem Sinn widerspräche. Wir sind Familienmitglieder des „Welthaushalts" (Gary Snyder), in dem alle von allen abhängen.

Die biblische Schöpfungsgeschichte beschreibt in mythischen Bildern, wie Gott „am Anfang" die Welt erschafft. Wir dürfen diese Bilder aber so verstehen, dass sie Raum lassen für unser eigenes Mitwirken am Schöpfungsprozess. Wir sind nicht Produkt blinden Zufalls, sondern Gegebenheit – Geschenk –, und dürfen uns für jeden gegebenen Augenblick dankbar erweisen durch schöpferisches Tun. Im Glauben an die uns von Gott geschenkte Freiheit dürfen wir uns als Mitwirkende an der Schöpfung verstehen und diese Verantwortung auf uns nehmen. Schöpfungsglaube macht schöpferisch durch Dankbarkeit.

Persönliche Erwägungen

Jeder schöpferische Mensch weiß, dass im Schöpfungsprozess das Tun der sichtbaren Spitze eines Eisberges entspricht, der weit größeren Eismasse aber, die in der Tiefe verborgen liegt, entspricht Stille. Schöpferische Stille durchdringt schöpferisches Tun in jedem Augenblick, wie der Saft des Kirschbaumes vor meinem Fenster, unsichtbar von den Wurzeln aufsteigend, Stamm, Äste und Zweige durchsickert und sich in Blättern und Früchten zur Süße sammelt. Schöpfung ist Tun aus Stille und Sammlung. Das gilt für den Bau eine Brücke oder einer Kathedrale, aber auch fürs festliche Tischdecken, bevor Freunde zu Besuch kommen. Stille macht ja auch den Unterschied aus zwischen einer Abfolge von Tönen und wahrer Musik.

Um zu verstehen, was das Credo meint, wenn es Gott SCHÖPFER DES HIMMELS UND DER ERDE nennt, muss unsere Inneres so still werden wie ein Konzertsaal im Augenblick in dem der Dirigent den Stab erhebt, um den Einsatz zu geben. In einem Gebet aus seinem *Stundenbuch* sehnt Rilke sich nach solcher inneren Stille. Nur so kann er hoffen, die göttliche Wirklichkeit „in einem tausendfachen Gedanken“ bis an ihren Rand zu denken. Es handelt sich hier nicht um spekulatives, sondern um meditatives Denken. Spekulatives Denken versucht einen Gegenstand zu begreifen – in den Griff zu bekommen. Das meditative Denken lässt sich von einer Gegenwart ergreifen – es ist das Denken, das ins Danken mündet. „Begriffe machen wissend; Ergriffenheit macht weise“, sagt Bernhard von Clairvaux.

In unserem meditativen Denken wird uns die göttliche Gegenwart auf drei grundlegende Weisen bewusst: einmal als das unergründliche Geheimnis, aus dem alles aufsteigt, und in das alles zurücksinkt; dann als die unerschöpfliche Fülle von allem, was es gibt; und schließlich als unermüdliche Dynamik – Sehnen, Verlangen, Wissbegierde, Kreativität, liebende Lebendigkeit. Wir erleben diese drei, die doch untrennbar eins sind, als Geber, Gabe und Dankbarkeit – eben nicht da draußen, uns gegenüber, sondern als Vorgang, bei dem wir mitspielen, als Tanz, den wir mittanzen.

Wir können ein Spiel, einen Tanz nicht länger besitzen als „nur ein Lächeln lang“ (ein längeres Besitzen wäre ja ein Sitzenbleiben, wo alles Bewegung ist), wir können aber mitspielen bei diesem alles einbeziehenden göttlichen Spiel des gegenseitigen Sich-Verschenkens und es weiterschenken „als Dank“.

Seit meiner Jugend lese ich Rilkes Gedicht immer wieder – und bin immer wieder davon berührt. Sicher hat es dazu beigetragen, dass in meinem Denken Danken und Dankbarkeit im Mittelpunkt stehen. Es hat wohl sogar zu meiner Berufswahl beigetragen, denn ein Ziel des Mönchslebens ist ja die innere Stille. Diese Stille ist aber nicht Selbstzweck, sondern Vorbedingung für die Begegnung mit dem SCHÖPFER DES HIMMELS UND DER ERDE, und diese Begegnung führt uns zum Eintauchen ins ewige Strömen der Dankbarkeit. Weil Rilkes Gedicht – ein Gebet – all dies so einzigartig zusammenfasst, verdient es wohl hier einen Platz.

Wenn es nur einmal so ganz stille wäre.
Wenn das Zufällige und Ungefähre
verstummte und das nachbarliche Lachen,
wenn das Geräusch, das meine Sinne machen,
mich nicht so sehr verhinderte am Wachen –

Dann könnte ich in einem tausendfachen
Gedanken bis an deinen Rand dich denken
und dich besitzen (nur ein Lächeln lang),
um dich an alles Leben zu verschenken
wie einen Dank.

Und was macht *Dich* dankbar? Übst Du Dich in Dankbarkeit, wie man sich eigentlich in etwas üben sollte, das die Lebensqualität so unfehlbar und mühelos erhöht? Pflegst Du Stille? Suchst Du in Deinem Alltag die Pausen, um ein paar Minuten einfach still zu werden? Lies vielleicht noch einmal unser Gedicht und lass es still auf Dich einwirken.

„UND AN JESUS CHRISTUS“

Was heißt das eigentlich?

Das rechte Verständnis dieses Glaubensartikels hängt an dem Wörtchen „und“, mit dem er beginnt. Dieses „und“ bedeutet nicht Zusatz, sondern Erläuterung. In einem Satz wie etwa, „die Sonne *und* ihre Wärme wird dir gut tun“ ist ja die Wärme nichts zur Sonne Zusätzliches. Zu Gott lässt sich nichts hinzufügen. Und was unseren Glauben an Gott betrifft, was könnte man vorbehaltlosem Vertrauen noch hinzufügen? Der Glaube an Jesus Christus ergänzt den allen Menschen zugänglichen Gottesglauben also nicht, sondern erläutert ihn nur, und zwar im christlichen Sinn. Wenn die Sonne und ihre Wärme uns gut tun, warum nicht auch ihr Licht?

UND AN JESUS CHRISTUS macht also klarer, wie wir Menschen Gott erleben können: nicht nur als Vater, als allmächtige Liebe, als Schöpfer, sondern auch als die Wirklichkeit, die uns in Jesus Christus begegnet. Ganz früh schon sagten Christen: „Hast du deine Schwester, deinen Bruder gesehen, dann hast du Gott gesehen“. In der dichterischen Sprache der Bibel sagt ja der Schöpfer: „Lasst uns Menschen schaffen als unser Bild, uns ähnlich“ (Gen 1,26). Die Ähnlichkeit des Bildes ist bei uns leider oft verschwommen oder verwischt. Die Menschen aber, auf die das Credo letztlich zurückgeht, waren überrascht, wie leicht es war Gott zu sehen, wenn man Jesus in die Augen schaute, Gott zu hören, wenn Jesus sprach. Begeistert legten sie in Wort und Tat Zeugnis dafür ab, und bis heute begegnen Christen Gott in und durch JESUS CHRISTUS.

Dabei darf sich jedoch keine Ausschließlichkeit einschleichen. Wir können Gott jederzeit, irgendwo und in irgendeiner Form begegnen; das wird hier vorausgesetzt. Für uns Christen ist Jesus Christus der zentrale Begegnungspunkt mit der göttlichen

Wirklichkeit; das gibt unserem Gottesglauben eben seine spezifisch christliche Färbung und macht uns zu Christen.

Dabei ist es von großer Bedeutung, dass wir nicht nur von Jesus sprechen, oder von Christus, sondern von JESUS CHRISTUS. Die Benennung JESUS CHRISTUS hält zwei Pole in schöpferischer Spannung miteinander verbunden: Jesus, eine geschichtliche Persönlichkeit, und Christus, die gottmenschliche Wirklichkeit (in jedem Menschen, also auch in uns selbst, die in Jesus einzigartig aufleuchtet). Wir dürfen diese Spannung nicht aufheben. Wenn ich den einen Pol – Jesus – auf Kosten des Christus-in-mir betone, so verliert Jesus seine einzigartige Bedeutung für mich persönlich; er kann mir zwar ein bewundernswerter Lehrer sein, aber ich erkenne in ihm nicht die geschichtliche Verwirklichung meiner eigenen gottmenschlichen Möglichkeit. Wenn ich aber den anderen Pol so ausschließlich betone, dass ich den Christus-in-mir nicht in Jesus von Nazareth verwirklicht sehe, dann ist meine innere Christuswirklichkeit ihres objektiven geschichtlichen Bezugspunktes und Maßstabes beraubt, und ich kann sie allzu leicht subjektiv verzerren. Beide Pole verlangen unsere beständige Aufmerksamkeit. Ich muss mich bemühen, immer klarer zu sehen, worauf ich mich einlasse, wenn ich Jesus nachfolge. Zugleich muss ich immer bewusster aus meiner innersten Mitte leben, und so Christus in mir verwirklichen. Dieser doppelten Aufgabe muss ich mich stellen, um dem gerecht zu werden, was die Worte „UND AN JESUS CHRISTUS" für den Gottesglauben bedeuten.

Woher wissen wir das?

Was wir von JESUS wissen, das haben wir von anderen erfahren; was CHRISTUS heißt, das kennen wir aus eigener Erfahrung, auch wenn wir nie von Jesus hören. Von dieser inneren Christuswirklichkeit soll hier zuerst die Rede sein.

„Verliebte sind blind", heißt es; sie sind aber zugleich auch besonders hellsichtig. Wenn wir jemanden aus ganzem Herzen lieben, dann kann es vorkommen, dass wir plötzlich erfahren, wie uns in einem anderen Menschen Gott begegnet. Das ist weit entfernt von vernarrter Vergötterung. Worum es geht, ist vielmehr ein gegenseitiges Anschauen Liebender: so innig und so tief, dass der Blick bis zum göttlichen Wesensgrund des Anderen durchdringt. Eine solche Erfahrung kann zur Einsicht führen, dass, was wir Gott nennen, nicht nur alle unsere Horizonte überschreitet, sondern uns zugleich „zuinnerst näher ist, als wir uns selber sind" („*Intimior intimis meis*", sagt Augustinus). Im Bild der Bibel heißt das, dass wir „als Gottes Ebenbild" geschaffen sind. Unsere Gottesähnlichkeit wird umso strahlender leuchten, je mehr wir unser ureigenstes Selbst – Christus-in-uns – verwirklichen. In diesem Sinne muss man nicht Christ sein, um Christus zu kennen. Einfach als Menschen sind wir mit Christus in dem Ausmaß vertraut, in dem wir uns selber kennen, sind ihm in dem Ausmaß verbunden, in dem wir unserer innersten Wirklichkeit getreu leben. Indem Du Dich selber kennst, kennst Du Christus; indem Du Dich selber verwirklichst, wirkt Christus in Dir; indem Du Dein wahres Selbst findest, findest Du Christus.

Und wie finden wir dieses Selbst (im Gegensatz zum Ich)? Jede spirituelle Tradition hat dies zum Ziel, und auch die Methode ist grundsätzlich bei allen die gleiche: im Jetzt leben zu lernen. Die verschiedenen Traditionen haben viele und sehr unterschiedliche Wege gefunden, das Lernen zu erleichtern. Ein Beispiel, haben wir schon erwähnt: *Dankbares Leben*. Man kann *für* die Vergangenheit dankbar sein, aber man kann nur *in* der Gegenwart dankbar sein; man kann dankbar sein, dass einem Zukunft geschenkt ist, aber man ist immer nur *jetzt* dankbar. Wenn wir aber im Jetzt sind, sind wir auch schon im Selbst.

Je mehr wir unser wahres Selbst kennenlernen, umso klarer erkennen wir CHRISTUS in uns. Was JESUS für uns bedeutet und welchen Zusammenhang wir zwischen JESUS und CHRISTUS finden können, das ist eine andere Frage. Die Antwort wird von äußeren Umständen abhängen, von unserer kulturellen Einbettung, unserer religiösen Erziehung (oder deren Mangel), sogar von unserer Geschichtskenntnis. Ein christliches Kind mag aufwachsen, ohne je klar zwischen Gott und Jesus zu unterscheiden; ein jüdisches Kind mag entdecken, dass Jesus auch nur zu erwähnen, tabu ist. Wenn wir Glück haben, begegnen wir überzeugten Christen, die ihren Glauben leben und Liebe ausstrahlen. Es kann uns aber auch zustoßen, dass wir es mit widerwärtigen Menschen zu tun haben, die als öffentliche Vertreter Jesu gelten. Es macht wohl auch einen Unterschied aus, ob meine Kultur im Namen Jesu von Missionaren (trotz bester Absicht) zerstört wurde, oder ob höchste Gipfel meiner Kultur – etwa der „Christus" Rembrandts, das Rote Kreuz, oder Beethovens „Missa Solemnis" – vom Namen Jesu untrennbar sind. Vielen Menschen wird Unvoreingenommenheit gegenüber Jesus ehrliche Bemühung kosten – ob es sich dabei um negative Vorurteile handelt oder um positive. Jedenfalls verdient eine Persönlichkeit, die in der Geschichte soviel Widerspruch erregt hat, unsere Aufmerksamkeit und ehrliche Auseinandersetzung: Es geht letztlich um die Entscheidung zwischen der Liebe zur Macht und der Macht der Liebe.

Dreierlei muss zusammenkommen, bevor wir sagen können, dass wir an Gott UND AN JESUS CHRISTUS glauben:

- Wir müssen unser wahres Selbst, die Christuswirklichkeit in uns, wenigstens keimhaft erfühlen.
- Wir müssen die geschichtliche Gestalt Jesu und die gewaltfreie Revolution, für die er sein Leben gab, genügend kennenlernen.
- Und wir müssen diese beiden verbinden, indem wir uns mit Überzeugung hinter sein Programm sozialer Veränderung („das Reich Gottes") stellen und so zugleich unser göttliches Selbst (Christus-in-uns) verwirklichen.

Manche, die sich Christen nennen, erfüllen leider diese drei Bedingungen nicht. Wenn wir sie erfüllen, dann sehen wir in JESUS CHRISTUS unsere eigene gottmenschliche Selbstverwirklichung vorgebildet. Der Glaube an JESUS CHRISTUS ist tiefstes Vertrauen nicht auf etwas außerhalb von uns, sondern vielmehr darauf, dass Gottes Gegenwart sich auch in uns selber und durch uns in der Welt verwirklichen will und kann.

Warum ist das so wichtig?

Der Glaube AN JESUS (als) CHRISTUS schließt ein, dass wir in Jesus unser eigenes gott-menschliches Selbst erkennen, das Selbst, das als Gottes „Ebenbild" geschaffen ist und Gottes eigenen „Lebensatem" atmet. Diese Bilder verwendet die Bibel, wo die Rede ist von der Erschaffung Adams, dem Urbild jedes Menschen. Wer AN JESUS CHRISTUS glaubt, setzt sein gläubiges Vertrauen darauf, dass Gottes liebende Gegenwart in uns Wirklichkeit werden will, und durch uns in der Welt. Sich dazu zu bekennen ist schon der erste Schritt zu der neuen Weltordnung, die Jesus „das Reich Gottes" nannte.

Das hilft uns verstehen, warum der Glaube AN JESUS CHRISTUS keine Kluft aufreißt zwischen Christen und Andersgläubigen, obwohl das in der Vergangenheit oft missverstanden wurde. Im Gegenteil, die wichtige Einsicht, die das Credo hier ausspricht, ist: Das Göttliche kann sich inmitten des Menschlichen verwirklichen – also auch in mir selbst. Das gilt nicht nur für Christen, sondern für uns alle. Gott will sich im Menschlichen offenbar machen, wenn wir nur unsere Herzen dafür öffnen. Nur gemeinsam können wir dieser Anforderung gerecht werden. Mensch sein ist nicht Privatsache. Unsere Zeit stellt uns vor die Aufgabe, ein für alle Menschen gültiges Weltethos klar zu formulieren. Unser Überleben hängt davon ab. Die ganze Menschheit und jeder Einzelne von uns ist da herausgefordert. Es gibt keine höhere Aufgabe für uns Menschen als Menschlichkeit.

Das wichtige UND in unserem Satz bedeutet, dass ich nicht nur an den Gott jenseits aller Horizonte glaube, sondern auch an Gott in mir, Gott immanent in der Welt – und auf ausgezeichnete Weise in JESUS CHRISTUS. Das gibt unserem Glauben an Gott einen handgreiflichen Bezugspunkt – den geschichtlichen JESUS –, und es gibt uns eine klare Aufgabe: durch gewaltfreie Revolution für eine neue Weltordnung einzutreten, für „das Reich Gottes". Beides ist wichtig.

Persönliche Erwägungen

Mit Bologna verbindet sich für mich eine besondere Erinnerung – eigentlich mit der reizvollen Hügellandschaft der Emilia Romana unweit von Bologna. Dort war ich nämlich eingeladen, im Palazzo Loup, einem geschichtsträchtigen Ort, an einer ganz besonderen Tagung teilzunehmen. In die Geschichte wird dieses Treffen vielleicht nicht eingehen, für mich persönlich bleibt es aber unvergesslich. Drei Tage lang durfte ich mit einer Handvoll von Wissenschaftlern und Vertretern verschiedener Religionen zusammensitzen, und wir hatten nichts anderes zu tun, als Fragen aus dem Grenzgebiet von Naturwissenschaft und Spiritualität zu diskutieren, die uns allen brennend am Herzen lagen.

Der britische Psychologe Nicholas Humphrey und ich saßen nebeneinander. Es hatte sich einfach so ergeben. Wir bemerkten aber bald, dass uns mehr verband, als unsere Sitzplätze am Konferenztisch. Am freien Nachmittag machten wir eine lange gemeinsame Wanderung durch die Wälder, und Nick schenkte mir eine Kopie seines soeben erschienen Buches *Rot Sehen,* das einzige Exemplar, das er hierher mitgebracht hatte.

Humphrey beginnt dieses Buch, das mit seinem Untertitel *Eine Studie zur Bewusstseinsforschung* heißt, mit der Frage, was sich eigentlich ereigne, wenn wir etwas Rotes sehen. Dieses „Gefühl von *Rotheit*" sagt etwas über unsere Umgebung aus. Stößt uns da also etwas zu? Nein, sagt Humphrey, wir *tun* etwas, wenn wir fühlen. Wir re-agieren, sind also aktiv. Und diese Reaktion lässt sich zurückverfolgen durch alle Stufen der Evolution bis zur Antwort einzelliger Lebewesen auf einen Reiz. Ihre halbdurchlässige Zellwand lässt eine Auswahl von Stoffen ein, verschließt sich aber anderen. Schon der Einzeller weist sich also durch Bevorzugung und Zurückweisung als das aus, was er in seiner Eigenart ist. An höheren Lebewesen ist dies leichter zu beobachten, so z. B., wenn eine Katze auf Mäuse Jagd macht, vor Hunden aber flieht. Man sieht es auch an der großen Verschiedenheit zwischen einzelnen Menschen in ihren Abneigungen und Süchten. Gerade durch sie zeigen wir ja, wie wir uns von einander unterscheiden. Wir zeigen anderen, wer wir sind, durch das, was wir hoch- oder geringschätzen; ja wir werden uns dadurch selber erst bewusst, wer wir sind. Unser Selbstbewusstsein hängt weitgehend von unseren Werturteilen ab.

Humphreys Buch enthält viele weitreichende Einsichten, für uns ist aber hier vor allem das von Interesse, was es über das Selbst sagt. An den Gipfelpunkt seiner Aussagen stellt er ein Gedicht von Gerard Manley Hopkins (1844–1889), in welchem der Dichter für das Selbst-Werden ein neues Wort in der englischen Sprache prägt – „to selve", was man auf Deutsch mit „selbsten" wiedergeben könnte. Etwas „selbstet", indem es durch sein Tun aussagt, was es ist. So „entbrennt" in diesem Hopkinsgedicht ein Eisvogel, wenn er mit blau-schillerndem Gefieder bei Sonnenuntergang aus dem Schatten am Wasser in die Baumkronen auffliegt, die das Sonnenlicht noch streift. Libellen fachen sich gleichsam im Flug an und ziehen leuchtende Spuren, die sich selbst von der Sonnenhelle eines Sommermittags noch strahlend abheben. Das fasst für den Dichter das Selbst einer Libelle in ein Bild. Jeder Stein, der vom Brunnenrand ins Wasser fällt, plumpst ein bisschen anders – und wer erinnert sich nicht daran, wie unermüdlich Kinder Steine ins Wasser werfen und sich an dem unterschiedlichen Geplumpse freuen. Jede Glocke, jede angezupfte Saite „selbstet" so durch ihren ganz eigenen Ton. Und so ruft jedes Ding gleichsam aus: „Bin, was ich hier tu, und dazu hergebracht". Mit dieser Selbstaussage jedes sterblichen Dinges erreicht Hopkins' Sonett einen Höhepunkt, und das sind auch die letzten Zeilen in Humphreys Buch. (Ich gebe sie hier in der Übertragung von Andreas Koziol wieder:)

Wie Eis-Vögel entbrennen, Libellen-Flug sich anfacht;
Wie ein vom Brunnenrand gestürzter Stein erklingt;
Wie jede Saite, die man anschlägt, ihre Sage singt;
Wie jeder Glocke Zunge deren Erz bekanntmacht;
Tut jedes Ding, das sterblich, dieses eine einfach:
Es weist das Wesen, welches in ihm Wohnung nimmt
Als Selbst – ‚ich selbst ward', spricht es vor sich hin;
Ruft: ‚Bin, was ich hier tu, und hierzu hergebracht'.

„Aber da fehlen ja die letzten sechs Zeilen", sagte ich, da mir dieses Gedicht seit Langem vertraut und bedeutend war. Warum hast Du denn den zweiten Teil des Sonetts ausgelassen?" – „Den mag ich einfach nicht", war Nick Humphreys ehrliche Antwort. Wie sonderbar! Die erste Hälfte eines Gedichtes ist ihm so wichtig, dass sein ganzes Buch darauf hinführt und damit abschließt, und die andere Hälfte weist er so entschieden ab. Da musste ich doch diesen fehlenden Teil nochmals mit besonderer Aufmerksamkeit lesen:

Ich sage mehr: dem Menschen ist Recht verbürgt,
Der Huld erhält: hält Huld sein Tun und Lassen;
Er führt vor Gott das auf, was Gott in ihm bewirkt –
Christus – Christus spielt an tausenden von Straßen,
An Aug und Gliedern lieblich, er lebt und stirbt
Den Vater durch Gesichter, die ihn menschlich fassen.

Die ersten drei Wörter – „*Ich* sage mehr" – sind der Wendepunkt dieses Sonetts. Sie fassen alles zusammen, was seine ersten acht Zeilen über das Selbst sagten, und weisen auf das Wesentliche der abschließenden sechs Zeilen hin: Wo bisher Selbst im Mittelpunkt stand, tritt nun Recht an seine Stelle – nicht aber in dem Sinne, den das Gerichtswesen dem Recht gibt, sondern in dem viel tiefer liegenden Sinn einer inneren Ausrichtung auf Gerechtigkeit. Recht will hier nicht statisch, sondern dynamisch verstanden werden. Darum prägt der Dichter auch hier ein neues Wort – „justicing" –, das zu „selbsten" die gesellschaftsbildende Parallele darstellt und soviel wie „Gerechtigkeit schaffen" bedeutet. Um das Bewirken echter Gemeinschaft von innen her geht es hier. In gerechter Gemeinschaft besteht das „Mehr", das ich als Mensch sagen kann. Dadurch reicht mein Selbst über das aller anderen Daseinsstufen hinaus. Jedes sterbliche Ding tut

> … dieses einfach:
> Es weist das Wesen, welches in ihm Wohnung nimmt
> Als Selbst. …

„Ich aber" – als Mensch – „sage mehr: wer gerecht ist, wirkt Gerechtigkeit" (wie eine wörtliche Wiedergabe der englischen Vorlage lautet). Sam Keen, ein vielgelesener nordamerikanischer Autor, der sich vorbildlich für eine friedliche, gerechte Gesellschaft einsetzt, sagt mit Nachdruck: „Ob es uns lieb ist oder nicht, wir gehören alle zu einer Gerechtigkeitsgemeinschaft-im-Werden". Klingt das nicht fast wie ein Kommentar zu Hopkins' „Ich sage mehr"? „Selbsten" zeitigt klare Selbst-Aussage jedes Einzelnen. Aber erst wenn wir die uns allen gemeinsame Christuswirklichkeit als unser eigentliches Selbst erkennen, entsteht Gerechtigkeitsgemeinschaft. Als Glied dieser Gemeinschaft wird ein lebendiges Wesen mehr sagen als: „Ich selbst ward". Was hier ward, ist, „was Gott in ihm bewirkt – Christus" – der kosmische Christus, die innerste Wirklichkeit von allem, was es gibt.

Bis spät in die Nacht blieb ich wach und schrieb für Nick Humphrey meine Gedanken nieder zu dem Teil des Gedichtes, das er ausgelassen hatte. Ganz gleich wie weit wir zurückgehen – zur Auslese des Passenden vom Störenden, die eine Zelle vornimmt, oder bis zu den Kriterien, nach denen Atome sich bilden und Verbindungen eingehen – die ganze Entwicklung setzt sich fort in dem Prozess, durch den Menschen zum Christusbewusstsein durchstoßen. Wozu wir bestimmt sind, ist Gemeinschaft im kosmischen Christus. Pierre Teilhard de Chardin (1881–1955) spricht in diesem Sinne vom Omegapunkt, dem dynamischen Ziel der Entwicklung.

Wo der Dichter hier „Christus" sagt, könnte er unmöglich „Jesus" sagen. Selbst „Jesus Christus" würde nicht passen. Es geht um die Christus-Wirklichkeit, an der jedes Selbst Anteil hat, und die darum als innerstes Aufbaugesetz wirkt für die ganze Gemeinschaft des Seins. In Jesus, wie – potentiell – in jedem Menschen, hat Offenheit für das Christus-Selbst sein Ich unendlich erweitert. Das Selbst Jesu Christi fand Ausdruck in seinem Leben und Sterben für eine alles-einschließende Gerechtigkeitsgemeinschaft.

Wie kannst Du, als Leser, das Sonett von G. M. Hopkins verbinden mit Deinem Ich-Bewusstsein, Deinem Selbst-Bewusstsein und Deinem Bewusstsein vom „Christus" in Dir selbst? „Dem Menschen ist Recht verbürgt", sagt der Dichter. Was bedeutet für Dich persönlich diese tiefste innere Ausgerichtetheit des menschlichen Herzens auf Gerechtigkeit? Wie siehst Du in diesem Licht das Recht aller auf Würdigung ihrer Person und Gleichberechtigung in der menschlichen Gesellschaft? Wie setzt sich das um in Dein politisches Handeln? (Nicht handeln, bedeutet hier auch handeln, denn es stützt den Status Quo.) Für JESUS CHRISTUS war dies so wichtig, dass er schließlich für seinen gewaltfreien politischen Einsatz mit seinem Leben bezahlen musste. Auf diese Art sagte JESUS „mehr" und führte vor Gott auf der Bühne dieser Welt das auf, was Gott in ihm bewirkte (und in uns allen bewirken will) – CHRISTUS.

Ich konnte verstehen, dass Nick Humphrey allergisch reagierte, als in dem Eis-Vogel-Sonett plötzlich CHRISTUS auftauchte. Manchem Leser wird es vielleicht ähnlich gehen. Wem die nötige Unterscheidung fremd ist, der denkt da einfach an JESUS und meint vielleicht, dass Hopkins, der Jesuit, hier in seinen religiösen Vorstellungen steckengeblieben sei. Wenn wir ihn aber richtig verstehen, dann sprengt er (als der gute Theologe, der er war) den christlichen Vorstellungsrahmen des 19. Jahrhunderts auf erstaunliche Weise und zeigt ein Verständnis von JESUS CHRISTUS, das auch heute noch wegweisend ist.

„… und an Jesus Christus, SEINEN EINGEBORENEN SOHN“

Was heißt das eigentlich?

Es heißt jedenfalls nicht das, was sich Christen wie Nicht-Christen allzu oft darunter vorstellen. Das landläufige Verständnis ist nämlich zu sehr von Vorstellungen der griechischen Mythologie geprägt, aus der uns etwa Castor und Pollux als von Jupiter gezeugte Gottessöhne bekannt sind. In welchem Sinne Jesus „Sohn Gottes" ist, muss von einer anderen Tradition her verstanden werden, nämlich der biblischen. Dort ist das Urbild für Gottessohnschaft „Adam, der Sohn Gottes" (Lk 3,31). Wenn die Bibel Adam – den Menschen schlechthin – Sohn Gottes nennt, dann gilt das für alle Menschen. Wir alle sind Adam – das bedeutet ja „Erdling" – und sind dazu berufen, als „Gottes Ebenbild" zu leben. Jesus Christus wird der zweite, der neue Adam genannt, weil er (im Gegensatz zum ersten, alten Adam – und zu den meisten von uns) dieser höchsten menschlichen Aufgabe gerecht wurde. So verstanden ist Jesus Christus „Gottes Sohn", nicht *obwohl* er Mensch ist, sondern gerade deshalb *weil* er Mensch ist und Vorbild wahren Menschseins. In biblischer Sicht ist Gotteskindschaft für jeden Menschen Gabe und Aufgabe.

So wie „Sohn Gottes" ein Ausdruck ist, der auf die Bibel zurückgeht und nur von da her verstanden werden kann, so auch das Eigenschaftswort „eingeboren". Es ist im deutschen Credo eine genau wörtliche Übersetzung des lateinischen *„unigenitus"*. Im Hebräischen entspricht dem ein Wort, das jemanden als den einzigen Sohn seiner Eltern kennzeichnet, *oder aber auch* als den einzigen, auf dessen Sohnschaft es im Zusammenhang ankommt. So wird, zum Beispiel, in Genesis 22:2 Isaak als Abrahams *einziger* Sohn bezeichnet, weil er als von Gott Verheißener seinem Vater besonders lieb ist. „Einzig geliebt" (in Parallelbildung etwa zu „einzig schön") wäre eine sinntreuere deutsche Wiedergabe von „eingeboren", und eine weniger missverständliche.

Richtig verstanden ist die Gottessohnschaft Jesu Christi nichts, was exklusiv, also uns ausschließend wäre, sondern sie schließt alle Menschen ein. Das gilt auch von seiner Stellung als „eingeborener“ – d.h. einzig geliebter – Sohn. Gott liebt jeden Menschen so, als ob es nur diesen einen Menschen gäbe. Darin besteht das Herzstück der Lehre Jesu, und dazu bekennen wir uns in gläubigem Vertrauen, wenn wir Jesus Christus Gottes EINGEBORENEN SOHN nennen. Er ist Repräsentant der ganzen Menschheit. Wer auf Gottes väterliche Liebe vertraut, glaubt an sich selbst als „einzig geliebtes“ Gotteskind.

Aber ist das Verhältnis zwischen Gott und Jesus Christus nicht doch einmalig? Sicher. Aber das gilt für jeden Menschen. Die Beziehung jedes Menschen zu Gott ist einmalig und unauswechselbar, eine immer neue Abwandlung der Christuswirklichkeit, ähnlich wie sich auch Stern von Stern an Glanz unterscheidet. „Allen, die ihn aufnahmen“ – d.h. allen, die aus der Christuswirklichkeit in ihrem Herzen leben, ob sie Jesus kennen oder nicht – „gab er Vollmacht Gottes Kinder zu werden“, (Joh1,12). Oder wie es im ersten Johannesbrief heißt: „Sehet, welch eine Liebe uns der Vater geschenkt hat, dass wir Kinder Gottes genannt werden – und sind“. (1 Joh 3,1)

Woher wissen wir das?

Die sprachwissenschaftlichen Befunde, die zum Verständnis von Ausdrücken wie „Sohn Gottes“ oder „eingeborener Sohn“ verhelfen können, sind heute allgemein zugänglich. Viele der nötigen Handbücher sind auch für Laien verständlich. Die mythische Vorstellung von Jesus als Gottes eingeborenem Sohn ist leider so eingefahren und weitverbreitet, dass es Mühe kostet, sich von einem wörtlichen Verständnis dieses Bildes zu befreien. Ja, es fällt vielen Menschen schwer, überhaupt wahrzunehmen, dass es sich bei Gottessohnschaft um ein Bild handelt, freilich eines, das tiefe Wahrheit aufzeigt. Reife Menschen sind dafür verantwortlich, sich auch in Glaubensfragen weiterzubilden.

Persönliche Erfahrung ist freilich noch wichtiger als Bücherwissen.

„Niemand kennt den Vater als der Sohn" (Mt 11,2) heißt es im Evangelium, und das ist wirklich eine Frohbotschaft. Es bedeutet nämlich, dass alle, die Gott als Vater kennen, Söhne und Töchter Gottes sind. Wie ich oben zu zeigen versuchte, ist grundsätzlich allen Menschen verständlich und zugänglich, was es heißt, Gott als Vater zu *kennen*. Das gilt auch für jene, die eine ganz andere religiöse Sprache sprechen und denen es fremd ist, Gott „Vater" zu *nennen*.

Je mehr wir unser Vertrauen auf eine liebende Macht, die uns unendlich übersteigt, einüben und vertiefen, desto inniger erfahren wir das, was mit Gottes Vaterliebe gemeint ist. Aufgrund unserer eigenen Beziehung zu Gott als „Vater" können wir dann verstehen, dass Jesus EINGEBORENER SOHN Gottes ist, weil wir uns ja selber als einzig geliebte Gotteskinder erleben.

Warum ist das so wichtig?

Die ganze Frohbotschaft Jesu ist samenhaft in dem einen Wort „Abba" enthalten, mit dem er Gott aus seiner mystischen Erfahrung heraus „Vater" nennt. Alles, was er in Leben und Lehre vertritt, entspringt dieser innigen Beziehung zu Gott als „Vater". Darum drückt auch „Sohn Gottes" besser als jeder andere Titel sein Verhältnis zu Gott aus – und nicht nur zu Gott, sondern auch zu uns. Jesus Christus ist in diesem Sinn „der Erstgeborene von vielen Geschwistern" (Röm 8,29). Von Jesu innigem Verhältnis mit Gott her werden drei entscheidende Begriffe verständlich, die der christlichen Tradition ihr besonderes Gepräge geben: Frohbotschaft, Reich Gottes und Erlösung.

- Die *Frohbotschaft* fasst einfach das Gottesverständnis Jesu zusammen. Johannes spricht dies so aus: „Gott ist Liebe; und wer in der Liebe bleibt, der bleibt in Gott und Gott in ihm" (1 Joh 4,16). Weil aber Liebe das gelebte „Ja" zur Zugehörigkeit ist, hat das Bleiben in der Liebe umwälzende Folgen für alle Lebensbereiche. Eine Welt, in der wir alle „Ja" sagen zu gegenseitiger Wertschätzung und Verantwortung, muss anders aussehen, als die Welt, die wir kennen. Liebe wird so zur Triebkraft für die gewaltfreie Revolution, die Jesus angestoßen hat und die das Reich Gottes zum Ziel hat. „Ich bin gekommen, Feuer auf die Erde zu werfen, und wie wünsche ich, es würde schon brennen" (Lk 12,49).

- Das *Reich Gottes* ist die Welt, insofern sie „in der Liebe bleibt". In Anlehnung an den Dichter Gary Snyder können wir vom „Gotteshaushalt" sprechen, weil Haushalt uns vielleicht vertrauenserweckender klingt als Reich. Der Dichter spricht vom Erdhaushalt (*„Earth Household"*), aber für Tiere, Pflanzen und die ganze unbelebte Natur ist der Erdhaushalt ja zugleich Gottes Haushalt, weil sie völlig eingebettet leben in die Ordnung und den Frieden einer allumfassenden „Familie". Nur wir Menschen schließen uns aus, wie der verlorene Sohn im Gleichnis Jesu; wir gehen von zuhause fort in die Fremde, die Entfremdung. Hier beginnt alles Elend der Welt. Wo immer aber Liebe herrscht statt Macht, da wird auch unter uns Menschen der Erdhaushalt zum Gotteshaushalt.

- *Erlösung* ist Rückkehr aus der Entfremdung von uns selbst, aus der Entfremdung von Anderen und schließlich aus der Entfremdung von Gott. Sobald wir einsehen, dass wir ja nie aus Gottes Liebe herausfallen können, kommen wir „zu uns selbst" (Lk 15,17, wie der verlorene Sohn – zu unserem wahren Selbst – das daheim ist im Haushalt Gottes als innig geliebtes Familienmitglied. Dann tanzt der Vater beim Freudenfest, das er dem einst verirrten Sohn bereitet hat. Im Johannesevangelium sagt Jesus: „Ich bin gekommen, damit sie das Leben haben *und es in Fülle haben*" (Joh 10,10).

All dies schwingt mit, wenn das Credo Jesus Christus den EINGEBORENEN SOHN Gottes nennt. Die wichtigsten Elemente des Christseins sind im rechten Verständnis dessen verankert, was es bedeutet, dass Jesus Christus EINGEBORENER SOHN Gottes ist. Es geht dabei zugleich auch um die Gotteskindschaft aller Menschen und um das heute so wichtige Bewusstsein unserer Verbundenheit in der allumfassenden Menschheitsfamilie und unsere Verantwortung für den Erdhaushalt.

Persönliche Erwägungen

In meinen Erwägungen zum vorigen Glaubenssatz zog ich das berühmte Eis-Vogel-Sonett von G. M. Hopkins heran, um mit seiner Hilfe anzudeuten, wie wir vom Ich-Bewusstsein zum Bewusstsein der Christuswirklichkeit als unserem wahren Selbst aufsteigen können. Wir sahen, dass dies zugleich eine Gewichtsverlagerung bedeutet – weg von dem, was uns unterscheidet, auf das hin, was uns in der weitestmöglichen Gemeinschaft verbindet – unser Einssein im kosmischen Christus.

Die Bildersprache dieses Dichters hat mir selbst in der Entwicklung meines religiösen Verständnisses geholfen. Im Volksschulalter war auch für mich Christus gleichbedeutend mit Jesus, wenn es nicht gar sein Nachname war. Da es mir oben vor allem um die Berichtigung dieses Missverständnisses ging, kommentierte ich das Sonett nicht weiter als bis zum Wort „Christus", mit dem es seinen Höhepunkt erreicht. Wie der schon besprochene Teil des Gedichtes uns helfen kann, den Glauben an Jesus Christus tiefer zu verstehen, so werfen seine letzten Zeilen Licht auf das, was die Worte SEINEN EINGEBORENEN SOHN eigentlich sagen wollen. Ihnen wende ich mich also jetzt zu:

… Christus spielt an tausenden von Straßen,
An Aug und Gliedern lieblich, er lebt und stirbt
Den Vater durch Gesichter, die ihn menschlich fassen.

Mit dem Bild, dass Christus „spielt", greift Hopkins eine Vorstellung auf, die schon im Neuen Testament anklingt, wo Paulus und besonders Johannes Christus und *Sophia*, die personifizierte göttliche Weisheit, ineinander verschmelzen. Sie greifen da auf eine der entzückendsten Bibelstellen zurück, in der Gottes Weisheit von sich spricht:

> Der HERR hat mich gehabt im Anfang seiner Wege; ehe er etwas schuf, war ich da.
>
> Ich bin eingesetzt von Ewigkeit, von Anfang, vor der Erde.
>
> Da die Tiefen noch nicht waren, da war ich schon geboren, da die Brunnen noch nicht mit Wasser quollen.
>
> Ehe denn die Berge eingesenkt waren, vor den Hügeln war ich geboren,
>
> da er die Erde noch nicht gemacht hatte und was darauf ist, noch die Berge des Erdbodens.
>
> Da er die Himmel bereitete, war ich daselbst, da er die Tiefe mit seinem Ziel fasste.
>
> Da er die Wolken droben festete, da er festigte die Brunnen der Tiefe,
>
> da er dem Meer das Ziel setzte und den Wassern, dass sie nicht überschreiten seinen Befehl, da er den Grund der Erde legte:
>
> da war ich der Werkmeister bei ihm und hatte meine Lust täglich und spielte vor ihm allezeit
>
> und spielte auf seinem Erdboden, und meine Lust ist bei den Menschenkindern.
>
> (Spr 8, 22–31, Lutherbibel 1554)

Hopkins bereichert den Sinngehalt dieser Bilder noch, indem er betont, dass Christus/Sophia lieblich sei an Aug und Gliedern, die aber „nicht seine eigenen" seien – der englische Text sagt ausdrücklich: *„not his own"* – sondern dass diese Augen zu Gesichtern gehören, „die ihn menschlich fassen", wie es in Koziols Übersetzung heißt. So wird Christus sichtbar „in Tausenden von Straßen". Wo immer es Frauen, Männer und Kinder gibt, spielt der eine Christus in allen und jedem, als ob es nur einen einzigen Schauspieler gäbe, der so viele verschiedene Rollen spielt. Und er spielt in und durch uns vor des Vaters Antlitz. Wo der Originaltext sagt, er spiele *vor* dem Vater – *„to the Father"*, eigentlich „auf den Vater zu" – sagt Koziol hier, er spiele *den* Vater, dadurch wie „er lebt und stirbt". Auch das ist theologisch haltbar. In Jesus Christus manifestiert sich ja der un-manifeste Gott, den wir „Vater" nennen. Darum sagt Jesus bei Johannes: „Philipp, wer mich sieht, der sieht den Vater" (Joh 14,9).

Der kosmische Christus spielt und tanzt *in* und *durch* uns vor dem Vater. Dieses Bild sollten wir tief in uns aufnehmen und mit geschlossenen Augen auf uns einwirken lassen. Was es uns sagen will, ist klar: Der Glaube an Jesus Christus als GOTTES EINGEBORENEN SOHN schließt niemanden aus, sondern bezieht uns alle in diese einzigartige Liebe des Vaters zu seinen Kindern ein.

Hopkins' Dichtung ist bilderreich und strukturell straff. Sie verlangt eine gewisse Anstrengung vom Leser. Trotzdem bin ich sicher, dass viele das Eis-Vogel-Sonett noch einmal lesen wollen, vielleicht sogar mit einem Auge auf dem englischen Original. Die Mühe wird sich lohnen.

Wie Eis-Vögel entbrennen, Libellen-Flug sich anfacht;
Wie ein vom Brunnenrand gestürzter Stein erklingt;
Wie jede Saite, die man anschlägt, ihre Sage singt;
Wie jeder Glocke Zunge deren Erz bekanntmacht;
Tut jedes Ding, das sterblich, dieses eine einfach:
Es weist das Wesen, welches in ihm Wohnung nimmt
Als Selbst – ‚ich selbst ward' spricht es vor sich hin;
Ruft: ‚Bin, was ich hier tu, und hierzu hergebracht'.

Ich sage mehr: dem Menschen ist Recht verbürgt,
Der Huld erhält: hält Huld sein Tun und Lassen;
Er führt vor Gott das auf, was Gott in ihm bewirkt –
Christus – Christus spielt an tausenden von Straßen,
An Aug und Gliedern lieblich, er lebt und stirbt
Den Vater durch Gesichter die ihn menschlich fassen.

As kingfishers catch fire, dragonflies dráw fláme;
As tumbled over rim in roundy wells
Stones ring; like each tucked string tells, each hung bell's
Bow swung finds tongue to fling out broad its name;
Each mortal thing does one thing and the same:
Deals out that being indoors each one dwells;
Selves – goes itself; myself it speaks and spells,
Crying Whát I do is me: for that I came.

Í say móre: the just man justices;
Kéeps gráce: thát keeps all his goings graces;
Acts in God's eye what in God's eye he is –
Chríst – for Christ plays in ten thousand places,
Lovely in limbs, and lovely in eyes not his
To the Father through the features of men's faces.

Welches Bild in diesem Gedicht spricht Dich, als Leser, besonders an? Und weshalb? Wie würdest Du in Deinen eigenen Worten den Kern dessen ausdrücken, was der Dichter sagen will? Wie verträgt sich diese Sicht vom Glauben an GOTTES EINGEBORENEN SOHN mit der Dir bisher vertrauten Perspektive?

„... und an Jesus Christus ... UNSEREN HERRN“

Was heißt das eigentlich?

Der Titel HERR bedeutet hier höchste Autorität. Es war der Titel des römischen Kaisers. Jesus Christus HERRN zu nennen war Hochverrat. Dieser Titel hatte solches Gewicht, dass er nur *einem* zustehen konnte. Wenn Jesus Christus HERR ist, dann kann der Kaiser es nicht sein. Das fordert Entscheidung: Gewalt oder Liebe? Weltmacht oder Gotteshaushalt? Die gewaltfreie Revolution, für die Jesus lebte und starb, bedroht seither jedes politische oder auch religiöse System der Unterdrückung; sie stellt jede auf Gewalt gegründete Ordnung in Frage, selbst wenn die sich auf Jesus selbst beruft.

Lange bevor der römische Kaiser HERR genannt wurde, war HERR ein Titel Gottes.

Das griechische Wort für HERR, *„Kyrios“*, steht schon im 3. Jh. v. Chr. als die offizielle Übersetzung für Gottes unaussprechlichen Namen. Dieser drückt im Hebräischen die absolute, universelle Autorität Gottes aus. Das ist aber die Autorität der Liebe. Gottes Liebe als Ursprung und Grundlage aller Autorität ist es, wofür Jesus Christus durch Wort und Tat eintritt. Wenn also die ersten Christen sagten, „Gott ist Liebe“, (1 Joh 4,16) dann proklamierten sie die absolute, unbegrenzte und intim persönliche Autorität der Liebe. Und diese Liebe war ihnen in Jesus Christus menschlich begegnet. Ihm folgen bedeutete, für die Macht der Liebe einzutreten gegen alle anderen Mächte der Welt. Weil er die göttliche Macht der Liebe verkörperte – im Vollsinn des Wortes –, durften sie wagen, ihm den Titel HERR zu geben, den Titel Gottes, dessen Macht die Liebe ist. Und auch wir dürfen es wagen, wenn wir die göttliche Autorität der Liebe erkennen, die uns in Jesus Christus entgegentritt. Um sie zu erkennen, braucht man gar nicht Christ zu sein.

In unserem innersten Herzen kennen wir alle den Autoritätsanspruch der Liebe. Wenn Liebe das im Leben verwirklichte „Ja“ zur Zugehörigkeit ist, dann kommt ihr Anspruch nicht von außen auf uns zu, sondern ist eine innere Notwendigkeit. Das „Ja“ zur Zugehörigkeit zum Gotteshaushalt ist ja die Bedingung dafür, dass wir Sinn im Leben finden. Nur durch Liebe können wir verwirklichen, was wir im Innersten sind. Das gilt für uns alle – einfach als Menschen. Christen nennen Jesus Christus ihren HERRN, weil sie in ihm die Macht der Liebe verkörpert sehen. Das sondert sie aber nicht ab. Es verbindet sie vielmehr mit den Gläubigen aller Religionen, die die Liebe als höchste Autorität erkennen und anerkennen.

Der Glaube an Jesus Christus als HERRN bedeutet, dass wir unser tiefstes Vertrauen setzen auf die Macht göttlicher Liebe, die sich in menschlichen Begegnungen verwirklicht. Das schließt ein, dass wir unsere Augen nicht abwenden von dem, was diese Liebe von uns verlangt, sondern entsprechend leben und handeln. Das „Ja“ wahrer Liebe ist vorbehaltslos und die Zugehörigkeit, der dieses „Ja“ gilt, ist grenzenlos; es schließt die ganze Welt ein – „Seid umschlungen, Millionen ...“ aber nicht schwärmerisch sondern nüchtern realistisch. Eine Welt, in der die Herrschaft der Liebe alle Entscheidungen bestimmt, ist der Konkurrenzgesellschaft, wie wir sie kennen, von Grund auf entgegengesetzt. Darum muss der Geltungsanspruch der Liebe unvermeidlich zusammenprallen mit dem Geltungsanspruch der Macht. Glaube an Jesus Christus als HERRN setzt den Mut voraus, in diesem Zusammenprallen standhaft zu bleiben. „Ich glaube an Jesus Christus als HERRN“ bedeutet: Ich glaube an eine alles einschließende Weltordnung, die Weltordnung der Liebe, und ich verpflichte mich, für sie einzutreten.

Woher wissen wir das?

Wissen und Verständnis dessen, was Begriffe wie HERR – „Kyrios“, beinhalten, muss aus sorgsamem Lesen der Bibel gewonnen werden. Über die Gestalt Jesu und über seine Stellung zur

Welt seiner Zeit gibt es verlässliche Studien im Bereich der Bibelforschung. Nur im Zusammenhang mit der biblischen Tradition, aus der es stammt, können wir das Credo richtig verstehen. Das setzt bei gebildeten Menschen ein Minimum an Bibelstudium voraus.

Der Sinn des Glaubensbekenntnisses geht allerdings weit über seinen Wortlaut und dessen herkömmliches Verständnis hinaus. Erst wenn wir die Glaubenssätze mit dem Licht unserer eigenen Herzenserfahrungen und unseres tiefsten spirituellen Bewusstseins durchleuchten, können wir ihre universelle Bedeutung verstehen. (Das versuchen wir in diesem Buch zu tun.) Ein Satz wie der von Jesus Christus als HERRN müsste für alle, die nicht Christen sind, bedeutungslos erscheinen, wenn es nur um einen Ehrentitel ginge. Wenn wir aber dabei an spirituelle Erfahrungen appellieren, die jedem Menschen grundsätzlich zugänglich sind, dann sehen wir darin plötzlich eine tiefere, weitere Bedeutung: ein Bekenntnis zur Autorität der Liebe.

Erfahrungen tiefster Erfüllung – etwa wenn wir ein schlafendes Kind im Arm halten, beim Wandern ganz in der Natur aufgehen, oder beim Tanzen völlig eins werden mit dem Rhythmus der Musik – lassen uns die Freude grenzenloser Zugehörigkeit verkosten. In solchen Augenblicken sagt unser Herz ganz spontan ein uneingeschränktes „Ja“. Bei diesem „Ja“ zu bleiben, sich inmitten einer Welt voll Entfremdung immer wieder für die Zugehörigkeit zu entscheiden, das ist die große Herausforderung der Liebe. Was wir da aus eigener Erfahrung kennen, ist es, worum es im Leben Jesu ging. Je mehr wir über ihn erfahren, umso klarer wird uns das.

Das „Ja“ zur All-Gemeinschaft drückt der Art, *wie* Jesus lehrt (in Gleichnissen), den Stempel auf und steht im Mittelpunkt dessen, *was* er lehrt (das Reich Gottes als verwirklichte Liebe). Jesus hält in allen Schwierigkeiten an diesem „Ja“ fest und geht schließlich dafür in den Tod. Wenn uns bewusst wird, dass die Stimme letzter Autorität in unserem eigenen Herzen das auch von uns verlangen kann, dann liegt es nahe, in Jesus den Repräsentanten der Autorität der Liebe zu sehen. Und das will der Titel HERR ausdrücken. Ein solches Verständnis der Proklamation „Jesus Christus ist Herr" (Phil 2,11), ist Nichtchristen ebenso zugänglich wie Christen.

Warum ist das so wichtig?

Das christliche Bekenntnis zu Jesus Christus als Herrn ist vor allem deshalb wichtig, weil sich darin etwas ausdrückt, was allen Menschen als Ideal gilt: Liebe als höchste Autorität. Wer diese Autorität anerkennt, verpflichtet sich, entsprechend zu leben, und das hat ungeheure praktische Konsequenzen für unser persönliches Leben, für unsere Gesellschaft und für die Welt, in der wir leben und an der wir mitbauen. Früher oder später werden wir in Lagen kommen, in denen wir die Ansprüche anderer Autoritäten respektvoll aber entschieden zurückweisen müssen. Wenn wir nicht dazu bereit sind, dann ist alles „Herr, Herr!"-Sagen leeres Gerede (Mt 7,21). Wenn wir aber den Mut haben das „Ja" der Liebe zu sprechen, das unsere Welt so dringend braucht, dann kann Jesus Christus als Herr eine ganz zentrale Rolle spielen für unser Bemühen um eine Weltordnung, die auf Liebe gründet.

Dieses Bemühen ist zwar wirklich unser eigenes, geht aber über uns als Einzelne, ja selbst über die Menschheit als Ganze weit hinaus. Es ist das Werk des heiligen Geistes, der göttlichen Kraft der Liebe in unserem Herzen und in der ganzen Schöpfung. „Niemand kann sagen ‚Jesus ist HERR' außer im Heiligen Geist" (1 Kor 12,3). Das ist der Anknüpfungspunkt zwischen diesem und dem nächsten Glaubensartikel.

Persönliche Erwägungen

Michelangelos *Pieta* ist die bekannteste Darstellung der Schmerzensmutter: Maria hält den Leichnam ihres gekreuzigten Sohnes im Schoß. Immer wieder haben Künstler diese Szene einfühlsam geschildert, und der Schmerz unzähliger trauernder Mütter machte dieses Motiv in der Volkskunst zu einem der populärsten. In der Wallfahrtskirche „Maria Schmerzen" in Wien, unserer Pfarrkirche in meiner Jugend, steht ein viel verehrtes Schnitzbild der Schmerzensmutter. Jedes Jahr am Freitag vor dem Karfreitag kamen tausende Menschen dorthin, um zu beten. Auch 1944 zog ein endloser Strom von Frauen in Schwarz zwischen den Weingärten den Kaasgraben hinauf zur Kirche. Sie trauerten um ihre gefallenen Männer, Brüder, Söhne oder Enkelsöhne, die als Kanonenfutter in Hitlers Armee gezwungen worden waren. Nur wenige von ihnen wussten, dass drei Tage vorher in einer Nachbarpfarrei ein junger Priester von der Gestapo verhaftet und des Hochverrats angeklagt worden war, weil er im Namen seines HERRN Jesus Christus gegen dieses sinnlose Hinschlachten von Millionen klar Stellung genommen hatte.

Dieser Priester hieß Heinrich Maier. Er war einer der Kapläne, die wir Studenten liebten, weil sie mit der Jugend umzugehen wussten. Während er an jenem Morgen die Messe feierte, kamen drei Männer in die Kirche gestampft und nahmen mit verschränkten Armen und gespreizten Beinen vor dem Altar Stellung. Diese Drohgebärde war alles, was die Mitfeiernden zu sehen bekamen. Kaum hatte der Priester den Altar verlassen, wurde er noch in seinem Messgewand in der Sakristei festgenommen und abgeführt. Lisi Irdinger, die geistesgegenwärtige und mutige Pfarrhelferin, verschwand schnell in Pater Maiers Zimmer, packte seine Schriftstücke und Unterlagen zusammen und brachte sie ins Zimmer von Pater Robert Firneis, eines Kaplans, der in die Armee eingezogen worden war und dessen Zimmer folglich nicht von der Gestapo durchstöbert werden durfte.

Spitzel hatten allerdings schon alles verraten, was man wissen wollte: Dieser hochintelligente und zweifach promovierte junge Kleriker war gefährlich für das Dritte Reich. Alle in der Pfarrei hatten ihn gern; schon das war verdächtig. Er hatte eine Gruppe der österreichischen Widerstandsbewegung gegründet, hatte sich mit ähnlichen Gruppen in Deutschland in Verbindung gesetzt, besonders mit Mitgliedern katholischer Gewerkschaften, und war sogar mit dem Geheimdienst der Alliierten in Kontakt. Er hatte versucht, das wahllose Bombardieren der Zivilbevölkerung zu bremsen, indem er half, alliierte Luftangriffe auf Waffenfabriken zu lenken. All das genügte, ihn des Hochverrates anzuklagen. Das Todesurteil lautete: Enthauptung.

Am Schmerzensfreitag des nächsten Jahres kamen nur noch eine Handvoll Trost suchender Frauen zur Wallfahrtskirche. Bombenangriffe bei Tag und Nacht hatten ganze Stadtteile Wiens in Trümmerfelder verwandelt. Die russische Befreiungsarmee rückte von Ungarn her täglich näher und das Ende von Hitlers „Tausendjährigem Reich" war in Sicht. Wir ahnten nicht, was die russischen „Befreier" in Wien anrichten würden. Vielleicht stand uns das Ärgste noch bevor. „Besser ein Ende mit Schrecken, als Schrecken ohne Ende", sagten wir damals. Die Schreckensherrschaft war jedoch am Zusammenbrechen. Erst später erfuhren wir es: Pater Heinrich Maier war am Tag vorher hingerichtet worden.

Wenn ich jetzt an ihn denke, so vermischt sich das, was ich aus eigener Erinnerung weiß, mit dem, was mir erzählt wurde. Nackt war er im Gefängnis ans Fenstergitter gefesselt und gefoltert worden. Selbst unter Folterqualen hatte er keinen Namen eines Mitverschwörers verraten. Einer seiner Richter hatte ihn zynisch gefragt: „Sie nehmen alle Schuld auf sich, was bekommen sie denn dafür?" „Von nun an werde ich sehr wenig brauchen", war die Antwort. Ich weiß noch, dass manche sagten: „Waghalsig war er; da ist's ihm halt an den Kragen gegangen. Was hat er denn sonst erwartet?" Ich weiß aber auch, dass wir junge Menschen damals von Helden wie Heinrich Maier lernten, was es heißt, Jesus Christus als UNSEREN HERRN zu bekennen. Mit lauter Stimme hatte er das getan – so berichteten seine Mitgefangenen. Wenige Augenblicke, bevor er für immer schweigen musste.

Du und ich, wir können noch wagen, für Gerechtigkeit einzustehen. Wir haben noch Hälse um waghalsig zu sein. Wann sind wir zum letzten Mal gegen Ungerechtigkeit aufgestanden? Hitler war nicht der erste und nicht der letzte, der einen Angriffskrieg vom Zaun brach, das Volk durch Lügen für sich gewann und durch Angstpropaganda gefügig machte. Millionen von Frauen beweinen auch heute noch Männer, die in der Blüte ihrer Jugend vom Krieg zermalmt werden. Wird der Anblick der Schmerzensmutter uns aufrütteln? Für wen werden wir selber Kopf und Kragen wagen: für die Kriegsherren oder für den HERRN des Friedens und der Gerechtigkeit?

„EMPFANGEN DURCH DEN HEILIGEN GEIST“

Was heißt das eigentlich?

GEIST bedeutet Lebensatem. (Das ist auch die Grundbedeutung der entsprechenden Wörter in Latein, Griechisch und Hebräisch.) Der biblische Bezugspunkt dafür, was HEILIGER GEIST bedeutet, ist der Schöpfungsmythos, in dem Gott einem menschenförmigen Lehmfigürchen Leben einatmet – „und *so* wurde der Mensch zu einem lebendigen Wesen“ (Gen 2,7). Nur im Zusammenhang mit diesem Bild können wir richtig verstehen, was es heißt, dass Jesus durch den Heiligen Geist EMPFANGEN wurde: Was uns in seinem Leben aufleuchtet, ist der Funke göttlichen Lebens, den alle Menschen in sich tragen, der in ihm aber hell lodert.

HEILIG heißt hier nicht „sittlich vollkommen“, sondern: „Ehrfurcht gebietend“. Das Heilige ist das, was uns erschauern lässt, wenn wir ihm begegnen, und uns doch unwiderstehlich anzieht. Rilke weist auf dieses Ur-Gefühl hin, wenn er schreibt: „Das Schöne ist nur der Anfang des Schrecklichen, und wir bewundern es so, weil es gelassen verschmäht, uns zu zerstören“. Ein Hauch dieses faszinierend Erschreckenden bricht mit Jesus Christus in die Welt ein, als stamme er aus einer ganz anderen Wirklichkeit. Mit ihm durchbricht der Lebensatem Gottes die toten Verkrustungen der Weltgeschichte. Eine völlig neue Wirklichkeit wird hier gezeugt.

All das wird nun in ein mythisches Bild gefasst, und zwar in ein Bild hebräischer und nicht griechischer Mythologie. Der Bibel sind Bilder wie der Goldregen Jupiters, der auf Danae fiel, und Perseus zeugte, fremd. Es geht hier nicht um einen Halbgott, sondern um den Menschen schlechthin. Das biblische Bild knüpft an die Schöpfungsgeschichte an: Wie der erste Mensch ganz persönlich mit Gottes Atem belebt wurde, so atmete auch Jesus göttliches Leben. Aber in ihm wird dieses Leben zur vollen Wirklichkeit durch sein intimes Verhältnis zu Gott, den er „Vater" nennt.

Wir müssen betonen, dass es sich bei EMPFANGEN DURCH DEN HEILIGEN GEIST um eine Aussage über den *erwachsenen* Jesus handelt, die hier bildhaft auf seine Empfängnis im Mutterschoß zurückprojiziert wird. Es geht darum, dass Jesus von Grund auf mit der Liebe Gottes – dem Heiligen Geist – durchdrungen war. „Von Grund auf" ist ein räumliches Bild. Es wird im Credo durch ein gleichbedeutendes zeitliches ersetzt: „von Anfang an" – also seit seiner Empfängnis. Darum sprechen wir in diesem Glaubenssatz von Jesus als *EMPFANGEN* DURCH DEN HEILIGEN GEIST.

Woher wissen wir das?

Hier wird im Credo plötzlich vom HEILIGEN GEIST gesprochen, ohne Vorbereitung, ohne Einführung, ohne Erklärung. Es wird einfach vorausgesetzt, dass unserer Glaubenserfahrung das Bild vom Ehrfurcht erweckenden Lebensatem ebenso vertraut ist wie das von Gott als Vater und von uns selbst als Sohn oder Tochter Gottes. Und mit Recht so. Was hier HEILIGER GEIST genannt wird, ist als Lebenskraft und als Macht der Liebe eine Wirklichkeit, die jeder Mensch aus Erfahrung kennt. Es geht dabei um die spirituelle Energie, die unser Leben vom Innersten her lebendig macht. Sie ist uns allen geschenkt. Wir geben uns allerdings nicht alle mit gleicher Bereitschaft diesem Lebensstrom hin. Furcht und Engherzigkeit aller Art können seinen Lauf in uns hemmen und ins Stocken bringen. Johannes sieht dagegen Jesus als einen Menschen, der sagen kann: „Ich bin gekommen, damit sie Leben haben und es *in Fülle* haben„(Joh 10,10).

Wer lebendig ist, kennt den HEILIGEN GEIST. Und doch bleibt Leben ein unergründliches Geheimnis. Es gibt auch viele verschiedene Grade der Lebendigkeit. Fülle kommt nie auf einmal. Leben entfaltet sich in uns Schritt für Schritt. Wir müssen Ehrfurcht haben für seine innere Dynamik und Geduld mit der inneren Gesetzmäßigkeit seiner Entfaltung. Wenn wir aber Mut haben und hellhörige Offenheit, dann wird uns früher oder später diese innere Lebendigkeit bewusst werden, auch wenn wir sie nicht als HEILIGEN GEIST bezeichnen. Durch sie wurzeln wir in Gott; durch sie erstarkt unser von Gott-geschenktes Selbst, blüht Gott entgegen und bringt Frucht.

In dem Maß, in dem unser Denken, Fühlen und Wollen lebendig werden und reifen, wird uns der HEILIGE GEIST innerlich bewusst, ganz gleich welchen Namen wir dieser Wirklichkeit geben, ja selbst, wenn wir sie namenlos lassen. Zugleich werden uns freilich auch die inneren und äußeren Widerstände bewusst, die unserer vollen Lebensentfaltung entgegentreten. Wenn uns nun erklärt wird, was in der biblischen Bildsprache HEILIGER GEIST bedeutet, und wie Jesus diese Wirklichkeit, trotz aller Widerstände in seinem Leben und Sterben, ja darüber hinaus, geschichtlich aufleuchten ließ und lässt, dann können wir verstehen, dass eine Möglichkeit, die in uns allen schlummert, durch Jesus Christus verwirklicht wurde. Wir wissen dann aus der doppelten Perspektive von eigener Erfahrung und geschichtlicher Bezeugung durch die Evangelien, „wes Geistes Kind" er ist, nämlich – in biblischer Sprache – des HEILIGEN GEISTES.

Warum ist das so wichtig?

Die Wichtigkeit dieses Glaubenssatzes, der von der Empfängnis Jesu im Mutterschoß, also von einem Ereignis in der *Zeit* spricht, besteht paradoxerweise vor allem darin, dass er den christlichen Glauben fest in der *überzeitlichen* mystischen Erfahrung verankert. Die Selbstverständlichkeit, mit der hier vom Heiligen Geist die Rede ist, setzt die Überzeugung voraus, dass wir in unserem Denken, Fühlen und Wollen den Lebensatem Gottes in uns selbst erfahren können – und das ist Mystik.

Dieser Glaubenssatz nimmt das später kommende „ICH GLAUBE AN DEN HEILIGEN GEIST" vorweg, weist also auf die Dreifaltigkeitslehre hin. Diese aber ist das wichtigste Kernstück der christlichen Tradition. Sie darf mit Recht als im allgemein menschlichen mystischen Bewusstsein angelegt verstanden werden. Das Menschenherz ahnt von Anfang an den Vater als die geheimnisvolle Wirklichkeit, aus der wir stammen und zu der wir zurückkehren, den Sohn, als unser wahres Selbst, und den Heiligen Geist, als unser innerstes Lebensprinzip – wenn auch ursprünglich nicht unter diesen Namen.

Das mythische Bild von der Zeugung Jesu DURCH DEN HEILIGEN GEIST weist auf die göttliche Initiative hin. Ihr entspricht im nächsten Satz des Credo die Jungfrauengeburt als die menschliche Antwort. Beide sind am *erwachsenen* Jesus abgelesen und rückprojiziert; beide sind von zentraler Wichtigkeit. Als göttliche Initiative wird das Neue verstanden, das mit Jesus Christus geschichtliche Wirklichkeit wird: Er legt den Unberührbaren liebend die Hände auf; er lädt jene zu Tisch, die als Abschaum der Gesellschaft gelten; er bringt Frauen und Kindern die gleiche Ehrfurcht entgegen wie Männern. Dieser Initiative entspricht als Antwort der Einsatz aller, die sich im Lauf der Geschichte für diese umwälzenden Neuerungen einsetzten und auch all jener, die sich in unserer Zeit dafür einsetzen.

Wer an das EMPFANGEN DURCH DEN HEILIGEN GEIST im vollen Sinne des Wortes *glaubt,* der hält den Durchbruch neuen göttlichen Lebens in Jesu Werk und Lehre nicht nur für wahr, sondern bekennt sich dazu. Das bedeutet: Er verpflichtet sich, das, was sich da geschichtlich ereignete, selber in der Geschichte weiterzutragen. Was sonst nur eine (nicht verifizierbare) genetische Aussage über Jesus wäre, erweist sich so als auch für uns selber zentral wichtig. Es führt uns an den Schnittpunkt von mystischer Erfahrung und zielbewusstem Einsatz. Was sonst löste denn letztlich die Anti-Sklaverei-Bewegung aus, die Bürgerrechtsbewegung, die Frauenrechtsbewegung, die globale Ökologie-Bewegung und Friedensbewegungen jeder Art? Was setzte diese Bewegungen letztlich in Bewegung? Waren sie nicht EMPFANGEN DURCH DEN HEILIGEN GEIST?

Vernetzung ist ein Begriff, der mir persönlich hilft, dem Wirken dessen in der Welt näher zu kommen, was das Credo den HEILIGEN GEIST nennt. Freilich sollten wir von einem Begriff nicht allzu viel erwarten; er hilft uns bestenfalls zu intellektueller Klarheit. Wahre Einsicht muss auf persönlicher Erfahrung gründen. Da wir in jedem Augenblick Vernetzung erleben, fällt sie uns meist gar nicht mehr auf. Alles ist ja mit allem vernetzt. Es kann also hilfreich sein, ein Beispiel zu wählen, bei dem uns eine ganz erstaunliche Vernetzung bewusst wird. C.G. Jung spricht da von Synchronizität: Wir erleben gewisse Ereignisse als bedeutungsvoll miteinander vernetzt, ohne dass sie wie Ursache und Wirkung verbunden wären.

Die meisten Menschen können sich an synchronistische Erlebnisse erinnern. Als Anregung für Erinnerungen der Leserinnen und Leser möchte ich hier von einer meiner eigenen berichten. In den Neunzigerjahren durfte ich am Schumacher College im Südwesten Englands unterrichten. Die umliegenden Teile der Provinz Devon bieten besonders reizvolle Gelegenheiten für Wanderungen. Es traf sich, dass ich zwei aufeinander folgende Tage frei hatte, und William Thomas, ein Mitarbeiter, mit dem ich mich dort angefreundet hatte, bot sich als Führer an für einen Streifzug durch das herrlich wilde Hochland des nahegelegenen Naturschutzparks.

Wir sprachen über vielerlei, als wir so miteinander durch eine Landschaft von karger, rauer Schönheit wanderten, und da kam das Gespräch auch auf Synchronizität. William erzählte mir von einem Lehrer aus Indien, der sich in den Straßen von London um körperlich und geistig „gebrochene" Menschen annahm, wie er das ausdrückte. Es traf sich nun, dass William eine ganze Liste von Bezeichnungen für Schmetterling in verschiedenen Sprachen zusammengestellt hatte – butterfly, mariposa, farfalla, papillon – und so fragte er diesen Lehrer, wie man den Schmetterling in Indien wohl nenne. „Warte", sagte der, „ich habe den

Dialekt, mit dem ich in Indien aufwuchs, schon so lange nicht mehr gesprochen; was war nur unser Wort für Schmetterling? Schmetterling ..." In diesem Augenblick, so erzählte William weiter, kam, wie auf den Ruf des Lehrers hin, ein Schmetterling da mitten in London, und setzte sich dem Lehrer auf die Brust. Noch dazu hatte dieser Schmetterling einen gebrochenen Flügel, wie um die „gebrochenen" Menschen zu verkörpern, die dem Herzen des Lehrers so nahe standen.

Ein eindrucksvolles Beispiel von Synchronizität. Was sich aber während Williams Erzählung ereignete, war noch eindrucksvoller. Auf unserer ganzen Wanderung hatten wir noch keinen Schmetterling gesehen, aber während William sprach, bemerkte ich, dass einer auf uns zugeflattert kam. Im Augenblick als er erzählte, „und der Schmetterling setzte sich dem Lehrer auf die Brust", schwebte unser eigener Schmetterling direkt vor mir und – „Nein, nein, das kann doch nicht sein!" schrie alles in mir – er setzte sich mir aufs Herz.

„Vernetzung" war auch für Thomas Mertons theologisches Denken ein wichtiger Begriff. Seine Erfahrung als Mönch hatte ihn gelehrt, dass der Heilige Geist alles mit allem vernetzt. Kurz vor seiner Reise in den Fernen Osten, von wo er nicht zurückkehren sollte, verbrachten wir gemeinsam einige Tage in einem Kloster in Nordkalifornien. Das Thema Vernetzung war in unseren Gesprächen lebendig geworden, und jetzt stand Merton zur Eucharistiefeier am Altar der Kapelle. Die Wand hinter dem Altar war ganz aus Glas, ein einziges großes Fenster mit Ausblick auf eine von Mammutbäumen umstandene Lichtung. Sonnenlicht strömte in leuchtenden Garben schräg durch die Kronen der uralten Bäume herab. Das Tagesevangelium sprach vom Reich Gottes als einem großen Hochzeitsfest. Niemand konnte voraussehen, wie dramatisch die Vernetzung zwischen dieser Frohbotschaft und der Natur da draußen sich uns bald darauf darstellen sollte – die Vernetzung zwischen Liturgie und instinktivem Verhalten, zwischen einem Ritual von uns Menschen und einem von Insekten. Zur Zeit der Kommunion entfaltete sich vor uns ein erstaunliches Schauspiel: Völlig gleichzeitig mit unserer Kommunionsprozession in der Kapelle setzte sich draußen eine zweite in Bewegung, eine Hochzeitsprozession fliegender Ameisen – tausende im Abendlicht glitzernder Flügelchen zogen über die Waldlichtung.

In solchen Augenblicken weckt uns das Wunder der Vernetzung auf, und wir sind hellwach. Jedoch selbst wenn wir uns dessen nicht bewusst sind, ereignet sich ununterbrochen die geheimnisvolle Vernetzung aller Dinge und Ereignisse um uns und in uns. Weil Gott Liebe ist, und Liebe das gelebte „Ja" zur Zugehörigkeit, und Zugehörigkeit die Innenansicht sozusagen von dem, was wir von außen betrachtet „Vernetzung" nennen, dürfen wir sagen, dass der HEILIGE GEIST die innigste Vernetzung von allem mit allem bewirkt. Und weil Jesus Christus das „Ja" der Liebe zu vorbehaltsloser Zugehörigkeit vorbildhaft verwirklichte, dürfen wir ihn im Credo als EMPFANGEN DURCH DEN HEILIGEN GEIST bekennen.

Gewiss: das ist poetische Sprache; aber auf welche Weise sollten wir es denn sonst ausdrücken? Wir dürfen diese dichterische Ausdrucksweise nur nicht wörtlich nehmen. Carl Friedrich von Weizsäcker soll gesagt haben, man habe die Wahl, die Bibel wörtlich zu nehmen – oder ernst. Wir wollen sie ernst nehmen. Dann werden wir uns aber nicht um ihre schwerwiegenden Anforderungen herumdrücken können. Wir werden uns tief bewegt finden von der Kraft und Zartheit, der revolutionären Leidenschaftlichkeit und dem leidenschaftlichen Pazifismus Jesu Christi, der tatsächlich Gottes Lebensatem zu atmen scheint. Dann wird das Beste in uns angefeuert werden durch sein Beispiel und durch seinen GEIST in uns, den dieses Beispiel weckt.

Vernetzungen im HEILIGEN GEIST sind nicht mechanisch zu verstehen. Die Verknüpfungen eines Fischnetzes oder selbst die Verbindungen in einem Cyber-Netzwerk bieten nur unzulängliche Bilder. Wir sollten eher an die Herzensverbindungen denken, die wir auf einem Hochzeitsfest feiern. Wenn wir Beziehungen von Liebe und Freundschaft, von Treue und Vertrauen anknüpfen, dann können wir den Pulsschlag des Geistes in unseren Herzen fühlen. In solchen Augenblicken beginnen wir zu ahnen, wie jene Welt aussehen könnte, nach der der HEILIGE GEIST in uns sich sehnt. Aber für diese Welt gibt es keinen im Voraus festgelegten Plan. Alles ist Improvisation. Jeder Einzelne von uns darf da mitträumen; wir sind Mitschöpfer. Jesus erahnte Gottes Traum für die Welt und sprach vom Reich Gottes. Dadurch dass wir uns um ein Herzensnetzwerk bemühen, tragen wir dazu bei, diesen Traum zu verwirklichen.

Und Du? Hast Du einmal Vernetzungen erlebt, die von Dir die Ausweitung eines zu engen Bewusstseins verlangten? (Ich habe Beispiele dieser Art angeführt, als Fingerzeig auf noch weit tiefere Vernetzungen von allem mit allem im HEILIGEN GEIST.) Wenn Du die Kindheitsgeschichten Jesu bei Matthäus und Lukas als Aussagen über den *erwachsenen* Jesus liest, fühlst Du Dich bereichert, oder von etwas beraubt, das Dir lieb war? Oder ein bisschen von beidem? Wer außer Jesus kommt Dir in den Sinn, wenn Du daran denkst, dass der HEILIGE GEIST Menschen braucht, um Herz mit Herz zu verknüpfen? (Denke dabei nicht nur an die Heiligen der verschiedenen religiösen Traditionen, sondern auch an große Künstler, Erfinder, Diplomaten, Musiker, Autoren ...) Kennst Du Vernetzungsbemühungen (vielleicht mit Hilfe des Internets), die DURCH DEN HEILIGEN GEIST inspiriert zu sein scheinen?

„GEBOREN VON MARIA DER JUNGFRAU“

Was heißt das eigentlich?

Kurz gesagt heißt es, dass mit Jesus Christus etwas ganz Neues beginnt. Darauf will das mythische Bild der Geburt aus der Jungfrau hinweisen.

„Mythisch?“ wird da sicher jemand fragen. „Soll das heißen, dass dieser Glaubenssatz gar nicht wahr ist?“ Keineswegs. Im Gegenteil, als mythische Aussage ist er in einem viel tieferen Sinn wahr, als wenn wir ihn wörtlich nehmen. Wer bei GEBOREN VON DER JUNGFRAU MARIA an Gynäkologie denkt, der müsste bei „ich schenke dir mein Herz“ an Herztransplantation denken. In beiden Fällen haben wir es mit dichterischer Sprache zu tun, deren Fassungsvermögen für Wahrheit unvergleichlich geräumiger ist als die der Berichterstattung. Mythos ist Darstellung und Vermittlung von tiefsten Wahrheiten – in *dichterischer* Sprache.

Solange eine Gesellschaft auf einer geistigen Entwicklungsstufe steht, auf der Mythos und Berichterstattung noch nicht unterschieden werden, besteht bei einem Satz wie GEBOREN VON DER JUNGFRAU MARIA kein Problem. Auf der nächsten Stufe der Bewusstseinsentwicklung wird zwar zwischen Mythen und Tatsachen unterschieden, aber jetzt gilt nur das als wahr, was sich buchstäblich so ereignet hat. Von da müssen wir noch einen weiteren Schritt machen und zur Einsicht gelangen, dass mythisch-dichterische Aussagen doch wahr sind, aber erst dann ihren tiefen Sinn hergeben, wenn wir sie nicht wörtlich nehmen. Nicht alle Mitglieder einer Gesellschaft erreichen gleichzeitig dieselbe geistige Entwicklungsstufe.

Erst auf der dritten erwähnten Stufe haben wir die geistige Reife, die es uns möglich macht, doktrinäre Auseinandersetzungen und Zusammenstöße zwischen weit auseinanderliegenden Traditionen zu vermeiden, weil wir verstehen, dass sehr unterschiedliche Mythen das Gleiche aussagen können. Dies ist für den interreligiösen Dialog von großer Bedeutung. Es ist kaum abzuschätzen, wie viel der Schulunterricht zur Entwicklung von Toleranz beitragen könnte durch die Lektüre heiliger Schriften verschiedener Traditionen und vor allem durch die Pflege eines tieferen Verständnisses für Dichtung.

Die dichterische Vorstellungskraft der frühen Christen sah im Jungfrauenschoß, aus dem der neue Adam geboren wird, ein Spiegelbild der jungfräulichen Erde, aus welcher der alte Adam im Paradies geformt wurde. In beiden Bildern bedeutet Jungfräulichkeit einen taufrischen Neubeginn. So wie ein Skifahrer durch „jungfräulichen" Pulverschnee die erste Spur zieht, so bahnt Jesus einen ganz neuen Weg zu Gott. Das ist die entscheidende Aussage dieses Glaubenssatzes.

Die beiden Sätze von Geistzeugung und Jungfrauengeburt beziehen sich auf den erwachsenen Jesus. Sie wollen etwas über sein Lebenswerk aussagen, indem sie über seinen Ursprung sprechen. Dahinter steht die Vorstellung, dass der Anfang alles später Kommende schon beinhaltet und zusammenfasst, wie das Samenkorn die ganze Pflanze. Und das Lebenswerk Jesu Christi, um das es hier geht, ist die Frohbotschaft von der bedingungslosen Liebe Gottes für uns Menschen. Zusammen mit dem vorhergehenden bezieht sich dieser Satz also auf die „gute neue Mär". Sie ist gut, weil sie uns immer neu herausfordert, immer wieder eine jungfräulich neue Verwirklichung in Wort und Tat von uns verlangt. Jungfräulichkeit bedeutet ja für die frühe Christenheit, in der das Credo wurzelt, ungeteilte Verfügbarkeit für den Heiligen Geist (1 Kor 7,34).

Von daher zeigt sich noch ein weiterer Aspekt dieses Satzes:

Wir müssen den Mut haben, Gottes Geist jungfräulich zu empfangen, und selber das göttliche Kind zu gebären, denn das heißt ja nichts anderes als für die Christuswirklichkeit lebendiges

Zeugnis abzulegen. Angelus Silesius spricht für die mystische Tradition, wenn er sagt:

> „Wird Christus tausendmal zu Bethlehem geborn
> Und nicht in dir; du bleibst noch ewiglich verlorn."

Positiv drückt er dieselbe Einsicht in den weniger bekannten Versen aus, die an Maria gerichtet sind:

> „Sag an / O werte Frau / hat dich nicht auserkorn
> Die Demut / dass du Gott empfangen und geborn?
> Sag / obs was anders ist? Damit auch ich auf Erden
> Kann eine Magd und Braut und Mutter Gottes werden."

So verstanden, wird dieser Glaubenssatz, der sonst nur überflüssige und unbeweisbare Information für Neugierige enthielte, zur begeisternden Herausforderung für Mutige.

Woher wissen wir das?

Wenn der Glaubenssatz von der jungfräulichen Empfängnis und Geburt Jesu als gynäkologischer Befund verstanden werden wollte, wäre er grundsätzlich nicht verifizierbar. Unserer Frage „woher weißt du das?" hält eine solche Auslegung nicht stand. Als mythisch dichterisches Bild dagegen vermittelt die Jungfrauengeburt eine klare und wichtige Botschaft.

Die dichterische Sprache der Mythen schließt unser rationales Verständnis nicht aus; sie bereichert es nur, indem sie unser Gemüt auf einer tieferen Ebene mitschwingen lässt. Freilich gehört dazu eine gewisse Reife. Das aufwachsende Kind muss Märchen zuerst als unwahr ablehnen; erst später entdeckt es ihren tieferen Wahrheitsgehalt. Wir können es nicht oft genug sagen: Um das Credo oder die Bibel oder irgendeine der Heiligen Schriften der Menschheit richtig zu verstehen, müssen wir lernen, uns auf dichterische Sprache einzustimmen.

So können wir zum Beispiel eine Vielfalt von Heldenmythen vergleichen, in denen das Motiv der Jungfrauengeburt vorkommt, und so feststellen, was damit ausgesagt werden sollte. Immer ist da die jungfräuliche Geburt des Helden Sinnbild für Neubeginn.

Aus eigener Erfahrung wissen wir, dass die Begegnung mit großen, neuen Gedanken auf allen Gebieten von uns eine innere Haltung verlangt, die als „jungfräulich" – unvoreingenommen und empfänglich – gekennzeichnet werden darf, aber auch als „mütterlich" – empfangend und nährend. Das gilt auch von der Begegnung mit für uns wichtigen Menschen: wenn wir ihnen mit aufnahmebereiter Offenheit begegnen, können wir helfen, ihr wahres Selbst zur Welt zu bringen. Auf diese Weise kann auch ein Freund dem Freunde in einem tiefen Sinne zur Mutter werden. Aus dieser Sicht können wir über jungfräuliche Mutterschaft aus Erfahrung etwas wissen, was sich bezeugen lässt und für unser tägliches Leben Bedeutung hat.

Warum ist das so wichtig?

Nur wenn der Satz „GEBOREN VON DER JUNGFRAU MARIA" weit über seine wörtliche Aussage hinausgeht, kann er als wichtig genug gelten, im Credo zu stehen. Was er dann sagen will, lässt sich kurz so zusammenfassen: Der Glaube an Gott (und um den allein geht es ja im Credo) nimmt mit Jesus Christus eine ganz neue geschichtliche Wendung, die von uns wiederum eine jungfräulich neue Aufnahmebereitschaft fordert. Neubeginn ist hier das Stichwort.

Ja, aber könnte das nicht viel direkter und für Menschen des dritten Jahrtausends viel unmissverständlicher ausgedrückt werden als in dem Bild der Jungfrauengeburt? Die Antwort ist ein eindeutiges „Ja". Warum also an dieser Formulierung festhalten? Bevor wir diese gewichtige Frage beantworten können, müssen wir nachfragen, welche Art des Festhaltens hier gemeint sein kann. Es gibt ja viele verschiedene Weisen festzuhalten, vom

Anklammern auf Leben und Tod, mit dem ein Ertrinkender die rettende Planke festhält, bis zu der spielerischen Leichtigkeit, mit der Tänzer einander festhalten. Für meine persönliche Art des Festhaltens an den Worten und Bildern des Glaubensbekenntnisses passt am besten die zarte Festigkeit, mit der ein Bogenschütze den Pfeil an die gespannte Sehne hält im Augenblick des Loslassens. Diese Worte und Bilder zielen ja auf etwas, und wir können dieses Bedeutungsziel nur erreichen, wenn wir – mit feinem Fingerspitzengefühl sozusagen – beides verbinden, das Festhalten und das Loslassen.

Für den Privatgebrauch würde ich allen, die dieses Buch lesen, vorschlagen, ein persönliches Glaubensbekenntnis in ihren eigenen Worten niederzuschreiben. Diese Übung könnte man wohl mit Gewinn etwa an jedem runden Geburtstag wiederholen. Sollte nicht unser persönlicher Glaube durch Lebenserfahrung wachsen, reifen, sich verändern – und doch der gleiche bleiben? Das tut ja auch unser Leib: Wir bleiben trotz aller Veränderungen wir selber. Als Geburtstagsbrauch unser eigenes Credo zu verfassen, könnte uns helfen, immer tiefer zu verstehen, was der Franziskaner Richard Rohr meint, wenn er sagt: „Gott kommt zu Dir, verkleidet in Dein Leben". So sehen es die Augen des Glaubens. Unser Leben ist Dasein im ewigen Jetzt; unsere Lebensumstände aber verändern sich ständig.

Ein persönliches Glaubensbekenntnis immer neu zu formulieren, ist also nicht nur gerechtfertigt, sondern notwendig. Warum dann nicht mit dem offiziellen Credo das Gleiche tun? Meine Gegenfrage: Warum noch Kerzen anzünden im Zeitalter des elektrischen Lichts? Die Flammen der Kerzen, die sich in unseren Augen spiegeln, wenn wir am festlich gedeckten Tisch sitzen, sind die Flammen des Feuers, an dem vor Jahrtausenden unsere Vorfahren saßen, bevor noch Tisch und Haus erfunden waren. Es liegt uns Menschen offenbar etwas daran, bei festlichen Gelegenheiten am Althergebrachten festzuhalten. Mir persönlich bedeutet es etwas, bei feierlichen Anlässen meinen Glauben in derselben Bildersprache zu bekennen, die schon vor fast zweitausend Jahren meinen christlichen Vorfahren als heilig galt. Weitergegeben durch die Jahrhunderte, wurde mir im Credo ein Text anvertraut, den sein Ursprung und seine weite Verbreitung ehrwürdig machen. Diesen Text zu *verstehen*, nicht zu *ersetzen*, habe ich mir hier zur Aufgabe gemacht.

Warum sollten wir uns das „GEBOREN VON DER JUNGFRAU MARIA" nehmen lassen von denen, die es wörtlich nehmen und so, ob sie es nun verwerfen oder sich darauf versteifen, missverstehen? Der Einbruch der Ewigkeit in die Zeit ereignet sich in jedem Augenblick. Dieses schöne Bild jungfräulicher Mutterschaft erlaubt uns, den ewigen Neubeginn in einer Form zu bekennen, die unersetzlich ist, weil sie zum Herzen spricht. Rilke sagt:

„Wir dürfen dich nicht eigenmächtig malen,
du Dämmernde, aus der der Morgen stieg.
Wir holen aus den alten Farbenschalen
die gleichen Striche und die gleichen Strahlen,
mit denen dich der Heilige verschwieg."

Es geht zwar im Credo nicht um die Jungfrau-Mutter Maria, sondern immer nur um Gott, ihr Bild aber, das hier anklingt, hat in der christlichen Kultur reiche Blüten und Früchte hervorgebracht, weil es als Archetypus so tief im menschlichen Gemüt verwurzelt ist. Wer denkt da nicht an die Angelus-Glocken oder an die zahllosen Darstellungen dieses Motivs in der christlichen Kunst? Zu solcher Einbettung im sinnlichen Umfeld des Glaubens stellt das Bild der Jungfrauengeburt im Glaubensbekenntnis eine fruchtbare Verbindung her, und auch das ist wohl wichtig.

Am wichtigsten aber ist für uns heute vielleicht ein anderer Aspekt dieses Glaubenssatzes: Hinter dem Bild der Geburt aus der Jungfrau steht ja die Geschichte von der Verkündigung an Maria im Lukasevangelium. Da konnte sie als Frau frei entscheiden, ob sie das Wort Gottes empfangen und zur Welt bringen wolle. Was hier aus dem Leben Jesu in seinen Anfang zurückprojiziert wird, ist nicht nur die erstaunliche Neuheit seiner Lehre, sondern auch, dass sie sich vorurteilslos an Frauen wie an

Männer richtete. Das war revolutionär: ein jungfräulicher Neubeginn. Und mehr noch schwingt im Bild der Geburt aus der Jungfrau mit: Von Anfang an waren besonders Frauen (auch ganz unabhängig von Männern) für das Wort Jesu empfänglich und setzten es fruchtbar in die Tat um. Wie viele unterdrückte und ausgebeutete Frauen mögen im Laufe der Geschichte Mut geschöpft haben aus dem GEBOREN VON DER JUNGFRAU MARIA und sich daran aufgerichtet haben. Richtig verstanden kann uns dieser Glaubenssatz auch heute noch Hoffnung und Mut geben für den Sieg der Frauen über maennische Machtstrukturen innerhalb und außerhalb der Kirche.

Persönliche Erwägungen

Ist es nicht bemerkenswert, dass christliche Frömmigkeit der Verkündigung unter allen Szenen des Marienlebens eine so bevorzugte Stellung einräumt? Morgens, mittags und abends erinnert das Angelusläuten vom Kirchturm die Gläubigen an die Botschaft, die der Erzengel Gabriel der Jungfrau Maria brachte, und an ihre Antwort, wie wir sie im Evangelium nach Lukas (1,26–38) lesen.

„Angelus" heißt (nach seinem ersten Wort im lateinischen Text) dieses täglich dreimal wiederholte Gebet. Es stellt gewissermaßen die christliche Parallele dar zu den durch Gebet geheiligten Zeiten im Islam und in anderen Traditionen. An den drei Wendezeiten des Tages – wenn die Nacht dem Tag weicht, wenn die Sonne sich am Mittag vom Aufstieg zum Abstieg wendet, und wenn der Tag sich abends neigt – feiert das Angelusgebet den Einbruch des ewigen Jetzt in die Zeit und erinnert uns daran, in diesem Jetzt zu leben.

Die traditionelle Form dieses Gebetes ist einfach. Eine Abfolge der gleichen drei Verse zu jeder Tagzeit bildet sein Herzstück. „Der Engel des Herrn brachte Maria die Botschaft, und sie empfing vom Heiligen Geist". Dieser erste Vers bietet – vorausschauend – eine Zusammenfassung dessen, worum es geht. Der zweite zitiert aus dem Evangelium (Lk 1,38) ,wie um uns einzuladen, selber mit Maria zu sprechen: „Siehe, ich bin eine Magd des Herrn, mir geschehe nach Deinem Wort". Und der dritte Vers – er stammt aus dem Prolog zum Johannesevangelium (Joh 1,14) – will anzeigen, was sich damals ereignete und immer noch ereignet, wenn wir selber wie Maria das Wort Gottes mit offenem Herzen empfangen: „Das Wort ist Fleisch geworden und hat unter uns gewohnt" – hat (richtiger) „unter uns Wohnung genommen", wohnt also heute wie damals unter uns. Diese drei Verse sind miteinander verwoben durch ein dreimal wiederholtes Ave Maria, ein kurzes Gebet, das auch zum Großteil aus Worten des Verkündigungsengels an Maria besteht.

Von Kindheit auf habe ich den Angelus gebetet und kann bezeugen, dass er Kraft hat, dem Tagesablauf Form und Halt zu geben. Dreimal am Tag ruft uns dieses Gebet, inmitten aller Eile und Geschäftigkeit der Zeit, zurück ins zeitlose Jetzt. Wann sollte denn das Wort Fleisch werden, wenn nicht jetzt? Wie sollte das geschehen, wenn nicht dadurch, dass ich mich empfänglich öffne für den Heiligen Geist? Was aber könnte mein Leben mächtiger verändern, und dadurch auch meine Umwelt? Beim Angelus-Glockenläuten fließt der Mythos der Jungfrauengeburt durch das Ritual des Angelus-Gebetes als lebensspendende Kraft in unser tägliches Leben ein.

Zu beten, nicht nur wenn es uns danach zumute ist, sondern wenn es Zeit ist – und die Glocken erinnern uns daran –, das hilft uns, unser Leben auf den großen kosmischen Rhythmus der Tages- und Jahreszeiten einzustimmen. Es „erdet" und verankert uns sozusagen in jener größeren kosmischen Wirklichkeit, die unsere verschwindend kleine Existenz hält und trägt.

Aus meinen Volksschultagen bei den Schulbrüdern am Rosenhügel in Wien ist mir ein Bild lebendig in Erinnerung geblieben: Aus einem oberen Stockwerk schaue ich auf den Schulhof hinunter, und gerade da beginnen die Glocken im Kirchturm zu läuten. Augenblicklich steht jede Bewegung still zum Gebet. Es sah für mich aus, als ob das Gewimmel eines Ameisenhaufens in der Sommermittagshitze mit einem Schlag eingefroren wäre. Die plötzliche Stille da unten war aber keine Totenstille; sie war lebendig und erfrischend wie die Stille in der Dorfschmiede, wenn der Schmied einmal den großen Hammer sinken ließ, einhielt und tief Atem holte.

Ein ähnlicher Augenblick kommt mir da noch in den Sinn. Es war an einem Tag in den frühen 80ern, dem Tag an dem Bernie Glassman Roshi, ein Zen-Lehrer, den ich wegen seines sozialen Einsatzes hoch schätze, als Abt von Graystone Manor in New York eingesetzt wurde. Berühmte Zenmeister waren zu diesem festlichen Anlass von weither gekommen. Ihre Goldbrokatroben, die Chrysanthemen in großen Vasen, die vielen Kerzen und die Weihrauchwolken erinnerten mich an ein bischöfliches Hochamt in einer Kathedrale – besonders auch die feierliche Stille zwischen den Rezitationen. In diese Stille hinein brach nun plötzlich das Wecksignal von jemandes Armbanduhr. Autsch! Jeder bedauerte im Stillen den Besitzer dieses verhexten Wekkers und war froh es nicht selber zu sein. Nur der neugebackene Abt nicht. Im vollen Ornat am Altar stehend, hob Bernie Glassman die Hand und verkündete: „Das war *meine* Uhr. Ich habe nämlich ein Gelübde abgelegt, um 12 Uhr Mittag zu unterbrechen, was immer ich tue, und Gedanken des Friedens zu denken. Bitte tut das einen Augenblick lang mit mir", sagte er nun zu uns, „die Welt braucht es".

Und Du? Nimmst Du Dir manchmal Zeit, zu unterbrechen, was immer Du tust, und tief zu atmen? Die Welt braucht unser bewusstes Bemühen, immer wieder aus der Zeit ins Jetzt zurück zu kommen und uns in jungfräulicher Empfänglichkeit dem Heiligen Geist zu öffnen. Nur so können wir tatkräftig die Christuswirklichkeit in die Welt hinein gebären. Ein Heiliger des 15. Jahrhunderts wie Niklaus von Flüe – in der Schweiz als „Bruder Klaus" hochverehrt – verband auf diese Weise Mystik und Politik, und ein Glassman Roshi tut es heute. Was soll uns selber daran hindern?

„GELITTEN UNTER PONTIUS PILATUS“

Was heißt das eigentlich?

Es mutet eigenartig an, wenn wir hier plötzlich aus den Bildersprache von Geistzeugung und Jungfrauengeburt zu einer geschichtlichen Datierung überspringen. Dieses Nebeneinander von dichterischer Sprache und Berichterstattung klingt hier fast so komisch wie in dem Satz: „Der Mond, verschwiegener Vertrauter heimlich Verliebter, umkreist die Erde in einem mittleren Abstand von 384.629 km“. Im Gegensatz zu den beiden vorausgehenden, mythisch gefassten, hat dieser Glaubenssatz die Form geschichtlicher Feststellung. Aber als bloße Feststellung hat er keine Berechtigung hier zu stehen. Es geht im Glaubensbekenntnis ja nicht um eine Aufzählung von Tatsachen, die wir für wahr halten, sondern um immer neue Formulierungen des einen gläubigen Vertrauens auf Gott. Wie kommt dann Pontius Pilatus ins Credo?

Erst wenn wir die Polarität zwischen diesem und dem vorigen Glaubenssatz, zwischen der Geburt aus der Jungfrau und dem Leiden unter Pontius Pilatus, ins Auge fassen, und verstehen, dass diese Spannung unbedingt zum Leben im Heiligen Geist gehört, wird uns die Antwort klar. Dort die Mutter, die Leben schenkt, hier der Mächtige der mordet; dort die schutzlose Jungfrau, hier der skrupellose Tyrann; dort ein Neubeginn im Geist der Liebe, dem hier der Zeitgeist ein Ende macht. GELITTEN UNTER PONTIUS PILATUS stellt eine Einheit dar mit dem vorhergehenden Satz. Zusammen sprechen sie aus, was unser Leben als Kinder Gottes, „empfangen vom Heiligen Geist“, von uns verlangt: die mystisch empfangene Christuswirklichkeit in die Welt hinein zu gebären – mit all den Schrecken erregenden sowie den begeisternden Folgen, die daraus erwachsen.

Weil Jesus für Gottes Weltordnung eintrat, musste er notwendigerweise mit einer Weltordnung zusammenstoßen, die sich nicht an Liebe ausrichtet, sondern an Macht, die also im vollen Sinn des Wortes ver-rückt ist. In der Welt der Machtpolitik ist er dann der Unterlegene. Wenn er sich auflehnt, muss er die Folgen erleiden.

Albert Einstein wird außer seiner berühmten Gleichung auch diese weniger bekannte zugeschrieben: A=X+Y+Z. „Wenn A für Erfolg steht", sagt Einstein, „dann steht X für Arbeit, Y für Erholung, Z aber steht für Mundhalten". Dieses Rezept hat Jesus nicht befolgt. Was er in Stille vom Heiligen Geist empfangen hatte, dafür trat er öffentlich mit Wort und Tat ein. Alle, deren Gottesglaube sich darin ausdrückt, dass sie auf Jesus Christus ihr Vertrauen setzen, obwohl er unter Pontius Pilatus leiden musste, verpflichten sich in diesem Glaubenssatz, mutig für die Wahrheit einzutreten, gleich ihm, „der unter Pontius Pilatus ein gutes Zeugnis abgelegt hat" (1 Tim 6,13) – sein *Blut*zeugnis.

Den römischen Statthalter PONTIUS PILATUS im Glaubensbekenntnis zu erwähnen heißt: Ich kenne die Mächtigen bei Namen, ich kenne ihre Taktiken und das Leid, das sie der Welt und mir selber antun können. Trotzdem setze ich mein Vertrauen auf Jesus Christus, den Verlierer in dieser Welt. Gerade weil ich die weltliche Macht von Neid, Geiz und Hass in mir selber kenne, will ich mich immer wieder – im Vertrauen auf Gott – für die Weltordnung der Liebe entschließen und einsetzen.

Woher wissen wir das?

Die Tatsache, von der hier die Rede ist, kann geschichtlich überprüft werden. Wissenschaftliche Forschung hat auf diesem Gebiet in unserer Zeit mehr geleistet als in all den vergangenen Jahrhunderten. Wir wissen: Jesus wurde unter PONTIUS PILATUS gekreuzigt, der in den Jahren 26 bis 36 römischer Statthalter in Judäa war. Die äußeren Fakten sind objektiv nachprüfbar. Und das innere Anliegen dieses Glaubenssatzes?

Der Zusammenstoß zwischen Christus und Pilatus wird uns bewusst, wenn wir uns die Diskrepanz zwischen unseren spirituellen Werten und der Wertordnung unseres täglichen Lebens eingestehen. In Augenblicken, in denen wir wirklich wir selbst sind (in unseren Gipfelerlebnissen), wird uns das Wahre, Schöne und Gute zur unleugbaren Erfahrung. Aber wie schwer fällt es uns doch, um dieser Werte willen in unserer Gesellschaft gegen den Strom zu schwimmen. Was in unserem Alltag gilt, wird meist doch weitgehend vom gerade vorherrschenden PONTIUS PILATUS diktiert. Wir haben unzählige Gelegenheiten für Menschenwürde und Gerechtigkeit einzustehen, und wenn wir das wagen, wird uns sehr bald durch eigenes Leiden bewusst gemacht, was es heißt, dass Jesus GELITTEN hat UNTER PONTIUS PILATUS.

Auch in unserer Zeit bewahrheitet sich die neutestamentliche Behauptung: „Alle die in Jesus Christus nach Gottes Ordnung leben wollen, werden Verfolgung leiden" (2 Tim 3,12): Dietrich Bonhoeffer, Edith Stein, Franz Jägerstätter, die Blutzeugen und Desaparecidos in Lateinamerika, Maximilian Kolbe und unzählige Andere anderswo, sie alle sind jener Macht zum Opfer gefallen, die im Credo durch PONTIUS PILATUS verkörpert wird.

Warum ist das so wichtig?

Transzendente Wirklichkeit wird hier geschichtlich verankert. Für uns, nicht weniger als für Jesus, ist Geschichte bedeutsam. Sie ist der Schauplatz, auf dem sich unsere Überzeugungen bewähren müssen. Sich zu Jesus Christus zu bekennen, obwohl er UNTER PONTIUS PILATUS gelitten hat, setzt gläubiges Vertrauen voraus, dass die Schwachheit Gottes stärker ist als menschliche Macht (1 Kor 1,25).

Dass Jesus UNTER PONTIUS PILATUS leiden musste, ist wichtig, weil es uns zeigt, was Jesus seine Überzeugung kostete und was seine Nachfolge uns kosten kann. Unzählige Blutzeugen – gefeierte und längst vergessene – haben im Laufe der Geschichte GELITTEN UNTER PONTIUS PILATUS, und leiden immer noch irgendwo in der Welt an diesem heutigen Tag. In ihrer Niederlage aber erweisen sie sich stärker als ihre Henker. Was wir hier vom Leiden Jesu Christi bekennen, hat also eine Wichtigkeit, die weit über den Wortlaut hinausgeht, weil es zur Kraftquelle werden kann für alle, die, verbunden mit Jesus Christus, spirituelle Werte den Machtsystemen der Welt entgegenstellen, für alle, die im Einsatz für eine heilige und geheilte Welt leiden.

Wenn wir die Struktur des Credos aufmerksam betrachten, dann sehen wir, wie wichtig das GELITTEN UNTER PONTIUS PILATUS ist. Es stellt den Abschluss des bisher behandelten Abschnittes dar, dem ersten Drittel des Apostolischen Glaubensbekenntnisses. Hier also ein kurzer Rückblick:

Es geht im Credo durchwegs um das „Ich glaube an Gott", mit dem es beginnt. Dieser Satz ist in sich selbst schon trinitarisch. Was wir mit „Gott" meinen, wird dann in zwei Sätzen klargemacht: Vater und Schöpfer. Zwei weitere Sätze erklären das „Ich", das im Credo spricht, nämlich Jesus Christus in uns: Er ist Gottes Sohn und unser Herr. Durch „glauben" (das *Tätigkeitswort* im Satz „ich glaube an Gott") wird uns die Tätigkeit des Heiligen Geistes in uns bewusst; und wie diese Dynamik sich äußert wird wieder in zwei Glaubenssätzen dargestellt: Ein Leben „empfangen vom Heiligen Geist" setzt einerseits jungfräuliche Mutterschaft voraus (verlangt also Mystik), und kommt anderseits unumgänglich mit dem von Pontius Pilatus vertretenem Machtsystem in Zusammenstoß (verlangt also Zeugenschaft). – Der apokalyptische Drache wartet schon, das Kind der Jungfrau-Mutter zu verschlingen, sobald es geboren wird (Offb 12,1-4). – Wer im Vollsinn des Wortes an Gott glaubt, muss das erleiden. Mit diesem GELITTEN UNTER PONTIUS PILATUS schließt also der erste Teil des Glaubensbekenntnisses, der das „ich glaube an Gott" entfaltet. Der nun folgende zweite Teil des Credos ist ein christologischer Einschub, in dem wir unser gläubiges Vertrauen auf den TRANSITUS JESU CHRISTI – seinen Tod und seine Auferstehung – bekennen.

Die Bezugnahme auf PONTIUS PILATUS im Credo schien mir lange schon als deshalb wichtig, weil sie auf eine ganz bestimmte Art von Leiden hinweist: auf das Leiden, das die Machthaber dieser Welt denen zufügen, die um Befreiung ringen. Das Wort „Erlösung" täuscht uns allzu leicht darüber hinweg, dass es dabei um *Befreiung* geht. Jesus hat wegen seines Eintretens für Befreiung gelitten, und alle, die im Lauf der Geschichte in seiner Nachfolge mit ihm leiden mussten, litten um der Befreiung willen. Freilich ist Befreiung von Unterdrückung und Ausbeutung durch das Machtsystem nur die naheliegendste Form von Befreiung, die notwendig ist. Das Machtsystem selbst ist ja nur das offensichtlichste Krankheitssymptom der ver-rückten Welt, die wir hervorbringen, wenn wir unser Selbst vergessen und uns mit unserem Ich identifizieren, das vom Selbst, von der Mitwelt und so von Gott entfremdet ist. Befreiung von dieser Entfremdung beendet alles Leid.

Tiefes Mitgefühl lässt jene, die Befreiung von Selbstentfremdung erlangt haben, das Leid all derer teilen, die sich noch um Befreiung mühen. Diese „Bodhisattvas" – wie Buddhisten sie nennen – erreichen die Schwelle höchster Seligkeit, kehren aber um, weil sie an Befreiung (Erlösung) mithelfen wollen, bis auch die Verstricktesten endlich befreit sind. Wie tief sie auch aus Mitgefühl ins Leiden hinabsteigen, sie strahlen doch immer die Freude aus, die sie schon verkostet haben. Die Archetypen von Christus und Bodhisattva treffen da zusammen.

Viele, die Seiner Heiligkeit dem Dalai Lama begegnen – und nicht nur Buddhisten – fühlen sich wie in der Gegenwart eines Bodhisattvas. Auch mir ging es so, als mir vor vielen Jahren zum ersten mal gegönnt war, ihm zu begegnen. Das war im Green Gulch Zen Zentrum bei San Francisco, wo ihn bei seinem ersten Besuch in Kalifornien eine kleine Gruppe begrüßte. Ein Teilnehmer benützte diese Gelegenheit um die buddhistische Tradition gegen die christliche auszuspielen. „Buddhisten lehren den Weg, die Leiden zu überwinden", bemerkte er. „Was hat Ihre Heiligkeit da den Christen zu sagen, die sich jetzt schon zweitausend Jahre lang im Leiden suhlen?" (So etwa lautete die Frage; die Antwort schien mir so wichtig, dass ich sie mir ganz genau merkte.) „Schon gut, schon gut", sagte der Dalai Lama, „aber wir dürfen nicht vergessen, dass nach buddhistischer Lehre das Leiden nicht dadurch überwunden wird, dass man die Schmerzen einfach hinter sich lässt, sondern dadurch, dass man sie um anderer willen auf sich nimmt". In so wenigen Worten vermochte dieser große Lehrer eine Überzeugung auszudrücken, in der Buddhisten und Christen übereinstimmen.

Was immer Deine persönlichen Umstände sein mögen: kannst Du Dich an eine Gelegenheit in Deinem Leben erinnern, bei der jemand mit so großer Liebe Schmerzen erlitt, dass dadurch Leid überwunden wurde? Mütter werden an Geburtswehen denken, Lehrer werden sich vielleicht daran erinnern, wie viel seelisches Leid überwunden werden kann, wenn wir es aus Liebe zu unseren Schülern ertragen. Kennst Du aus eigener Erfahrung die Freude, die das Leiden überwindet, wenn wir aus Liebe zu anderen Schmerz ertragen?

Hast Du einmal Bilder von den Demonstrationen gesehen, die Dr. Martin Luther King in Selma, Alabama anstiftete, wo schwarze Bürgerrechtler vom Wasserstrahl aus Feuerwehrschläuchen niedergestoßen und von Polizeihunden angefallen wurden? Hast Du selber einmal teilgenommen an einer öffentlichen Protestaktion für Menschenrechte oder für ein ähnliches Anliegen? Wann und wo (etwa bei den Abendnachrichten im Fernsehen) hast Du persönlich Christus UNTER PONTIUS PILATUS leiden gesehen?

„GEKREUZIGT“

Was heißt das eigentlich?

Dass Jesus GEKREUZIGT wurde, bedeutet, dass er von der römischen Besatzungsmacht als *politisch* gefährlich angesehen wurde. Die Todesstrafe für *religiöse* Verbrecher, im Gegensatz zu politischen, war nicht Kreuzigung sondern Steinigung. Das Mindeste, was man daraus entnehmen kann, ist, dass Jesus auch den politischen Autoritäten als ernsthafte Gefahr erschien. Wäre das „Reich Gottes", das Jesus in Wort und Tat verkündigte, ein nur aufs Jenseits bezogenes Ideal gewesen, dann hätten die Mitglieder des jüdischen Sanhedrin und der römische Statthalter kaum davon Notiz genommen. Aber Jesus war dem politischen sowohl wie dem religiösen Machtsystem ein Dorn im Fleisch, und dessen Repräsentanten haben ihn deshalb grausam hingerichtet.

Wenn aber das GEKREUZIGT ins Credo aufgenommen wurde, dann muss mehr damit gemeint sein als eine geschichtliche Tatsache. Bei jedem Satz des Glaubensbekenntnisses geht es ja um ein und dasselbe: um den Glauben an Gott. Mit dem Wörtchen UND wurde, wie wir sahen, Jesus Christus in den Glauben an Gott einbezogen. Das war nur deshalb möglich, weil in Jesus der Mensch und der gesamte Bereich menschlicher Wirklichkeit durchsichtig wurden für die übersinnliche Gotteswirklichkeit. Wenn nun ausgesagt wird, dass diese sinnfällige (1 Joh 1,1) Gegenwart Gottes GEKREUZIGT wurde, dann heißt das: Wir können Gott sogar im grauenhaftesten Tod begegnen. Selbst am Kreuz, das Gottes Abwesenheit schreiend zu beweisen scheint, ist Gott gegenwärtig. Dieses GEKREUZIGT im Credo heißt also, dass es nichts im Leben oder im Tod geben kann, in das wir nicht mit Gottvertrauen hineingehen können, kein Unrecht, kein Leid, keine Katastrophen, in denen wir Gott nicht finden können. Im Augenblick seiner äußersten augenscheinlichen Abwesenheit ist Gott gegenwärtig.

Das einfache GEKREUZIGT unterscheidet dieses älteste Glaubensbekenntnis von den späteren, die hier „für uns" oder „um unserer Sünden willen" anfügen. Das heißt: Der Glaube, der hier spricht, ist offen für eine Vielfalt von Auslegungen und ist auf keine bestimmte Auslegung festgelegt. Viele Christen werden das befreiend finden, denn nicht alle Interpretationen des GEKREUZIGT, die im Laufe der Zeit entwickelt wurden, sind für uns heute noch hilfreich; manche sind geradezu irreführend und anstößig geworden. Wir werden im nächsten Kapitel darauf zurückkommen.

Woher wissen wir das?

Über die Praxis der Kreuzigung unter römischer Herrschaft sind wir durch Archäologen bis ins Einzelne unterrichtet. Aus der Geschichtsschreibung wissen wir, dass es die erschreckendste Form war, Sklaven und Aufrührer gegen die römische Herrschaft hinzurichten. Dass Jesu GEKREUZIGT wurde, ist eine wohlbezeugte geschichtliche Tatsache.

Was aber machte ihn politisch so gefährlich? Es war seine radikale Spiritualität, seine beständige Bemühung, sich auf Gott einzustellen und sich an Gott auszurichten statt an den Normen der Gesellschaft. In diesem Sinne war Jesus ein Aufrührer. Gerechtigkeit im Sozialleben war ihm ebenso wichtig wie Integrität im Privatleben. Was er „Reich Gottes" nannte, stand in radikalem Widerspruch zur vorherrschenden Gesellschaftsordnung, in der die wenigen Privilegierten (gemeinsam mit der römischen Besatzungsmacht) die Masse unterdrückten und ausbeuteten. Er verkehrte „in schlechter Gesellschaft", teilte sein Brot gerne mit Leuten von der Straße, verbrüderte sich mit Ausgestoßenen, ja, er berührte sogar Aussätzige liebend und heilend. Sein Blick drang durch jede soziale Maske und schaute direkt auf das strahlende Selbst jedes Menschen. Dadurch gab er den Entmachteten ein Gefühl der Würde. Den Mächtigen aber schien es, als ob er ihnen etwas an Unterwürfigkeit schuldig bliebe. Gebeugte konnten sich in seiner Gegenwart plötzlich wieder aufrichten, Verunsicherte konnten aufrecht stehen. Darum so viele Heilungen Lahmer, darum aber auch die Anklage, er sei ein Demagoge, er wiegle das Volk auf (Lk 23,5).

In dieser Hinsicht stand Jesus in der Tradition der Propheten in der Geschichte seines Volkes. Deren radikale Spiritualität war zu ihrer Zeit auch in Konflikt geraten mit einer Form von Religiosität, die, einfallslos, den Status quo um jeden Preis bewahren will und für die man als Preis das eigene Denken aufgeben muss. Jesus hingegen betonte, dass ein wacher Verstand unbedingt zu unserer Gottesbeziehung gehöre. Nach Markus zitiert Jesus das erste und wichtigste Gebot aus dem 5. Buch Mose, wo es heißt: „Gott lieben mit deinem ganzem Herzen, mit deiner ganzen Seele und mit deiner ganzen Kraft" (Dtn 6,5). Jesus fügt aber noch hinzu: „und mit deinem ganzen Verstand" (Mk 12,29). Der Verstand ist zwar im hebräischen Begriff der Seele schon enthalten, hier hebt Jesus ihn aber noch ausdrücklich hervor. Gemeint ist nicht ein besonderes intellektuelles Vermögen, sondern der gesunde Menschenverstand.

Jesus ermächtigte seine Zuhörer dazu, sich mittels des ihnen von Gott geschenkten Verstandes selber ein Urteil zu bilden. Das können wir aus jenen Schichten der Evangelien herauslesen, die nach Sicht der Wissenschaft der ursprünglichen Lehre Jesu am nächsten kommen, nämlich den Gleichnissen.

Jesus lehrt in Gleichnissen. Das ist so bezeichnend für ihn, dass unser ältestes Evangelium (nach Markus) so weit geht, zu behaupten: „Er sprach nur in Gleichnissen zu ihnen" (Mk 4,34). Das typische Gleichnis Jesu wirkt ähnlich wie ein Witz: es überrascht und stellt uns auf gutmütige Weise vor uns selber bloß. Es geht in drei Schritten vor:

Häufig beginnt es mit einer Frage, die sich auf etwas allen Bekanntes bezieht. Zum Beispiel: „Wer von euch weiß nicht ...", dass ein wenig Sauerteig ausreicht, um Unmengen von Brot zu backen; dass uns das, was wir verlegt oder verloren haben, keine

Ruhe lässt, bis wir es finden; dass kein Geschäftsmann sich einen einzigartigen Gelegenheitskauf entgehen lassen wird; dass man in einem Weizenfeld nicht Unkraut jätet, weil man sonst alles zertrampelt; dass die Reichen reicher werden und die Armen ärmer; dass der Same, den wir säen, seine Zeit braucht, ob wir Geduld aufbringen oder nicht; dass nicht alles, was wir aussäen, Frucht bringt, die Ernte uns am Ende aber trotzdem reich beschenkt. Solche Fragen sind der erste Schritt. Die Antwort ist der zweite. Sie ist immer die gleiche: „Das weiß doch jeder!" sagen seine Zuhörer. Aber damit – und das ist der dritte Schritt – sind wir auch schon auf den Leim gegangen. Wir müssen uns nämlich jetzt selber fragen: Wenn wir es so gut wissen, warum ziehen wir dann nicht die Konsequenz und wenden unsere Einsicht auf unsere Beziehung zu Gott an? Dahinter steht nun die entscheidende Annahme: *Gesunder Menschenverstand lehrt uns, was Gott will.* Wie schwerwiegend diese so einleuchtende Überzeugung ist, das muss man sich nur überlegen.

Nichts ist revolutionärer als die Vorrangstellung, die Jesus in seinen Gleichnissen dem gesunden Menschenverstand einräumt. Dieser stellt geradezu den Gegenpol dar zum konventionellen Denken. Durch ihn spricht ja der Heilige Geist im Menschenherzen. Jesus beruft sich also nicht darauf, sozusagen Sprachrohr der göttlichen Autorität zu sein; darin unterscheidet er sich von den Propheten vor ihm. Er maßt sich auch nicht selber höchste Autorität an, sondern – und das ist etwas völlig Neues in der Religionsgeschichte – er appelliert an die Autorität Gottes *in den Herzen seiner Hörer*: Gott spricht zu uns durch unseren gesunden Menschenverstand – das ist es, was jedes Gleichnis voraussetzt, und es ist zentral für das Gottesverständnis Jesu. Dadurch löste seine Lehre eine gewaltige Autoritätskrise aus, deren Erschütterungen wir bis heute fühlen. Jesus ermächtigte seine Zuhörer, für sich selber zu denken. Das hat ungeheure politische Konsequenzen. Es war damals, und ist heute noch, bedrohlich für alle autoritären Strukturen; Jesus wird daher – vom Standpunkt der Machthaber aus mit Recht – als subversiv gebrandmarkt und GEKREUZIGT.

Von den einfachen Menschen aber, die Jesu zuhörten, heißt es: „Sie waren außer sich über seine Lehre, denn er lehrte wie einer, der Vollmacht hat". Und dann fügten sie vergleichend hinzu, „nicht wie die Schriftgelehrten" (Mk 1,22). Mit diesem Vergleich ist sein Schicksal besiegelt. Die Schriftgelehrten werden ihm das nie verzeihen. Sie machten ihre Zuhörer klein; Jesus hob sie über sich selbst hinaus. Dadurch war der verhängnisvolle Ausgang seiner Karriere praktisch unausweichlich. Gegen alle autoritären Machtansprüche einzutreten, hat nicht nur religiöse, sondern auch politische Konsequenzen. Das wissen wir. Die letzte Konsequenz für Jesus war seine Kreuzigung.

Warum ist das so wichtig?

Die Todesursache Jesu im Credo zu bekennen, heißt mehr als einfach nur ein geschichtliches Faktum festzuhalten. An einen gekreuzigten Verlierer zu glauben, heißt, für eine eher ungewöhnliche Wertskala einzutreten: für eine Gegenkultur mit utopischen Idealen. Das Ideal, für das Jesus lebte und für das er GEKREUZIGT wurde, ist das „Reich Gottes", eine Weltordnung, die nicht auf Mächtigkeit, sondern auf Gerechtigkeit gründet. Wirklich daran zu *glauben,* heißt sich zu *verpflichten,* in unserer Gesellschaft gegen den Strom zu schwimmen.

Der Glaube an Gott angesichts der Kreuzigung Jesu und all des ungerechten Leidens der Menschheit, das im Kreuz sein Symbol findet, setzt eine Interpretation dieses Ereignisses voraus. Nicht alle aber, die das Credo gläubig beten, müssen an die *gleiche* Interpretation des GEKREUZIGT glauben. Eine der wichtigsten Aspekte dieses Satzes im Apostolischen Glaubensbekenntnis ist die Abwesenheit jeder Interpretation. Das kann kaum genug betont werden. Dieses frühe Credo will nicht wie die späteren ab- und ausgrenzen; im Gegenteil, es schließt alle ein, die sich nicht selber ausschließen wollen. Es atmet Freiheit, fasst das Wesentliche am Gottesglauben zusammen und lässt alles, was darüber hinausgeht, weit offen.

Jede Zeit wird für den Kreuzestod Jesu ihre eigenen Interpretationen finden. Dabei muss die Auferstehung immer schon mitgedacht werden. Den Glauben an Jesus Christus den Gekreuzigten – und Auferstandenen – zu bekennen, heißt, im tiefsten Herzen zu vertrauen, dass selbst Ereignisse, die allen Sinn in Frage stellen – „Mein Gott, mein Gott, warum hast du mich verlassen?"(Mk 15,34) – Tore zu Gott werden können. Das Wichtigste ist aber nicht, eigenes oder fremdes Leid zu interpretieren, sondern das Leid anderer, wo immer möglich, zu lindern und das eigene im Vertrauen auf Gottes Liebe so zu tragen, dass wir vielleicht einen Sinn darin finden, auch wenn er sich nicht in Worte fassen lässt.

Das GEKREUZIGT ist auch deshalb so wichtig, weil mit ihm nun der zweite der drei Teile beginnt, in die das Credo als Ganzes sich gliedert. Bisher ging es um eine Entfaltung dessen, was ins allererste Wort – *credo* – schon keimhaft hinein gefaltet ist, nämlich der Glaube an Gott als Vater und Schöpfer, an Jesus Christus als Sohn und Herrn, und an den Heiligen Geist als das göttliche Leben, das jungfräulich empfangen wird und immer im Widerstand gegen irgendeinen Pontius Pilatus leiden muss. Damit war der Glaube an Gott als dreifaltig voll ausgesprochen. Im zweiten Teil des Credo bekennen wir uns nun gläubig zum „transitus Jesu Christi", das heißt zu seinem Abstieg (Kreuzigung, Tod, Grab und Höllenfahrt) und zu seiner Erhöhung (Auferstehung, Himmelfahrt, Thronerhebung und Richtgewalt). Jedem der vier Glieder des Abstiegs entspricht eines in seiner Erhöhung. Der Glaube sieht in Jesus Christus, der (in diesem ersten Glied der absteigenden Reihe) als lächerlicher Weltverbesserer verspottet und GEKREUZIGT wird, schon den aller Ehren würdigen Weltenrichter (des letzten Gliedes der aufsteigenden Reihe). Das ist das Schöne an der Anordnung dieser vier Paare von Glaubenssätzen, dass sie einander paarweise beleuchten und so gegenseitig darauf hinweisen, warum jedes so wichtig ist.

Persönliche Erwägungen

In meiner Kindheit und Jugend hörte ich oft den Ausdruck, der oder die „hat ein schweres Kreuz zu tragen". Die Vorstellung, dass wir Jesus, unser eigenes Kreuz tragend, nachfolgen können, entstand sehr früh in den christlichen Gemeinden und kam schon in den Evangelien zu Wort. So sagt Jesus im Markusevangelium: „Wer mein Jünger sein will, der sage sich von seinem Ich los, nehme sein Kreuz auf sich und folge mir nach" (Mk 8,34). Dem Weg Jesu zu folgen konnte im Römerreich zur Zeit, als Markus schrieb, tatsächlich zum Kreuzestod führen. Für zahllose Christen aber, die im Lauf der Geschichte mit Mut, Geduld und Liebe ihr „Kreuz" trugen, hatte dies nichts mit den Anschuldigungen zu tun, derentwegen Jesus GEKREUZIGT worden war. In welchem Sinne kann ich im 21. Jahrhundert vom Kreuztragen sprechen, wenn es etwa darum geht, den Kürzeren zu ziehen, weil ich aufrichtig bin, mich für alternde Eltern aufzuopfern, oder mich mit einer schweren Behinderung durchzuschlagen? Worin besteht da die Verbindung zwischen meinem „Kreuz" und dem, an dem Jesus GEKREUZIGT wurde? Was die beiden verbindet, ist Treue. Jesus wurde gekreuzigt, weil er tat, was Treue zu Gott von ihm verlangte. Wenn auch ich das tue, dann sind wir ans gleiche Kreuz genagelt, wie verschieden unsere Lebensumstände auch sein mögen.

Jesus wollte sein Kreuz ebenso wenig wie ich es will. Das Kreuz, das wir uns selber auswählen, ist nicht das wahre Kreuz. Was wir wählen, ist Gott treu zu bleiben, was es auch koste, und das „Kreuz" versinnbildet den Preis, den wir dafür bezahlen müssen. Auf dem Ölberg betete Jesus ja selber um eine billigere Lösung: „Vater, wenn es möglich ist …" Er rang sich aber durch, bis er sagen konnte: „Dein Wille geschehe"(Lk 22,42). Indem sie die gleichen Worte im Vater Unser beteten, haben Christen immer wieder Groll und Bitterkeit überwunden und den „Frieden Gottes" gefunden, „der alles Begreifen übersteigt"(Phil 4,7). Wir können diesen Frieden an einer tiefen Freudigkeit erkennen, die mit Leid und Schmerz vereinbar ist. Sie steigt in uns auf, sobald wir den inneren Widerstand aufgeben und nüchtern zugeben: Was ist, ist. Das bedeutet nicht Resignation, sondern genau das Gegenteil. Wenn wir die gegebene Lage als *gegeben* (dankbar) entgegennehmen, wird plötzlich Energie verfügbar, die wir bisher an unseren Widerstand vergeudeten. Darum sind wir jetzt imstande, aus unserer Lage etwas zu machen – und oft erstaunlich mehr, als wir uns zugetraut hätten.

Solange ich mich erinnern kann, stand auf dem Schreibtisch meiner Mutter eingerahmt der Spruch: „Das sind die Starken im Land, die unter Tränen lachen, ihr eigenes Leid verbergen und Andere glücklich machen". Ich kann mich so gut daran erinnern, weil unsere Mutter uns das vorlebte. Menschen, die so leben, die drückt ihr Kreuz nicht nieder, es „erhöht" sie vielmehr, hebt sie über ihr kleines Ich hinaus und gibt ihnen den Halt, den sie brauchen, um Andere zu stützen. Unser Ich ist es ja, von dem wir uns „lossagen" müssen, um das Kreuz Jesu Christ auf uns zu nehmen. Schmerz lässt sich im Leben nicht vermeiden, aber es gibt viel Leid, das vom inneren Widerstand gegen den Schmerz kommt, und dieses Leid können wir vermeiden. In geduldiger Liebe freudig unser „Kreuz zu tragen" ist in der christlichen Tradition der Weg, das Leid zu überwinden.

In eine christlich-katholische Familie hineingeboren und so aufgewachsen, kritisierte der große Mythenforscher Joseph Campbell (1904–1987) vernehmbar und unverblümt die Überbetonung von Schmerz und Leid, die sich in den Kirchen breitgemacht hatte. In seinen Forschungen zur Sakralkunst wies er auf masochistische Aspekte der Kreuzverehrung hin. Kurz vor seinem Tod wurde er in ein katholisches Spital eingeliefert. Wie mir seine Witwe, Jean Erdman, erzählte, hing da seinem Bett gegenüber ein für ihn ungewöhnliches Kruzifix an der Wand – eine moderne Darstellung des siegreichen Christus, der mit ausgebreiteten Armen nicht so sehr ans Kreuz genagelt ist, als vom Kreuz aus die ganze Welt umarmt. Voll Freude rief Joseph Campbell bei diesem Anblick aus: „Das ist das Kruzifix, das ich mein Leben lang zu sehen hoffte!"

Und Du? Welche Darstellung des Gekreuzigten – wenn überhaupt eine – spricht Dich persönlich an? Erinnere Dich, dass die Kirche während der ganzen ersten Hälfte ihrer bisherigen Geschichte kein Kruzifix kannte, sondern nur das von Juwelen strahlende kosmische Kreuz – ein Kreuz mit vier gleichlangen Armen, eine Kompass-Rose zur Orientierung auf dem Lebensweg. Vergiss auch nicht, dass Matthias Grünewald den Isenheimer Altar für ein Spital malte, in dem am Antoniusfeuer Erkrankte, betreut wurden. Extreme Schmerzen leidende, verstümmelte und durch stinkende Wunden gedemütigte Menschen waren es, für die der Künstler seinen gemarterten Christus am Kreuz in so abstoßenden Einzelheiten darstellte. Sie blickten zum Gekreuzigten auf und sahen Gott ihr eigenes Leid tragen. Als *„quasi medicina"* galt darum damals diese Art von Andachtsbild; es heilte innerlich, auch wenn es äußerlich nicht kurieren konnte. Was hilft Dir auf ähnliche Weise?

Wir alle haben ja das Recht und die Chance, in der religiösen Kunst das zu finden, was uns hilft. Aber noch überzeugender kann mitmenschliches Beispiel wirken. Weißt Du von Zeitgenossen, die Jesus Christus so begeistert nachfolgten, dass sie auf ihre eigene Weise GEKREUZIGT wurden? Pater Maximilian Kolbe (1894–1941) zum Beispiel nahm im KZ Auschwitz freiwillig den Platz eines Mitgefangenen ein, eines zum Hungertod verurteilten Familienvaters, und starb an seiner Stelle. Was bedeutet es für Dich persönlich, Dein „Kreuz" zu tragen?

„GESTORBEN“

Was heißt das eigentlich?

GESTORBEN heißt zunächst eindeutig, dass Jesus von seinen Feinden radikal vernichtet wurde – beseitigt. Was bedeutet das für den Glauben? Der Tod Jesu muss ja einen Sinn haben, wenn sein Leben Sinn haben soll, denn Leben und Tod gehören untrennbar zusammen. Überdies musste Jesus eben gerade deshalb sterben – und so jung sterben –, weil er entschlossen ein Leben lebte, das diesen Tod geradezu herausforderte. Was also war der Sinn seines Todes?

Wenige Worte im Credo wurden so vielfältig interpretiert und so leidenschaftlich diskutiert wie dieses GESTORBEN. Das überrascht manche, denn die Meinung ist weit verbreitet, dass es nur eine einzige undiskutable christliche Interpretation für den Tod Jesu gäbe: *Jesus starb für unsere Sünden* – als „Lösegeld“, wie das oft ausgedrückt wird. Ist das wirklich im Credo gemeint? Und wenn es gemeint ist, wie soll es verstanden werden? Wir müssen dem sorgsam nachgehen, wenn wir wissen wollen, was GESTORBEN hier eigentlich heißt.

Es wird hilfreich sein, mit der Frage zu beginnen, wie es überhaupt zur Vorstellung kam, dass Jesu Tod das Lösegeld für unsere Sünden sei. Anselm von Canterbury (1033–1109) gab dieser Interpretation ihre klassische Form, ihr Ursprung geht aber auf die früheste Christengemeinde zurück. Schon etwa um das Jahr 57 schreibt der hl. Paulus: „Denn vor allem habe ich euch überliefert, was auch ich empfangen habe: Christus ist für unsere Sünden gestorben“. (1 Kor 15,3). Das verdiente, so meinte Paulus, an erster Stelle überliefert zu werden.

Die größte Herausforderung der christlichen Urgemeinde bestand ja darin, im Lichte der Auferstehung zu begreifen, warum

Gott den Tod Jesu am Kreuz zugelassen hatte. Da kamen ihnen Schriftstellen beim Propheten Jesaja zuhilfe, die seitdem berühmt geworden sind. Es lohnt sich, in unserem Zusammenhang diese „Gesänge vom leidenden Gottesknecht" nachzulesen: Jes 42,1–9; 49,1–6; 50,4–11; 52,13–53,12. Da heißt es an der entscheidenden Stelle:

> „Fürwahr, er trug unsere Krankheit und lud auf sich unsre Schmerzen. Wir aber hielten ihn für den, der geplagt und von Gott geschlagen und gemartert wäre. Aber er ist um unsrer Missetat willen verwundet und *um unsrer Sünde willen* zerschlagen. Die Strafe liegt auf ihm, auf dass wir Frieden hätten, und durch seine Wunden sind wir geheilt" (53,4f).

Das musste für die Jünger Jesu klingen, als wäre es ihnen aus dem Herzen gesprochen. Wir können uns in ihre Lage leicht hineindenken. Durch sein Leben und seine Lehre hatte Jesus sie innerlich und äußerlich geheilt, hatte ihnen Herzensfrieden geschenkt, und dann hatte gerade diese Lehre, diese Lebensweise zu seiner Hinrichtung am Kreuz geführt. Jesaja gab nun diesem schändlichen Tod Sinn. Wer in unserer ver-rückten Welt ein auf Gott ausgerichtetes – also zurechtgerücktes – Leben führen will, wird bereit sein müssen, einen solchen Tod auf sich zu nehmen. Jesu Leben und Sterben waren aus einem Stück. Weil er bis zuletzt auf die Gottmitte ausgerichtet lebte und die Folgen – Verurteilung, Schande und Tod – willig erlitt, ehrte und rechtfertigte ihn Gott durch die Auferstehung. An ihm können nun auch unzählige Andere ihr Leben ausrichten und Rechtfertigung finden vor Gott; rechte Ausrichtung ist ja die Grundbedeutung von „Rechtfertigung". Jesaja schrieb:

> „Nachdem er so vieles ertrug, erblickt er das Licht: Er sättigt sich an Erkenntnis. Mein Knecht, der gerechte, macht die vielen gerecht; er lädt ihre Schuld auf sich". (Jes 53,11)

Wie immer Jesaja selber seine Botschaft vom stellvertretenden Leiden des Gottesknechtes auch verstanden haben mag, und wen er dabei auch immer meinte, die ersten Christen waren überzeugt, dass er aufgrund prophetischer Schau von Jesus Christus gesprochen hatte. Dies steht als befreiende Überzeugung hinter der ganz frühen Überlieferung, dass Christus *für unsere Sünden* starb, einer Überlieferung, die schon zwei Jahrzehnte nach dem Tod Jesu als alt-ehrwürdig galt.

Die Entwicklung dieser frühen Interpretation des Kreuzestodes Jesu bis zu dem Punkt. an dem wir uns heute finden, setzt eine Reihe von Schritten voraus, auf die wir kurz eingehen müssen. Wenn wir erkennen, dass diese Entwicklung zum Teil eine Fehlentwicklung darstellt, können wir uns befreien von dem, was daran schädlich ist, ohne den Blick auf den Kern der Botschaft zu verlieren, der gültig und hilfreich bleibt: nämlich ein Verständnis von Jesu Tod im Lichte der Gesänge vom leidenden Gottesknechtes bei Jesaja. Fünf Schritte der Entwicklung lassen sich unterscheiden:

1. Der Bericht vom Kreuzestod Jesu hat von Anfang an mit Sündenvergebung zu tun. Er hatte seinen Jüngern durch sein Leben und seine Lehre das gläubige Vertrauen vermittelt, dass Gott ihre Sünden vergeben hatte. Deshalb kam er mit dem offiziellen priesterlichen Sündenvergebungsapparat in Konflikt und wurde hingerichtet. In seiner Auferstehung sahen seine Jünger aber seine Rechtfertigung durch Gott. All das passte in das Bild vom leidenden Gottesknecht beim Propheten Jesaja, der „für unsere Sünden" stirbt.

2. Das „Für unsere Sünden" wird im Markusevangelium (etwa um 70 n. Chr.) ausgedeutet als „Lösegeld". Das ist ein Begriff, der aus der Rechtssprache stammt und mit dem Geist Jesu schwer vereinbar ist. Die Betonung fällt dabei immer ausschließlicher auf den *Tod* Jesu, und es ist nicht mehr deutlich dass sein *Leben* und seine Lehre von der Sündenvergebung ja zu diesem Tod führten.

3. Das metaphorisch zu verstehende Bild vom Lösegeld wird nach und nach in eine bis ins einzelne ausgearbeitete Allegorie

von Jesu stellvertretendem Tod weitergesponnen *und* wörtlich genommen.

4. Das ursprünglich dichterische Bild wird verwendet, als ob es ein theologischer Begriff wäre. Daher entspinnen sich endlose Spekulationen, wer das Lösegeld beanspruchte – der Teufel? Gott?

5. Die übrigen neutestamentlichen Bilder für das Heilswerk Jesu werden vom Bild des stellvertretenden Todes völlig überschattet und warten darauf, in ihrer Bedeutung wiederentdeckt zu werden.

Weil das Ergebnis dieser Entwicklung die Bedeutung von Jesu Tod einengt und verzerrt, fällt vielen Menschen das Verständnis von GEKREUZIGT im Credo schwer. Wir wollen also auf jeden der angeführten Schritte, die dazu führten, hier kurz eingehen. Um auf den rechten Weg zurückzukommen, folgen wir ja auch, wenn wir uns auf einer Winterwanderung verirrt haben, unserer Spur im Schnee Schritt für Schritt zurück.

Zu 1: Jesus stellte Gott im Bild eines Vaters dar, der seinem Sohn überschwänglich vergibt, im Bild eines Gläubigers, der riesige Schulden auf eine einzige Bitte hin abschreibt. Mehr noch, er sagte mit voller Gewissheit schuldgedrückten Menschen Gottes Vergebung zu. Das war gefährlich. Sündenvergebung war gesetzlich geregelt und von der Priesterschaft verwaltet und überwacht. Dass Jesus sich da einmischte brachte ihm die Anklage der Gotteslästerung ein, und darauf stand die Todesstrafe. Als Mystiker wusste er aber, dass Gott all-verzeihend ist. Er wusste auch, wie schwer es uns fällt, die verzeihende Liebe Gottes anzunehmen, weil das ja von uns verlangen würde, nun selber anderen jede Schuld zu vergeben. Damit bräche das ganze uns so wichtige, kunstvoll ausgeklügelte Gebäude von Schuld und Rache, das wir „Rechtswesen" nennen, zusammen. Alle, die das durch Jesus einsehen lernten, atmeten jetzt freier; sie lebten von nun an mitten in dieser Welt in einer anderen Wirklichkeit, eben im „Reich Gottes". Sündenvergebung beginnt also schon im *Leben* Jesu; ja, sie ist das Herzstück seines heilenden Wirkens und seiner Lehre und wird zu einem Hauptgrund seines Kreuzestodes.

Das Verständnis der Jünger Jesu war noch unkompliziert; sie konnten noch einfach sehen, was sich ereignet hatte, während uns heute theologische Interpretationen und Interpretationen von Interpretationen den Blick verstellen. Sie hatten es ja selbst erlebt: Jesus hatte ihnen die verzeihende Liebe Gottes vermittelt und sie so von ihrem Schuldbewusstsein befreit. Er war aber gerade deshalb unter die Räder der Justizmaschine gekommen, die alles das verkörpert, was Sünde letztlich ist: Entfremdung von unserem wahren Selbst, voneinander und so von Gott. Wenn Jesaja den Gottesknecht „um unserer Sünde willen zerschlagen" nannte, dann passte das genau auf diese Situation. *Daher* sagte die Tradition, „dass Christus gestorben sei für unsre Sünden", und fügte hinzu: „gemäß der Schrift" – nämlich gemäß Jesaja 53,5.

Zu 2: Zur Zeit des Markusevangeliums (etwa 70 n. Chr.) wird das Bewusstsein der Christen, durch Jesus von ihrem Schuldbewusstsein vor Gott befreit zu sein, in einem bildlichen Ausdruck zusammengefasst: Er habe das Lösegeld für ihre Freiheit bezahlt. Jeder Lehrer wird nachfühlen können, um wie viel einfacher ein Wort wie „Lösegeld" es macht, über die Erlösung zu sprechen. In Unterricht und Katechese sind solche vereinfachenden Zusammenfassungen, die auf etwas schon Bekanntes zurückverweisen, unentbehrlich. Allerdings bahnte sich durch dieses Kürzel unbemerkt ein Übergang an, der Übergang von *Bericht* zu *Auslegung*. Der *Bericht* hatte etwa so gelautet: „Durch die Begegnung mit Jesus und durch seine Lehre wissen wir, dass Gott unsere Schuld vergeben und uns ein ganz neues, freudiges Bewusstsein von Freiheit geschenkt hat. Jesus aber hat es das Leben gekostet". Die *Auslegung* ist zunächst nur eine bildliche Redewendung, wie wenn wir etwa sagen, dass eine Leistung uns „viel gekostet" hat, dass wir einen „hohen Preis" dafür bezahlen mussten. So Paulus, wenn er an die Christengemeinde in Korinth schreibt: „Ihr seid teuer erkauft" (1 Kor 6,20). Und er wiederholt das an einer anderen Stelle im selben Brief, als ob es eine sprichwörtliche Redewendung wäre: „Ihr wurdet um einen teuren Preis erkauft" (1 Kor 7,23). Ihr wart innerlich unfrei, jetzt seid ihr frei; erweist euch dankbar, denn das hat Jesus „viel gekostet". Obwohl das Wort für Preis, das Paulus an dieser Stelle verwendet, nicht das gleiche ist, das Markus später für Lösegeld verwenden wird, so beginnt doch das allegorische Bild von freigekauften Sklaven, das dahinter steht, sich immer klarer abzuzeichnen.

Im Bericht, in dem davon die Rede ist, dass Jesus „für unsere Sünden" sterben musste, sind sein Leben und seine Lehre – sein Zeugnis von Gottes liebendem Verzeihen – von seinem Tod nicht wegzudenken. Was im Wort „Lösegeld" mitschwingt, verschiebt aber den Schwerpunkt immer mehr auf seinen Tod, und der wird nun als *stellvertretender* Tod für Sünder verstanden. Das hat sich so eingefahren, dass es für viele Christen heute schwierig ist, über diesen legalistischen Denkrahmen hinauszublicken. Es ist eine Ironie der Geschichte, dass gerade das Bild vom Lösegeld und die damit verbundene Lehre vom stellvertretenden Tod Jesu alle anderen frühchristlichen Bilder für Erlösung überwucherte. Dies stellt einen Rückfall dar in die legalistische Denkweise, der Jesus sich entgegenstemmte mit seiner Lehre vom all-vergebenden Gott. Dafür musste er am Kreuz sterben, und jetzt wird sein Tod mit dem Wort „Lösegeld" interpretiert, das einen Vergeltung heischenden Gott voraussetzt.

Zu 3: Anfangs handelte es sich dabei allerdings nur um eine unglückliche Wortwahl, die bildliche Redewendung vom Lösegeld neigte aber dazu, sich aus einer Sprachmetapher in eine mythologische Allegorie zu verwandeln, die noch weit unglücklicher war. Ein Beispiel soll klarmachen, was mit dieser Verwandlung gemeint ist.

Dem römischen Kaiser Antoninus Pius (138–161) wurde vom Senat der Titel „Pater patriae" verliehen. Er verdiente auch wie nur wenige vor oder nach ihm, „Vater des Vaterlandes" genannt zu werden, denn er herrschte nicht despotisch, wie die meisten seiner Vorgänger und Nachfolger, sondern diente mehr als zwei Jahrzehnte lang dem Römerreich in vorbildhafter Weise, wie ein guter Vater seiner Familie dient. (Wer hat übrigens von Antoninus Pius in der Schule gehört? Friedensfürsten sind eben für den Geschichtsunterricht – und für die Presse – nicht halb so interessant wie etwa ein Nero. Aber zurück zum Ehrentitel.)

Bei der Formulierung „Vater des Vaterlandes" handelt es sich um eine bildhafte Redewendung wie etwa „eine Erfolgswelle nützen", „einen Krieg entfesseln" – oder eben „sein Leben als Lösegeld geben". Es ist schwer, sich vorzustellen, dass jemand fragen könnte: „Vater des Vaterlandes? Wer ist dann die Mutter? Und wann hat das glückliche Paar sich vermählt?" Genau parallel zu solchen Fragen, die niemand wirklich stellen würde, wurde aber die Vorstellung vom Lösegeld allegorisch ausgesponnen.

Zu 4: Dies wundert uns heute, aber solange das mythische Weltbild vorherrschte, zerbrachen sich die größten Geister ihrer Zeit die Köpfe darüber, ob Gott oder der Teufel Anspruch hatte auf dieses Lösegeld, das Jesus durch seinen Tod für Sünder bezahlen musste. Von Irenaeus (ca. 140–202) und Origenes (185–254) über Augustinus (354–430) bis Bernhard von Clairvaux (1090–1153) herrschte die Meinung vor, dass der Teufel der rechtmäßige Gläubiger gewesen sei. Erst Anselm von Canterbury (1033–1109) begann die Theologen davon zu überzeugen, dass der Teufel keine Rechtsansprüche geltend machen könne. Das war ein Fortschritt, aber ein fragwürdiger. Für Anselm war Sünde eine Beleidigung Gottes, und zwar eine so große, dass nur ein Gott ebenbürtiger Mensch – nämlich Jesus Christus – sie mit seinem Tod sühnen konnte. Das ließ nun zwar den Teufel aus dem Spiel, aber mit was für einem Gottesbild standen die Theologen jetzt da? Ein Gott, der als Sühne für eine Ehrenbeleidigung das Blut seines eigenen Sohnes verlangt. Der Gegensatz zum Gottesbild, das Jesus lehrte, könnte nicht krasser sein. Und doch wird Anselms Gott noch bis heute von den Kanzeln gepredigt. Kein

Wunder dann, dass unter diesen Kanzeln viel Platz ist auf den Kirchenbänken!

Zu 5: Ein heute zeitgemäßes Verständnis des GESTORBEN im Credo verlangt von uns zweierlei: Wir müssen uns von den Missverständnissen befreien, die dem Satz „Jesus ist GESTORBEN als Lösegeld für unsere Sünden" anhaften. Und wir müssen uns neu besinnen auf andere urchristlichen Verständnismodelle für den Tod Jesu. Wir wollen hier drei Beispiele anführen:

– Jesus ist GESTORBEN, um Frieden zu stiften.
  Das Kreuz ist Friedenszeichen. Das gleicharmige, kosmische Kreuz verbindet Links und Rechts, Oben und Unten. Wir finden es in vielen spirituellen Traditionen. Es ist das Koordinatenkreuz, die Windrose. Paulus hat wohl dieses Bild vor Augen, wenn er betet, dass seine Mitchristen begreifen mögen, „welches da sei die Breite und die Länge und die Tiefe und die Höhe", und auch erkennen die Liebe Christi, „die doch alle Erkenntnis übertrifft" (vgl. Eph 3,18f).

Das Lebenswerk Jesu war es, Menschen zu helfen, untereinander, mit sich selbst und mit Gott Frieden zu finden. Sein Leben und sein Sterben sind aus einem Stück, und so schafft er auch noch durch seinen Tod Frieden. Das will das Lukasevangelium sagen, wenn es vom Todestag Jesu berichtet: „Pilatus und Herodes aber wurden an diesem Tag Freunde miteinander; denn vorher waren sie gegeneinander in Feindschaft" (Lk 23,12). Im selben Kapitel wird berichtet, dass Jesus bis zuletzt betet: „Vater, vergib ihnen, denn sie wissen nicht, was sie tun!" (Lk 23,34). So wird das Kreuz zum Pluszeichen, das schon bald nach seiner Auferstehung Menschen verschiedenartigster Herkunft in der einen Kirche verbindet. „Alles im Himmel und auf Erden wollte er zu Christus führen, der Friede gestiftet hat am Kreuz durch sein Blut". (Kol 1,20). Und im Johannesevangelium weist Jesus prophetisch auf die Friedensfrucht seiner Erhöhung am Baum des Kreuzes mit den Worten hin: „Wenn ich von der Erde weggenommen und erhöht bin, werde ich alles zu mir ziehen" (Joh

12,32). Und Johannes fügt erläuternd hinzu: „Das sagte er, um anzudeuten, welchen Tod er sterben sollte" (Joh 12,33) – einen Tod, der alles Entzweite eint und so Frieden stiftet. „Denn er ist unser Friede; er hat aus zweien eins gemacht und die Trennungsmauer der Feindschaft niedergerissen durch sein Leben und Sterben" (Eph 2,14).

– Jesus ist GESTORBEN um den Tod zu überwinden.
  Die frühe Kirche sah Jesus Christus am Kreuz als Sieger: „Das Leben hat den Tod überwunden! Tod, wo ist dein Sieg? Tod, wo bleibt nun deine Macht? Der Tod hat Macht durch die Sünde, und die Sünde hat ihre Kraft durch das Gesetz. Aber gelobt sei Gott, der uns den Sieg schenkt durch Jesus Christus, unseren Herrn!" (1 Kor 15, 54–57). Tausend Jahre lang gab es keine Darstellung von Jesu Tod in der christlichen Kunst, nur das juwelengeschmückte Kreuz als Siegeszeichen und später Christus am Kreuz als gekrönten Sieger. Der Tod Jesu ist für den Glauben untrennbar eins mit seiner Auferstehung. Das Johannesevangelium verbindet beide in einem Wort, wenn es von seiner „Erhöhung" (Joh 12,32) spricht. Jesu Erhöhung am Kreuz ist zugleich seine Erhöhung über alle Mächte, die ihn erniedrigen wollten. Darin liegt sein Sieg über den Tod.

– Jesus ist GESTORBEN, um uns eine Bahn zu brechen zur wahren Freude.
  Noch ein drittes traditionelles Verständnismodell für den Kreuzestod Jesu möchte ich erwähnen; es spricht von ihm als Pionier und Vollender unseres Glaubens, „der um der Freude willen, die vor ihm lag, der Schande nicht achtete und das Kreuz erduldete" (Heb 12,2). „Pionier" des Glaubens ist Jesus, weil er im Vertrauen auf Gott einen noch völlig unerforschten Weg geht. „Vollender" ist er, weil er auf diesem Weg bis in den Tod standhaft bleibt und uns so zum Bahnbrecher wird. Dieses kräftige Bild aus der frühesten christlichen Tradition machen die meisten Bibelübersetzungen fast unsichtbar, weil sie das gleiche griechische Wort – αϱχήγος = Pionier – von Stelle zu Stelle nicht immer mit dem gleichen deutschen Wort

wiedergeben. Wenn wir aber konsistent übersetzen, dann lesen wir z. B., dass der Autor des Hebräerbriefes seinen Brüdern und Schwestern erklärt, Gott habe Jesus, „den Pionier ihrer Erlösung durch Leiden vollkommen machen“ wollen (Heb 2,10). Durch den Tod hindurch wird er aber zum „Pionier des Lebens“ (Apg 3,15), Wegbereiter für alle, die ihm nachfolgen. Er geht ihnen voran. Diese Vorstellung ist dem *stellvertretenden* Leiden diametral entgegengesetzt. Mir persönlich ist das Bild von Jesus Christus als Pionier besonders lieb, weil es sein eigenes menschliches Ringen und Suchen ernst nimmt.

Woher wissen wir das?

GESTORBEN schließt an ein früher im Credo erwähntes GEBOREN an. Das will sagen: Wir haben es mit der vollen menschlichen Wirklichkeit zu tun, von der Geburt bis zum Tod. Und um diese Wirklichkeit wissen wir aus Erfahrung. Gottesbegegnung findet in der geschichtlichen Wirklichkeit statt, in die unser eigenes Leben und Sterben uns hineinstellt. Nicht im Bereich philosophischer oder theologischer Spekulationen, sondern im täglichen Leben – also auch in unserer Todeserfahrung – begegnen wir der lebendigen Gegenwart Gottes. Die Augen des Glaubens sehen das ganze Leben als Geschenk Gottes – auch den Tod.

Was immer wir über unseren eigenen Tod wissen (und das Nicht-Vorherwissen gehört als ein wesentlicher Teil zu unserer Todeserfahrung), das ist mit dem GESTORBEN im Credo mitgemeint. Die gläubige Haltung, die wir nur aus persönlicher Erfahrung kennen können, gibt unserem Leben Sinn und so auch unserem Tod – die beiden sind ja untrennbar eins.

GESTORBEN bezieht sich auf eine unbezweifelbare Tatsache: Jesus wurde von seinen Gegnern vernichtet. Was aber die Interpretation vom Tod Jesu betrifft, so lässt das Credo sie offen. Man sollte wissen, wie sie sich im Laufe der Geschichte entwickelte, um sich auswählen zu können, was einem davon im spirituellen

Leben hilft. Dabei ist es gut, im Auge zu behalten, dass alles, was im Credo über Jesus Christus gesagt wird, ja nicht nur vom geschichtlichen Jesus berichtet, sondern auch etwas über die Christuswirklichkeit in uns selbst aussagen will. Was das ist, können wir nur aus persönlicher Erfahrung wissen. So etwa, wie viel es uns kostet, auf Gott ausgerichtet zu leben und zu sterben.

Warum ist das so wichtig?

Geborenwerden und Sterben gehören zum vollen Menschsein Jesu Christi. Beides gehört zu dem Wort Gottes, das aus jedem Menschenleben spricht – von Anfang bis Ende. Es ist mir Trost und gibt mir Mut, gläubig zu vertrauen, dass Gott mir im Sterben so nahe ist wie im Leben. Das GESTORBEN im Credo ist mir wichtig, weil es mich daran erinnert.

In diesem Mittelteil des Glaubensbekenntnisses geht es – das wollen wir nicht vergessen – um Abstieg (in den Tod) und Aufstieg (Auferstehung). Es geht um *transitus* – Durchgang durch den Tod in unzerstörbares Leben. Das gibt dem GESTORBEN eine Schlüsselstellung. Ihm entspricht (durch seinen Platz im Schema des Credo) der Glaubenssatz von Jesu Christi Thronerhebung: der hier im Tod Erniedrigte und aller Macht Beraubte wird zur höchsten Machtstellung „an Gottes rechter Hand" erhöht werden. Durch das Machtsystem dieser vergänglichen Welt eliminiert, hat er in der unvergänglichen Weltordnung doch die höchste Macht inne – mythische Bilder, die aber eine tiefe Wahrheit aussprechen.

Wie wichtig es ist für uns, die wir alle einmal sterben müssen, dass Jesus Christus GESTORBEN ist, zeigt sich an der Kraft, die sterbende Menschen zwei Jahrtausende lang daraus geschöpft haben und die auch wir daraus schöpfen können. Ein schönes Beispiel sind die beiden Strophen von Paul Gerhardts Lied „O Haupt voll Blut und Wunden" (1653), die Johann Sebastian Bach in seiner Matthäuspassion den Chor unmittelbar nach dem Bericht von Jesu Tod singen lässt:

Wenn ich einmal soll scheiden, so scheide nicht von mir.
Wenn ich den Tod soll leiden, so tritt du dann herfür.
Wenn mir am allerbängsten wird um das Herze sein,
Reiß mich aus meinen Ängsten kraft deiner Angst und Pein.

Erscheine mir zum Schilde, zum Trost in meinem Tod,
und lass mich sehn dein Bilde in deiner Kreuzesnot.
Da will ich nach dir blicken, da will ich glaubensvoll
dich fest an mein Herz drücken. Wer so stirbt, der stirbt wohl.

Musikwissenschaftler weisen darauf hin, wie bewusst und kunstvoll Bach den Übergang von Todesangst zu Gottvertrauen durch den Wechsel der Tonarten in seinem Satz der vertrauten Melodie an dieser Stelle zum Ausdruck bringt. Der Tod wird zum Triumph – schon jetzt im Leben. Wer hier und jetzt glaubensvoll *lebt*, der „stirbt wohl". Der Glaubenssatz, der vom Sterben spricht, ist deshalb so wichtig, weil es dabei letztlich um gläubig vertrauendes *Leben* geht.

Persönliche Erwägungen

Der Tod ist groß -
wir sind die Seinen lachenden Munds -
wenn wir uns mitten im Leben meinen,
wagt er zu weinen mitten in uns.

Seit jungen Jahren schon sind mir diese Verse Rilkes bedeutsam. Meine Generation im Wien jener Zeit wuchs in Todesnähe heran. Über unseren Teenager-Jahren hingen die Gewitterwolken des Zweiten Weltkriegs, und täglich schlugen Blitze ein. Trotzdem, oder vielleicht gerade deswegen, ist mir meine Jugend als eine Zeit strahlender Lebensfreude in Erinnerung. Bombenangriffe töteten täglich Unzählige; unsere etwas älteren Freunde fielen, einer nach dem andere, an der Front; wir selber konnten an keine Zukunft denken. – Dann war der Krieg plötzlich zu Ende, und ich wurde mir bewusst, dass ein Leben vor mir lag. Das kam wie ein Schock. Da erinnerte ich mich an eine Mahnung aus der Regel des hl. Benedikt: „Den Tod allzeit vor Augen haben!" und es war mir auf einmal klar: Mit diesem Bewusstsein sind wir ja aufgewachsen! Zugleich sah ich aber ein, dass wir gerade deshalb so intensiv gelebt hatten. Wir mussten immer im Augenblick leben, und das ist ja der Schlüssel zur Lebensfreude. Es ist auch der springende Punkt im Mönchsleben. Die Mönche der verschiedensten Religionen – das sollte ich später erfahren – sind sich darin einig, dass alles darauf ankommt, im Jetzt zu leben. Um die Lebensfreude, mit der ich aufgewachsen war, nicht versickern zu lassen, wurde ich schließlich selber Mönch. Und ich muss gestehen, ich würde es wieder tun.

Auch das Mahnwort *„memento mori"* – „Denk an das Sterben" –, das oft auf klösterlichen Sonnenuhren zu lesen ist, zielt auf das Im-Jetzt-leben ab. Darum findet man nicht selten auch die Version *„memento vivere"*; – „vergiss nicht zu leben!" Dies ist ja gemeint mit dem „Vergiss das Sterben nicht". Also: „Carpe diem!" Nütze jeden Augenblick! Ein „guter Tod" ist ja die Frucht eines vollen Lebens. Diese Frucht reift mit jedem Atemzug; wenn wir rückhaltlos leben, dürfen hoffen, dass sie mit unserem letzten Atemzug ausgereift sein wird.

Selbst-Verwirklichung – das Ausreifen dessen, was in jedem von uns so einmalig und unwiederholbar ist wie unser Fingerabdruck – ist unsere Lebensaufgabe. So sagt Jalal ad-Din Rumi (1207–1273), der große persische Dichter und Philosoph: „Niemand wird vor meinem letzten Atemzug meinen wahren Namen kennen". Auch ich selbst nicht; steht doch dieser Name für das, was ich im Innersten bin. Und das kann ich selber nicht kennen, bevor mein Leben im Sterben ausgereift ist. Daher ist auch für Rilke „*unser* Tod", unser eigener, einzigartiger, von so großer Wichtigkeit. Er betet:

> O Herr, gib jedem seinen eignen Tod.
> Das Sterben, das aus jenem Leben geht,
> darin er Liebe hatte, Sinn und Not.

Denn wir sind nur die Schale und das Blatt.
Der große Tod, den jeder in sich hat,
das ist die Frucht, um die sich alles dreht.

Das Bild vom Tod als Frucht scheint mir so bedeutsam, dass ich noch einige weitere Verse zu diesem Thema aus Rilkes „Buch von der Armut und dem Tode" (dem dritten Teil seines „Stundenbuchs") herausgreifen und hier anführen möchte:

… und jeder, welcher bildete und baute,
ward Welt um diese Frucht und fror und taute
und windete ihr zu und schien sie an.
In sie ist eingegangen alle Wärme,
der Herzen und der Hirne weißes Glühn –:
Doch deine Engel ziehn wie Vogelschwärme,
und sie erfanden alle Früchte grün.

… Denn dieses macht das Sterben fremd und schwer,
daß es nicht *unser* Tod ist; einer, der
uns endlich nimmt, nur weil wir keinen reifen;
drum geht ein Sturm, uns alle abzustreifen.

… Wir stehn in deinem Garten Jahr um Jahr
und sind die Bäume, süßen Tod zu tragen;
aber wir altern in den Erntetagen …

Das Altern als Erntetage zu sehen, in denen es gilt, „süßen Tod" zu zeitigen, wirft mildes Licht aufs Altwerden und kann uns aufmuntern in Stunden, in denen alle Glieder steif sind und es vorne und hinten sticht und zwickt.

Doch noch wandl' ich auf dem Abendfeld,
Nur dem sinkenden Gestirn gesellt;
Trinkt, o Augen, was die Wimper hält,
Von dem goldnen Überfluss der Welt!

Gottfried Keller (1819–1890)

Und Du? Was sind die Erfahrungen, die Deine persönliche Haltung gegenüber Tod und Sterben geprägt haben? Was hältst Du davon, den Tod allzeit vor Augen zu haben? Ist Dir der Gedanke an den Tod Jesu Christi in irgendeiner Weise hilfreich? Oder wurden Dir Interpretationen seines Todes gelehrt, die Dich an der Vaterliebe Gottes zweifeln ließen? Wie rührt das Bild vom Tod als Lebensfrucht Dich an? Um Leben geht es ja schließlich im Credo, auch – und gerade – wenn vom Tod die Rede ist.

„BEGRABEN“

Was heißt das eigentlich?

Im BEGRABEN liegt als geschichtliche Aussage (nicht aber als Glaubenssatz) hier auch die Behauptung vor, der Leichnam Jesu sei von Zeugen identifiziert, berührt und in ein Grab gelegt worden. Das scheint für Opfer von Kreuzigungen äußerst ungewöhnlich gewesen zu sein. Vielleicht wird es gerade deshalb in allen vier Evangelien ausführlich geschildert. Hier unser ältester und kürzester Bericht (nach Markus) in der kräftigen Lutherübersetzung:

> „Und am Abend, dieweil es der Rüsttag war, welcher ist der Vorsabbat, kam Joseph von Arimathia, ein ehrbarer Ratsherr, welcher auch auf das Reich Gottes wartete. Der wagte es und ging hinein zu Pilatus und bat um den Leichnam Jesu. Pilatus aber verwunderte sich, dass er schon tot war, und rief den Hauptmann und fragte ihn, ob er schon lange gestorben wäre. Und als er's erkundet von dem Hauptmann, gab er Joseph den Leichnam. Und er kaufte eine Leinwand und nahm ihn ab und wickelte ihn in die Leinwand und legte ihn in ein Grab, das war in einen Felsen gehauen, und wälzte einen Stein vor des Grabes Tür. Aber Maria Magdalena und Maria, des Joses Mutter, schauten zu, wo er hingelegt ward“ (Mk 14,42–46).

Wie glaubwürdig die Grablegungsberichte der vier Evangelisten als geschichtliche Dokumente sind, das ist eine Frage für Historiker und Exegeten, keine Glaubensfrage. Man kann diesbezüglich *etwas* glauben, sich eine Meinung bilden; das *An*-Gott-Glauben muss bezüglich wissenschaftlicher Erwägungen neutral bleiben und ist von ihnen unabhängig, so spannend die Ergebnisse auch sein mögen, wie gerade beim BEGRABEN.

Was BEGRABEN vom Standpunkt des *Glaubens* aus bedeutet, geht noch einen Schritt über das hinaus, was das „gestorben“ bekennt. Im Sterben schwingt ja immer noch Aktivität mit; das Zeitwort „sterben“ hat gar kein passives Genus („Ich werde gestorben“? Nein, ich werde getötet, aber ich sterbe – grammatikalisch aktiv – und die Sprache will damit etwas sagen.) Es drückt sich also im BEGRABEN das gläubige Vertrauen aus, dass selbst in unserer äußersten Passivität die Gegenwart Gottes uns hält und trägt.

Woher wissen wir das?

Geschichtliche Tatsachen müssen sich geschichtswissenschaftlich untersuchen und bewahrheiten oder verneinen lassen. Glaubensüberzeugungen sind dafür kein gültiger Ersatz. Bevor wir uns dem zuwenden, was für den Glauben entscheidend ist, stellen wir aber doch zunächst die historische Frage: Wurde Jesus BEGRABEN? Unter Wissenschaftlern ist diese Frage zurzeit sehr umstritten.

Der Exeget J. D. Crossan stützt sich auf Begräbnisstatistiken und sagt „nein“. Es gab Tausende von Gekreuzigten in Judäa, Archäologen können aber nur einen einzigen Skelettfund aufweisen, der unzweifelhaft auf Kreuzigung verweist, weil ein Nagel noch im Fersenbein steckt. Die Leichen der meisten Gekreuzigten wurden wohl von Raben und Hunden gefressen. Vielleicht hat Crossan Recht. Annageln war allerdings nicht die einzige Art der Kreuzigung; Verurteilte wurden wohl weit häufiger ans Kreuz gefesselt. Und zur Frage der Bestattung Gekreuzigter schreibt Flavius Josephus (37– ca. 100), unser bester geschichtlicher Zeuge für das römische Kreuzigungsverfahren: „Den Juden war die Leichenbestattung ein so großes Anliegen, dass sie sogar gekreuzigte Verbrecher abnahmen und vor Sonnenuntergang begruben“ (Bellum Judaicum 4.5,317).

Der Historiker Jan Wilson zieht die Befunde der Sindonologie (der Wissenschaft vom Grabtuch) heran und sagt „ja“, Jesus wurde BEGRABEN. Das „Sindon", das sogenannte „Leichentuch von Turin", ist ein so gründlich untersuchtes archäologisches Relikt, dass sich im 20. Jh. ein neuer Zweig der Archäologie, eben die Sindonologie, entwickelte, an der sich auch viele Forscher der NASA mit den modernsten Laborgeräten und Untersuchungsmethoden beteiligten. Für die geschichtlichen Aspekte dessen, worauf BEGRABEN hinweist, und für die wissenschaftliche Debatte darüber sind die sindologischen Befunde so wichtig, dass wir hier kurz auf sie eingehen müssen.

Sindon (σινδών griechisch für feine Leinwand) ist das Wort, das im Markusevangelium (Mk 15,46) für das Leichentuch bei der Bestattung Jesu verwendet wird. Beim *Sindon* oder Leichentuch von Turin (nach dem derzeitigen Aufbewahrungsort) handelt es sich um ein 4,36 Meter langes und 1,10 m breites Tuch, das ein sehr blasses Ganzkörper-Bildnis eines Mannes zeigt, und zwar die Vorder- sowie die Rückseite. Dieses Bildnis wirkt wie ein Negativ, erscheint daher auf dem Negativ einer fotografischen Aufnahme davon als Positiv – also realistischer als beim Anblick im Original. Dies wurde von Secondo Pia (1855–1941) entdeckt, der das Sindon 1898 erstmals fotografierte. Pias Photographie zeigt einen 1,75 m großen Mann mit Spuren von Geißelung, Dornenkrönung, Annagelung und Brustöffnung, die mit den Passionsberichten der Evangelien übereinstimmen. Auffällig ist jedoch, dass diese Details von der christlichen Ikonografie abweichen: Die Spuren der Dornenkrone ergeben keinen Kranz, sondern eine Haube die Hände erscheinen nicht in der Fläche, sondern an der Wurzel durchbohrt; die Beine müssten am Kreuz seitlich angewinkelt, nicht ausgestreckt gewesen sein. Diese Einzelheiten stimmen aber mit den Ergebnissen der Gerichtsmedizin und moderner archäologischer Forschung überein. Im Orient war z. B. die Königs*haube* üblich und eine kranzförmige Königskrone unüblich. Handelt es sich also tatsächlich um das Leichentuch Jesu?

Das Für und Wider hat leider dazu geführt, dass zwei Parteien sich in einem unerbittlichen Stellungskrieg gegenüberstehen.

Der Grund ist dieser: Beide Seiten meinen, der Glaube hänge von der Meinung ab, die man sich über etwas bilde. Sie verwechseln also das *An*-etwas-Glauben mit dem *Etwas*-Glauben. So meinen die einen, was sie im Credo über Begräbnis – und Auferstehung – Jesu bekennen, könne durch das *Sindon* bewiesen werden. Die anderen meinen, den Glauben als Irrtum hinstellen zu können, wenn es ihnen gelingt, das *Sindon* als Fälschung zu entlarven.

Weder das eine noch das andere hat mit dem Glauben zu tun, den das Credo bekennt.

Es geht hier allerdings zugleich auch um die geschichtliche Verlässlichkeit dessen, was die Evangelien über die Bestattung Jesu zu sagen haben, und das ist eine schwerwiegende Frage, wenn sie auch für den Glauben nicht von letzter Bedeutung ist. Einige hervorragende („minimalistische") Exegeten, die das BEGRABEN *nicht* für geschichtlich wahrscheinlich halten, finden ihren christlichen Glauben dadurch in keiner Weise beeinträchtigt – und mit Recht. Den Evangelisten geht es ja nicht um Reportage, sondern um *Kerygma*, um die Verkündigung der Frohbotschaft, der allein ihr Bericht dienen will. Um zu entscheiden, ob dieser Bericht nun geschichtlich oder allegorisch gemeint sei, dazu müssen wir relevante archäologische Befunde heranziehen. Was das BEGRABEN betrifft, so dürfen wir fordern, dass jede seriöse Exegese der Grablegungs- und Auferstehungsberichte in den Evangelien die feststehenden Ergebnisse der Sindonologie ernst nimmt.

Was sind also die heute gesicherten wissenschaftlichen Befunde bezüglich des *Sindon*? Eine Gruppe von rund 100 Naturwissenschaftlern – die *Shroud Science Group* – hat es sich zur Aufgabe gemacht, die hoch explosive Debatte durch experimentelle Forschung zu ersetzen und so zu entschärfen. Sie stellen zweifelhafte Beobachtungen den unbestreitbaren, experimentell erwiesenen gegenüber. Als erwiesen gilt u.a. Folgendes: Der auf dem *Sindon* abgebildete Mann scheint gegeißelt, gekreuzigt und bestattet worden zu sein auf eine Weise, die der Leidensgeschichte

Jesu in den Evangelien entspricht. Das Blut auf dem *Sindon* ist von zweierlei Konsistenz: Schon geronnenes Blut, das sich durch Berührung mit der Leinwand darauf abdrückte (z.B. von Kopfverletzungen und Geißelwunden), und frisches Blut, das direkt auf die Leinwand floss (z.B. von der Seitenwunde), und bei dem man eine Trennung zwischen dicker und wässriger Flüssigkeit feststellen kann. Unterhalb der Blutflecken ist keine Abbildung auf der Leinwand zu finden. Es zeigen sich keine Spuren von Verwesung. Im Bereich der Füße wurden Sandreste festgestellt, die Calcium in Form von Aragonit enthalten, ein Mineral, das auch in dem gründlich untersuchten sog. „Ecole Biblique Grab" in Jerusalem gefunden wurde. Bisher haben alle Versuche, die im *Sindon* vereinten mikro- und makroskopischen Eigenschaften zu duplizieren, fehlgeschlagen. Zurzeit ist keine Methode bekannt, durch die das Bild auf dem *Sindon* hergestellt werden könnte. Zudem sagen gerichtsmedizinische Gutachten aus, dass die im *Sindon* vorliegenden Indizien kaum gefälscht werden können.

Das *Sindon* selbst macht also gewichtige Aussagen, die für seine Echtheit – also auch für die historische Tatsächlichkeit von BEGRABEN – sprechen. *Dagegen* spricht das Ergebnis der C14-Datierung. Die 1986 durchgeführten und durch die Medien weit publizierten Untersuchungen ergaben ein Alter von etwa 700 Jahren. Soweit reicht auch die durch Dokumente belegte Geschichte des *Sindon* zurück. Ian Wilson hat dessen Geschichte in einer gut dokumentierten, freilich nicht zwingenden, Rekonstruktion bis zur Grablegung Jesu zurückverfolgt. Der gegenwärtige Stand der Forschung wird von Bernd Kollmann in seinem Buch *Das Grabtuch von Turin. Ein Porträt Jesu? – Mythen und Fakten* dargestellt. Dort wird auch die Problematik der C14-Datierung erörtert. Auf eine gesicherte Entscheidung bezüglich der geschichtlichen Fragen werden wir noch warten müssen.

Papst Johannes Paul II erklärte dazu 1998: „Die geheimnisvolle Faszination des *Sindon* wirft Fragen über die Beziehung dieses uns heiligen Leinentuches zum historischen Leben Jesu auf. Da das aber keine Glaubensangelegenheit ist, hat die Kirche keine besondere Befugnis, zu diesen Fragen Stellung zu beziehen".

Die Sicherheit des Glaubens richtet also bei dem Wort BEGRABEN den Blick auf etwas ganz anderes, nämlich auf die Passivität im Tod. Der Leichnam, der kurz vorher noch lebendiger Leib war, ist jetzt ein Ding unter anderen Dingen – ein Ding, das bald Ekel erregend wird und entsorgt werden muss. Ganz gleich, ob der Leichnam Jesu, wie im Evangelium berichtet wird, bestattet wurde oder nicht, wir wissen, dass ihm diese äußerste Passivität nicht erspart blieb; sie bleibt keinem von uns erspart. Und doch bekennt der Glaube, wenn wir BEGRABEN sagen, dass auch dies uns nicht von Gott trennen kann. Was uns zu uns selber macht, ist Gott wichtig und lieb (warum gäbe es uns sonst?) und kann deshalb nicht vernichtet werden.

„Was uns zu uns selber macht" ist Definition für „Seele", und es ist im obigen Sinn, dass wir von der „Unsterblichkeit der Seele" sprechen. So dürfen wir auch das Psalmwort verstehen, das zu Gott sagt: „Du wirst meine Seele nicht dem Tode überlassen und wirst nicht zulassen, dass dein Getreuer verwest" (Ps 16,10). Die Zuversicht, die aus diesem dichterischen Bild spricht, wird uns geschenkt, wenn wir gläubig bekennen, was BEGRABEN aussagen will. Wir dürfen nur die Verlässlichkeit der letzten Wirklichkeit nicht vergessen, von der wir aus Erfahrung wissen und auf die sich unser Glaube verlässt.

Warum ist das so wichtig?

BEGRABEN unterstreicht die äußerste Passivität, die zur menschlichen Existenz gehört, und weist damit auf zwei Weisen hin, wie wir mit dieser Hilflosigkeit positiv umgehen können: mit unserer eigenen durch vertrauensvolles Hinnehmen, mit der Hilflosigkeit Anderer durch hilfsbereiten Dienst. Die Bestattung der Toten gilt der christlichen Tradition von Anfang an als ein wichtiges Werk der Barmherzigkeit. Im Evangelium lobt Jesus eine liebevolle Frau, die ihn in Vorahnung seines Todes drei Tage vor seiner Hinrichtung mit kostbarer Narde für sein Begräbnis salbt.

Begräbnissitten reichen bis in die Morgendämmerung der Menschheitsgeschichte zurück. In 100 000 Jahre alten Gräbern aus der Mittelsteinzeit hat man Grabbeigaben gefunden und auffällige Ansammlungen von Pollen, die daran denken lassen, dass man schon vor so langer Zeit geliebte Verstorbene mit Blumen bedeckt haben könnte. Die Mütter, die vor mehr als 27 000 Jahren zwei Säuglinge unter dem Schulterblatt eines Mammuts bestatteten, weinten so, wie Mütter heute weinen. (2005 wurde diese Begräbnisstätte mit den vollständig erhaltenen Skeletten der Kleinen in der Wachau in Österreich gefunden.) Unsere Toten zu begraben macht uns erst zu Menschen. Es weist von Anfang an auf ein Urvertrauen, eine Hoffnung und eine Liebe hin, die im Tod nicht das Letzte sehen.

Die Wichtigkeit von BEGRABEN ergibt sich auch aus der schon erwähnten Wende-Konstruktion dieses Mittelteiles des Glaubensbekenntnisses. Es bildet den negativen Gegenpol zur Himmelfahrt. Hier Abstieg in den Schoß der Erde – wörtlich, in das „Herz der Erde" (Mt 12,40) –, dort Aufstieg in den Himmel, der dem BEGRABEN als positiver Pol ein „Trotzdem" entgegensetzt. Erniedrigendes Erleiden wird hier im Voraus dem triumphierenden Aufschwung gegenübergestellt und bereitet auf ihn vor.

Der Gegensatz von Himmel und Erde will wohl die Spannung zwischen Tiefstpunkt und Höchstpunkt, Nadir und Zenith des *Transitus Jesu Christi,* seines Ab- und Aufstieges, in ein Bild fassen. Dabei klingt vielleicht die Vorstellung der Sonne an, die beim Aufgang wie ein Bräutigam aus ihrem Zelt tritt und wie ein Held ihre Bahn durchläuft. Der 19. Psalm stellt es so dar, und Jesus Christus ist in christlichen Kirchenliedern „unser Held" und „unsre Sonn'". Es ist wichtig festzuhalten, dass die volle Bandbreite von Erniedrigung und Erhöhung zur Existenz Jesu Christ gehört – also auch zur Christuswirklichkeit in uns selbst.

Friedrich Schiller schrieb:

„Wo du auch wandelst im Raum,
Es knüpft dein Zenith und Nadir
An den Himmel dich an,
Dich an die Achse der Welt."

Persönliche Erwägungen

Unser ganzes Leben ist mit Sterben und BEGRABEN-werden innig verwoben. Als Kindern schon stirbt uns ein Hund, eine Katze, ein Meerschweinchen oder ein Kanarienvogel weg, und der Verlust lässt Narben zurück in unserem Gemüt. Tod und Begräbnis von Großeltern und Eltern werden zu Schwellen neuer Lebensabschnitte und prägen sich unserer Erinnerung in allen Einzelheiten tief ein. Erinnern wir uns nicht alle auch ans kindliche Begräbnisspielen, bei dem wir Maulwürfe, Mäuse und tote Vögel, die wir im Gebüsch fanden, feierlich bestatteten? Und wie wichtig sind später Beerdigungen und Verabschiedungen, da wir manche trauernde Verwandte und Freunde nur bei solchen Gelegenheiten wiedersehen.

Als ich 25 Jahre später zum ersten Mal wieder an den Ort zurückkam, wo meine Brüder und ich unseren Kanarienvogel Hansi begraben hatten, der seit meinem zweiten Geburtstag viele Jahre für uns gesungen hatte, waren die Fichtenschösslinge, die wir zu beiden Seiten des längst verschwundenen Grabkreuzchens gepflanzt hatten, zu großen Bäumen herangewachsen, zu einer einzigen haushohen Fichte eigentlich, denn sie standen ja so eng beisammen, dass die beiden Stämme ganz ineinander verwachsen waren. Im Schatten dieses Grabbaumes fühlte ich tiefe Dankbarkeit für all die Erinnerungen, die für mich mit diesem Stückchen Erde verbunden sind. Es fiel mir auch wieder ein, wie stolz ich darauf gewesen war, schon mit fünf oder sechs Jahren auf den Friedhöfen, die wir am Gedenktag Allerseelen mit Blumen und Kerzen besuchen gingen, alleine den Weg zu den Gräbern unserer Verstorbenen finden zu können.

Zugleich überfiel mich aber eine tiefe Traurigkeit im Gedanken an die vielen gefallenen Verwandten und Freunde, die irgendwo begraben liegen, wo ich nie hinkommen werde, wenn man überhaupt weiß wo. Ich dachte an die zehntausende weißer Grabkreuze, eines dem anderen gleich, von denen die trostlose Karstlandschaft übersät ist, in der die zwölf Isonzo-Schlachten des Ersten Weltkrieges getobt hatten, und an die Stunden und Stunden, die ich als Zehnjähriger mit meiner Großmutter dort umsonst nach dem Grab ihres Bruders suchte, der Kapuzinerbruder war und in einer der Schlachten als Krankenträger sterben musste. Vom Grab meines engsten Jugendfreundes, Rupert Steinbrener, der im Zweiten Weltkrieg irgendwo in Russland starb, bekam ich eine Handvoll Erde, die ich zeitlebens in Ehren halten werde. Ich kann mir darum kaum vorstellen, dass die Freunde Jesu sich nicht um seinen Leichnam gekümmert und ihn BEGRABEN hätten. Aber vielleicht spielen da auch meine intensiven Erinnerungen mit herein ans Wachen und Beten beim „Heiligen Grab" in den Kirchen in der Nacht des Karfreitags – oft die ganze Nacht hindurch – und am Karsamstag.

Wie wichtig die Totenwache und andere Abschieds- und Bestattungsrituale für das Leben einer gesunden Gesellschaft sein können, wurde mir durch die Begegnung mit anderen Kulturen bewusst; in der typischen mitteleuropäischen sind sie ja weitgehend verlorengegangen. Welchen Trost das Beisammensein von Familie und Freundeskreis in Gegenwart des aufgebahrten Leichnams bedeuten kann, erlebte ich beispielsweise bei den Tohono O'odham in der Sonora-Wüste im Staat Arizona. Da saß in der Nacht nach seinem Tode der Leichnam des Verstorbenen, eines alten Mannes, geschickt gestützt, aufrecht in der Stube seines Hauses. Alle Eintretenden gaben ihm die Hand und sprachen mit leiser Stimme über alles, was noch erledigt werden musste, bevor man Abschied nehmen konnte. Manchmal rückte einer da recht unverblümt heraus, wenn es um Wiederversöhnung nach Streit oder Entfremdung ging. Draußen vor dem Eingang loderte ein Feuer aus großen Scheiten, an dem die Gäste sich wärmen konnten. Im Inneren des Lehmhauses wurden alle, die kamen, an einem langen Tisch in völligem Schweigen und fast völligem Dunkel bewirtet.

Meine Maori-Freunde in Aotearoa (Neuseeland) luden mich zu einem *Tangi* ein. Das ist ein Abschiedsritual, bei dem der Leichnam in der Zeit zwischen Tod und Bestattung keinen Augenblick lang alleingelassen werden darf. Verwandte und Freunde halten Leichenwache. Sie kommen und gehen, während der Verstorbene auf der *Morae*, dem geweihten Gelände, aufgebahrt liegt – oft tagelang. Es ist nicht ungewöhnlich, dass zur selben Zeit auf der gleichen *Morae* eine Hochzeit stattfindet. Es machte auf mich einen tiefen Eindruck, hier eine Kultur erleben zu dürfen, in der das Bewusstsein wach und lebendig ist, dass Tod und Leben eine Ganzheit bilden, so wie die lichtgrünen Spiralen der *Ponga*-Farne eins sind mit den vermodernden Stämmen gefallener Bäume, aus denen sie ans Licht streben.

Wenn ich aus dem Holzschuppen sorglos einen Armvoll Holzscheite für den Kachelofen hole, ruft mir das oft plötzlich Indien in Erinnerung und Kali-Gath, den Ort der Leichenverbrennung in Varanasi. Wie dankbar gläubige Hindus sind, in dieser Stadt am heiligen Fluss Ganges sterben zu dürfen. Wie herzzerreißend dann die Verzweiflung, wenn sie nichts haben, womit sie Holz auch nur für einen kleinen Scheiterhaufen kaufen könnten. Und was sind Deine eigenen Erinnerungen an Begräbnisrituale? Hast Du sie als beängstigend erlebt oder als Hinweis auf ihre tiefere Bedeutung? Und wie würdest Du diese Bedeutung mit eigenen Worten ausdrücken? Machst Du Dir manchmal Gedanken über Sterben und BEGRABEN-werden?

Mir fällt da die letzte Strophe eines Gedichtes Detlev von Liliencrons (1844–1909) ein:

> Und der gesungen dieses Lied,
> und der es liest, im Leben zieht
> noch frisch und froh.

Doch einst bin ich und bist auch du
verscharrt im Sand, zur ewigen Ruh,
wer weiß wo.

Augustinus (354–430) berichtet in seinen *Bekenntnissen* vom Tod seiner Mutter Monica. Vor ihrer Einschiffung zur Heimreise nach Nordafrika wird sie in Ostia sterbenskrank. Augustinus und sein Bruder versuchen, ihr Hoffnung zu machen, sie werde doch noch die Heimat sehen und auf heimischer Erde begraben werden – ein Wunsch vieler Menschen. Monica aber weiß, wo ihre wahre Heimat ist, und gibt eine Antwort, die von all dem inspiriert zu sein scheint, was das Credo mit dem Wort BEGRABEN bekennt:

> „Bestattet meinen Leib hier irgendwo und macht euch deshalb keine Sorgen; nur darum bitte ich euch, dass ihr am Altar des Herrn meiner gedenkt, wo immer ihr auch sein mögt!"

Ermutigt *Dich* das Sterben und Begrabenwerden Jesu Christi auf irgendeine Weise?

„HINABGESTIEGEN IN DAS REICH DES TODES“

Was heißt das eigentlich?

Von der Bühne der Geschichte kehren wir mit diesem Bild in den Bereich des Mythos zurück. Das Reich des Todes ist „Sheol“, die biblische Vorstellung, die dem Hades der Griechen entspricht – Ort der Abgeschiedenen. So wie das AM DRITTEN TAG des nächsten Glaubenssatzes und das GESTORBEN und BEGRABEN der beiden vorigen, betont dieser HINABGESTIEGEN IN DAS REICH DES TODES, dass Jesus Christus wirklich tot war, nicht nur scheintot. Zusätzlich fällt beim *REICH* DES TODES die Betonung auch noch auf die Allgemeinheit des Todesloses. Jesus ist einer von unzähligen in diesem weiten Reich derer, die vor und nach ihm starben, und wir gedenken da besonders derer, die, wie er, als entrechtete Opfer von irgendeinem Machtsystem hingeschlachtet wurden. Der Tod Jesu steht nicht vereinzelt da, ist auch nicht Privatangelegenheit. (Wie wir sehen werden, gilt das auch von seiner Auferstehung.)

Die Solidarität von Gottes „eingeborenem Sohn“ mit allen Kindern Gottes bis ins Reich des Todes hinab findet ihren Ausdruck auch in der Erweiterung des allegorischen Bildes vom Abstieg ins Totenreich zum Mythos. Dieser findet selbst in der Bibel seinen Niederschlag. Da wird erzählt, wie Jesus Christus in der Unterwelt „den Geistern der Gefangenen predigte“ (1 Petr 3,19) und sie freisetzte. Das findet dann großartige bildliche Gestaltung in den Ikonen der Höllenfahrt Christi, in denen er der Höllenpforte die Türflügel ausreißt und sie zerschmettert, während Schloss, Beschläge, Nägel und Türangeln in alle Richtungen davonfliegen. „Zerstörung der Hölle“ nennt die Ostkirche diese Ikone auch, welche für sie zugleich die eigentliche Auferstehungsikone ist. HINABGESTIEGEN IN DAS REICH DES TODES nimmt eben weitgehend schon den Glaubenssatz von der Auferstehung vorweg. Wenn einer, der „das Leben in Fülle“ in sich trägt, in das Reich des Todes hinabsteigt, dann bedeutet das eben den Tod des Todes. „Tod, wo ist dein Stachel?" ruft Paulus, schon lange bevor das Bild vom Abstieg Christi in das Totenreich sich ausformte. „Wo ist dein Sieg, o Tod?" (1 Kor 15,55)

Auf der Ikone der Höllenfahrt steht Adam im Dunkel der Unterwelt, der strahlende Christus aber nimmt ihn bei der Hand und zieht ihn – gemeinsam mit unzähligen anderen Verstorbenen, die sich an Adam klammern – empor ans Licht. Wenn wir aber fragen, wie die vor ihm Verstorbenen die Begegnung mit Jesus Christus im Reich des Todes erlebten, dann sind wir auf dem Holzweg. Wir nehmen dann nämlich wieder eine mythische Aussage wörtlich, und bleiben überdies im Geschichtlichen stecken, obwohl es hier doch um Überzeitliches geht.

Das Anliegen hinter dieser Frage könnte man vielleicht so fassen: Was bedeutet es für ein rechtes Verständnis des Todes, dass Jesus Christus und ungezählte andere unschuldige Opfer vor und nach ihm sterben mussten? Auf diese Frage gibt HINABGESTIEGEN IN DAS REICH DES TODES eine klare Antwort: Der Tod ist nicht das Ende; Tod ist kein Kerker; Tod ist Durchgang, *Transitus,* Übergang.

Woher wissen wir das?

Der Satz HINABGESTIEGEN IN DAS REICH DES TODES beschreibt nicht eigentlich eine Tat Christi. Er steht nicht auf einer Ebene mit Sätzen wie, „er stieg in ein Boot" oder „er stieg vom Berg herab". Im Bezug auf solche Sätze hat es Sinn zu fragen, „woher weißt du das?" Aus Beobachtung natürlich. Könnten wir aber die frühen Christen fragen, woher sie wüssten, dass Christus in das Reich des Todes hinabstieg, so wäre die (wohl etwas erstaunte) Antwort eher die: „Wir haben es euch doch soeben schon gesagt: Er starb, er wurde begaben". Es handelt sich hier einfach um die Wiederholung einer geschichtlichen Aussage, jetzt in ein mythisches Bild gekleidet. Wenn wir wissen, dass Jesus Christus starb, dann wissen wir auch, dass er hinabstieg IN DAS REICH DES TODES. Diese allegorische Weiterentwicklung *vermehrt* nicht unser Wissen, *vertieft* es aber durch all das Unaussprechliche, das in einem mythischen Bild – und in dichterischer Sprache überhaupt – mitschwingt.

Warum aber gerade dieses Bild und nicht ein anderes? Die Antwort: Das Reich des Todes gehörte einfach zur gemeinsamen Vorstellungswelt derer, die das glühende Erz ihres Glaubens in die Form ihnen vertrauter Bilder gossen. Nur mythische Bilder können solche Glockenspeise halten, ohne zu bersten. Müssen wir selber uns dann diese mythischen Vorstellungen zueigen machen, wenn wir das Credo aufrichtig bekennen wollen? Nicht die Vorstellungen, nur den Glauben, den diese Vorstellungen bekunden – die Botschaft der großen Glocke, die da gegossen wurde. Sie läutet es triumphierend ins Land: Kein Bereich menschlicher Wirklichkeit, nicht einmal DAS REICH DES TODES liegt jenseits der Reichweite von Gottes befreiender Liebe. Und das weiß unser Glaube aus Erfahrung.

Warum ist das so wichtig?

Dieser Satz kann uns an Gottes Gegenwart in jedem Bereich unserer Psyche erinnern. Selbst in den höllischsten Zonen unserer Innenwelt ist Gott uns nicht fern. Paulus schreibt um das Jahr 56 an die Christen in Rom: „Weder Tod noch Leben, weder Engel noch Dämonen, weder Gegenwärtiges noch Zukünftiges, noch irgendwelche Gewalten, weder Höhe noch Tiefe oder sonst irgendetwas können uns trennen von der Liebe Gottes“(Röm 8,38f) — auch nicht unser Abstieg IN DAS REICH DES TODES.

Tod ist kein Kerker, das sagten wir schon. Tod ist Durchgang, Übergang, *Transitus* für die Christuswirklichkeit in uns. Und da dies auch für die vielen vorläufigen Tode gilt, die wir im Laufe unseres Lebens durchstehen müssen, kann das Bild der Höllenfahrt uns inmitten unserer eigenen Höllen immer wieder Trost und Stärkung bringen.

Der Glaubenssatz von Christi Abstieg IN DAS REICH DES TODES ist auch wichtige Vorbereitung auf das darauf Folgende: Wenn der Repräsentant von Gottes Liebe das allgemeine Los der Sterblichen teilt, dann dürfen diese hoffen, auch an seiner Auferstehung Anteil zu haben. Beides gehört zu der Christuswirklichkeit, die unser innerstes Wesen als Menschen ist.

Persönliche Erwägungen

Der Oscar-nominierte kanadisch-französische Film „Jesus von Montreal" (*1989*) ist mir immer noch der liebste unter den verschiedenen Jesusfilmen der letzten Jahrzehnte. Denys Arcand, der für Drehbuch und Regie verantwortlich ist und selber mitspielt, geht geschickt auf Anliegen unserer Zeit ein. Lothaire Bluteau spielt überzeugend und mitreißend die Hauptrolle.

Das Konzept ist nicht neu, aber konsequent umgesetzt; die Handlung ist klar umrissen. Eine Gruppe von Schauspielern wird von einer Pfarre in Montreal damit betraut, ein Passionsspiel aufzuführen. Ihre unkonventionelle, zeitgemäße Aufführung begeistert die Zuschauer, macht aber die Kirchenbehörden wütend. Daniel (gespielt von Denys Arcand), der auf der Bühne Jesus darstellt, gewinnt seine Mitspieler dafür, gegen allen Widerstand weiterzumachen, und beginnt nun in seinem täglichen Leben immer mehr das Leben und Leiden Jesu widerzuspiegeln: Seine Passion – im Sinne von begeisterter Hingabe an das Projekt – wird zu seiner Passion, seinem Martyrium, weil die Mächtigen ihn jetzt verfolgen. Seine Leidenschaft wird zu seinem Leidensweg.

Die Durchblicke, die Arcands Film vom kanadischen Alltagsleben der Achtzigerjahre auf das Leben Jesu hin öffnet, erweisen sich nicht nur als humorvoll, sondern als tief. Daniel wählt und engagiert Schauspieler für die verschiedenen Rollen, so wie Jesus seine Jünger auswählt und beruft. Ein wohlbestallter Rechtsanwalt lädt den eher hungrigen Daniel in ein elegantes

Restaurant mit Blick auf die erleuchtete Stadt ein und bietet ihm eine glänzende Laufbahn an, natürlich unter gewissen Bedingungen („Das alles will ich dir geben, wenn ...“ (Mt 4,9) wie bei der Versuchung Jesu). Wie Jesus vor Pilatus stand, so steht Daniel vor einem schwankenden Richter – usw.

Der Drehbuchautor fand sich aber vor eine schier unlösbare Aufgabe gestellt: Die Höllenfahrt Jesu Christi im Film? Wie sollte er das bewerkstelligen? Es gelang ihm aber nicht schlecht. Der durch Schläge verwundete Daniel bleibt, vernachlässigt und vergessen, auf einer Tragbahre in der Notaufnahme liegen. In seinen Fieberphantasien steht er auf, wankt hinaus und taumelt die Treppen zu einer U-Bahnstation hinunter. Dort besucht er die Obdachlosen, die in den Eingeweiden der Großstadt wie in einer Vorhölle kampieren.

Unterwelten, Höllen und Totenreich sind uns näher, als wir wahrhaben möchten. Und was soll uns die Höllenfahrt Jesu Christi sagen, wenn wir nicht bereit sind, mit ihm auch dorthin zu gehen? Im Credo bekennen wir gläubig, dass Gottes liebende Gegenwart auch im REICH DES TODES gefunden werden kann. Wer soll aber Gottes Abgesandter sein? Wer soll seine Botschaft auch in die Hölle bringen, wenn Du und ich es nicht tun?

Eine Frau, die ich liebe und bewundere, eine Persönlichkeit von internationalem Ansehen auf ihrem Fachgebiet, schickt mir jedes Jahr zu Beginn der Fastenzeit ihre Vorsätze bezüglich des Betens, Fastens und Almosengebens. Einmal schrieb sie: „Um es etwas wärmer und persönlicher zu machen, werde ich heuer mit den Obdachlosen auf der Straße sprechen und sie umarmen, bevor ich ihnen Geld gebe“.

Und wie hältst Du es? In welchem REICH DES TODES kannst Du Botschafter werden für Gottes Liebe? Heruntergekommenen Ehrfurcht erweisen und ihnen so Würde und Selbstvertrauen zurückgeben, ist nur einer von vielen Wegen. Gibt es in Deiner Nähe vielleicht ein Altersheim, in dem jemand von Kindern oder Enkelkindern vergessen und vernachlässigt lebt? Welcher kurze Besuch oder Telefonanruf könnte für Dich heute zur Höllenfahrt werden, für ein Kind Gottes aber ein Sonnenstrahl in der Finsternis? Immer wieder muss ich staunen über die Flut der Freude, die nur darauf wartet, in unser Herz zu fließen, sobald wir eine gewisse soziale Berührungsangst überwinden und unsere Scheu vor Tod und Leiden ablegen. Matthias Claudius (1740–1815) wusste um diese wahre Freude:

In uns ist zweierlei Natur,
Doch ein Gesetz für beide;
Es geht durch Tod und Leiden nur
Der Weg zur wahren Freude.

„AM DRITTEN TAGE AUFERSTANDEN VON DEN TOTEN“

Was heißt das eigentlich?

Die Grundaussage ist hier: Obwohl er wirklich tot war – der Hinweis auf drei Tage unterstreicht das –, lebt er. Das heißt aber auch: Er war verurteilt, hingerichtet und vernichtet, und zwar von den politischen sowohl wie von den religiösen Autoritäten, und trotzdem gab Gott ihm Recht und schenkte ihm Leben, Kraft und Autorität. Dieser Glaubenssatz verkündet Jesus Christus als lebendige Wirklichkeit, von Gott gerechtfertigt und ermächtigt. Darauf kommt es an. Sein leeres Grab, sein Auferstehungsleib und seine Erscheinungen vor den Jüngern, das sind für viele Menschen Hilfen zum Verständnis, für viele sind es aber auch Hindernisse im Verstehen der wesentlichen Aussage. Das Glaubensbekenntnis beschränkt sich auf das Wesentliche: der Totgewesene lebt und herrscht. Und das gilt auch für den Christus-in-uns.

Jesus Christus lebt wieder, aber doch ganz anders als vorher. Das heißt nicht, dass das Leben Jesu in Raum und Zeit sich nun, nach einer Unterbrechung, wieder fortsetzt – so wie das von Lazarus berichtet wird, den Jesus auferweckt (Joh 11,1–45), der aber später doch wieder sterben muss. AUFERSTANDEN heißt nicht: wiederbelebt. Die Berichte von den Erscheinungen Jesu Christi nach seiner Auferstehung versuchen – unbeholfen, denn es ist ja ein fast unmögliches Unterfangen –, sein neues Leben doch irgendwie darzutun. Er bleibt seinen Jüngern erkennbar, er trägt noch die Male seiner Wunden. Aber es ist doch alles anders. Sein Leben ist jetzt „verborgen in Gott“ (Kol 3,3) – und unser eigentliches Leben mit dem seinen! – wie es die junge Kirche ausgedrückt hat.

AM DRITTEN TAGE ist eine biblische Redewendung und will soviel sagen wie „nach kurzer Zeit“. In vielen Kulturen ist das

Gastrecht auf drei Tage beschränkt. Drei Tage lang darf man auch heute noch bei uns im Kloster Gast sein; danach wird erwartet, dass man bei der täglichen Arbeit mithilft. Man gehört dann zur Hausgemeinschaft im weiteren Sinne, oder man muss gehen. Jesus Christus, der „das Leben" (Joh 14,6) selber ist, konnte nur Gast sein im Reich des Todes.

Der Ausdruck *VON* DEN TOTEN weist zurück auf das Hinabsteigen *zu* den TOTEN im vorigen Glaubenssatz. Es handelt sich um *alle* TOTEN. Die Auferstehung ist also nicht Privatangelegenheit Jesu. Mit AUFERSTANDEN wird im Credo ein Triumph über den Tod schlechthin kundgegeben. Schon 20 Jahre nach Jesu Christi Tod und Auferstehung sprach Paulus die Überzeugung klar aus, dass dieses Ereignis für das Los *aller* Toten Folgen habe: „Wenn wir glauben, dass Jesus gestorben und auferstanden ist, dann auch, dass Gott die Entschlafenen mit Jesus wiederbringen wird" (1 Thess 4,14).

Das AUF*ERSTANDEN* im Credo stellt eine schon etwas spätere Fassung der ursprünglichen Osterbotschaft dar. Die lautete nämlich: Gott hat ihn AUF*ERWECKT*. Diese Urfassung bleibt maßgeblich. Beides sind Bilder, aber das zweite ist logisch richtiger: Totsein ist ja der äußerste Grad von Machtlosigkeit; wer also wirklich tot ist, kann nur dann auferstehen, wenn Gott ihn auferweckt. Vor allem betont die ursprünglichere Ausdrucksweise deutlicher die Rechtfertigung Jesu durch Gott. Von den religiösen Autoritäten seines Volkes verdammt und ausgestoßen zu werden, hieß für einen Juden zur Zeit Jesu, auch von Gott verstoßen zu sein. Seine Hinrichtung schien dies zu bestätigen – „Mein Gott, mein Gott, warum hast du mich verlassen?"(Mk 15,34) –, aber seine Auferweckung zeigte den Jüngern: Gott hatte ihn doch nicht verlassen. Das ist und bleibt der zentrale Aspekt des Auferstehungsglaubens.

Woher wissen wir das?

Streng genommen kann es keinen äußeren Beweis für die Auferstehung geben, nur Indizien wie etwa das Zeugnis der ersten Christen oder das oben erwähnte Grabtuch von Turin. Für ein Ereignis, das sich am Grat zwischen Zeit und Ewigkeit abspielt, kann es nur innere Beweise geben. Wir wissen hier *in* der Zeit um etwas, was *über* die Zeit hinausgeht. Das Leben des Auferstandenen gehört der Ewigkeit an, dem Jetzt, das alles Vorher und Nachher einschließt. Jesus Christus ist „in Gott verborgen" (Kol 3,3). Sein Leben ist in Gott aufgehoben, und zwar in dreifachem Sinn: in der Zeit ist es gelöscht; jenseits der Zeit ist es unzerstörbar bewahrt; zugleich ist es in Gottes Gegenwart hinein überhöht, so dass es im Geist der Liebe die ganze Welt durchwirkt.

Was man einen inneren Beweis nennen könnte, sieht so aus: Zu wissen, wofür Jesus lebte und sein Leben hingab, bedeutet, Gottes Weisheit und Macht darin zu erkennen. Diese Weisheit ist aber nach weltlichem Ermessen Torheit, diese Macht Schwachheit. In der Sprache Martin Luthers: „Die göttliche Torheit ist weiser, als die Menschen sind; und die göttliche Schwachheit ist stärker, als die Menschen sind". (1 Kor 1,25) Gottes Autorität lässt sich aber nicht auf immer ignorieren. Es ist ja die Autorität der Liebe, um die es hier geht, und wir wissen im Innersten, dass dies die letztgültige Autorität ist. Früher oder später – AM DRITTEN TAG – muss es sich erweisen: Liebe ist stärker als der Tod. Wir wissen das in unserem Herzen, schon bevor das Zeugnis der Jünger von der Auferstehung es uns von außen her bestätigt.

Wie weit die Auferstehungstexte der Evangelien geschichtliche Berichte sein mögen, wie weit Bildersprache für etwas Unbegreifliches, ist diskutabel. Eines wissen wir jedenfalls: Die Jünger erlebten das, was sie seine Auferstehung nannten, als ein Ereignis, das ihr Leben von Grund auf veränderte. Durch den Tod Jesu zerschmettert und mutlos gemacht, setzen sie sich kurze Zeit später (vielleicht nicht genau AM DRITTEN TAG) unbeirrt für die Ideale Jesu ein. Sie stehen vor den Obrigkeiten, die ihn zum Tod verurteilt hatten und sagen unerschrocken, ja, fast tolldreist: „Man muss Gott mehr gehorchen als den Menschen. Der Gott unserer Väter hat Jesus, den ihr ans Kreuz gehängt und umgebracht habt, auferweckt. ... Und wir sind Zeugen dieser Ereignisse" (vgl: Apg 29–32). Auch wenn das in diesen Worten erst am Ende des 1. Jahrhunderts niedergeschrieben wurde, haben wir mit dem ersten Thessalonicherbrief schon aus dem Jahre 50 oder 51 ein schriftliches Zeugnis, das beweist, dass dieser psychologisch schwer erklärliche Umschwung kurz nach Jesu Tod stattgefunden haben muss.

Das *innere* Auferstehungserlebnis der Jünger Jesu ist durch das Lauffeuer ihrer Begeisterung bezeugt und wir wissen davon aus der Geschichte. Was aber war der *äußere* Anlass, der zum zündenden Funken für diese Begeisterung wurde? Das ist eine berechtigte und wichtige Frage. Die Antwort wird letztlich von Historikern gegeben werden müssen. Deren Meinungen gehen aber weit auseinander und stützen sich oft auf schon im Voraus bezogene Stellungnahmen, die sogar präjudizieren, welche Daten in Erwägung gezogen werden. Für die am einen Ende des Spektrums Stehenden enthalten die neutestamentlichen Auferstehungsberichte ein gewisses Maß an historisch ernstzunehmenden Daten; für die Gegenpartei sind biblische Texte von vorne herein diskreditiert. Wir haben ein Recht zu fordern, dass alle relevanten Belege herangezogen werden.

Dazu gehört das im vorigen Kapitel erwähnte *Sindon*, das ja auch in den Berichten vom leeren Grab eine wichtige Rolle spielt. Dazu kommt ein archäologisches Relikt, das *Sudarium* (= Schweißtuch) von Oviedo, benannt nach dem Ort in Spanien, wo es seit dem frühen Mittelalter aufbewahrt wird. Dieses 84x53 cm große Stück Leinwand stimmt, nach dem heutigen Stand der Untersuchungen, in wichtigen Punkten mit dem *Sindon* überein. Die Blutflecken auf dem *Sudarium* entsprechen denen in der Kopfgegend des *Sindon* in Form und Lage, und sind angeblich sogar von derselben Blutgruppe (AB). Falls das *Sindon* wirklich das Leichentuch Jesu gewesen sein sollte, dann läge es nahe, im Sudarium das „Schweißtuch" zu sehen, das im Johannesevangelium bei der Auffindung des leeren Grabes mit solcher Betonung erwähnt wird. Hier der Bericht in Martin Luthers Übersetzung:

> „Da ging Petrus und der andere Jünger hinaus zum Grabe. Es liefen aber die zwei miteinander, und der andere Jünger lief voraus, schneller als Petrus, und kam zuerst zum Grab, schaut hinein und sieht die Leinen liegen; er ging aber nicht hinein. Da kam Simon Petrus ihm nach und ging hinein in das Grab und sieht die Leinentücher liegen, aber das Schweißtuch, das Jesus um das Haupt gebunden war, nicht bei den Leinentüchern liegen, sondern daneben, zusammengewickelt, an einen besonderen Ort" (Joh 20,3–7).

Zwingende Beweise, dass *Sudarium* und *Sindon* zusammengehören, werden sich kaum erbringen lassen, auch nicht der Nachweis, dass das *Sindon* das Grabtuch Jesu ist. Aber wenn wir die gesicherten wissenschaftlichen Befunde mit den Berichten in den Evangelien vergleichen, ergeben sich doch naheliegende Hinweise darauf, welche äußeren Ereignisse den Auferstehungsglauben der Jünger ausgelöst – nicht bewirkt! – haben könnten. Ich sage, „nicht bewirkt", weil auch das Sehen bestens ein *Etwas*glauben bewirken kann, es hier aber um den inneren Mut zum *An*-Gott-Glauben geht. Beim Sehen geht es um äußere Evidenz, beim Glauben um inneres Vertrauen. Darum schließt auch der oben zitierte Bericht damit, dass der Jünger, den Jesus liebte, nicht nur sah, sondern „sah *und* glaubte" (Joh 20,8).

Noch ein weiteres Gebiet wird die Wissenschaft im Zusammenhang mit der Auferstehung Jesu Christi untersuchen müssen, nämlich alles, was mit dem sogenannten *Regenbogen-Körper* (*Jalü* oder *Jalus* auf Tibetisch) zusammenhängt. Es handelt sich dabei um ein Phänomen, das in Tibet seit Jahrhunderten beschrieben wurde, auch heute noch vorkommt und gut bezeugt ist. In einem typischen Fall bittet ein Lehrer vor seinem Tod, seine Leiche für einige Zeit ungestört zu lassen. In dieser Zeitspanne – etwa ein bis zwei Wochen – schrumpft dann der von einem Tuch bedeckte Leichnam nach und nach zusammen, oder er verschwindet auch ganz, wobei manchmal Haare und Nägel zurückbleiben. Häufig erscheint der Verstorbene noch eine Zeitlang seinen Jüngern, nicht aber der Öffentlichkeit. Lichterscheinungen wie Regenbogen spielen dabei eine Rolle; daher der Name. Wir haben hier offensichtlich Phänomene vor uns, die an die Auferstehungsberichte erinnern und wissenschaftlich überprüft werden müssten. Es trifft sich ja gut, dass wir heute nicht nur neue Fragen stellen, sondern auch unvergleichlich mehr Material zur Verfügung haben als frühere Generationen, auch Forschungsmethoden, die erst heute erfunden wurden.

So interessant all dies auch sein mag – und ich persönlich finde es nicht nur spannend, sondern intellektuell zwingend, mich damit zu befassen – von letzter Bedeutung ist es nicht für den Glauben. Um Fragen, die nur zu einem besseren geschichtlichen Verständnis der Auferstehungsberichte führen könnten, von Fragen zu unterscheiden, die wirklich relevant sind für das Bekenntnis AM DRITTEN TAGE AUFERSTANDEN VON DEN TOTEN, lässt sich ein hilfreiches Gedankenexperiment empfehlen: Stellen wir uns einmal vor, dass ein Wissen um die äußeren Umstände, die den Glauben der Jünger an die Auferstehung und ihre darauf gründende Begeisterung auslösten, uns grundsätzlich versagt wäre. Würde uns das die Möglichkeit nehmen zu leben, wie Jesus lebte, ermächtigt von demselben Geist, der ihm Macht gab? Wenn wir so lebten – aus unserem Christus-Selbst heraus, dann könnte unser eigenes Lebenszeugnis ja als eine Art Beweis für *sein* Leben gelten – hier und jetzt – seinem Tod zum Trotz.

Warum ist das so wichtig?

Im Credo geht es um das Glauben an *Gott*. Das müssen wir uns immer wieder in Erinnerung rufen. Auch beim AUFERSTANDEN, das verkündet, dass Gott den Zeugen und Gewährsmann der Liebe nicht im Stich ließ, trotzdem er für sein Zeugnis sterben musste, geht es vor allem um Gott. Dahinter steht die Frage: Auf was für einen Gott verlässt sich hier der Glaube? Dieser Gott tritt für Gerechtigkeit ein und stellt verletzte Gerechtigkeit wieder her, wenn auch nicht notwendigerweise auf geschichtlicher Ebene. Die Auferstehung Jesu Christi ereignet sich am Schnittpunkt der Zeit mit dem ewigen Jetzt. Durch den Glauben sind wir selber mitten in der Zeit dennoch in dem Jetzt verankert, das über die Zeit hinausragt. Das gibt uns festen Halt im Auf und Ab unseres Bemühens, für Gottes Liebe Zeugnis abzulegen.

Wenn Gott Jesus gerechtfertigt hat, dann auch seine Forderungen. Was bedeutet das für uns? In der Weltordnung, die heute an der Macht ist, findet sich kein Platz für gerechte Verteilung materieller und kultureller Güter, für Gewaltfreiheit, für Ehrfurcht vor der Würde jedes einzelnen Menschen. Für diese Werte setzte aber Jesus sein Leben aufs Spiel – und musste sein Leben geben. Wer sich auf seine Seite stellt, muss sich auf das gleiche Los gefasst machen. Paulus schreibt folgerichtig:

> „Ist aber Christus nicht auferweckt worden, dann .... sind wir" (die der Liebe Gottes vertrauen, für die Jesus bis zum Tod Zeugnis ablegte) „erbärmlicher dran als alle anderen Menschen". (1 Kor 15,14–19) Aber unser Glaube an den von Gott auferweckten und so gerechtfertigten Jesus Christus gibt uns Mut und Kraft, inmitten aller Widerstände sein Leben zu leben.

Persönliche Erwägungen

Was sind die Konsequenzen der Auferstehung Jesu Christi in meinem eigenen Leben? Was wäre anders, wenn ich nicht im Credo von ihm sagen könnte AM DRITTEN TAGE AUFERSTANDEN VON DEN TOTEN? Wie – wenn überhaupt – beeinflusst seine Auferstehung mein Gottesverständnis, meine Beziehung zu Gott? Dass Gott ihm Recht gibt, im Widerspruch zu den Mächtigen dieser Welt – die ihn töteten, und siehe, er lebt! – das stellt mich vor eine peinliche Wahl. Welches der bequemere Weg ist, darüber besteht kein Zweifel; muss ich trotzdem Gottes Weg wählen, um mir, meinem wahren Selbst, der Christuswirklichkeit in mir, treu zu bleiben? Nur im Hinblick auf die Auferstehung kann ich das wagen, nur im Vertrauen darauf, dass ein letztes, endgültiges „Ja!" auch den Tod überwindet.

Da suche ich nach einem Vorbild, nach jemandem, der in unserer Zeit das ganze Gewicht seiner Persönlichkeit auf die Seite des machtlosen, verlachten Weltverbesserers warf, obwohl er ebenso gut in der Gesellschaft der (verächtlich lächelnden) Mächtigen ohne Mühe seinen Platz halten konnte. Dag Hammarskjöld fällt mir ein. Dieser 1905 geborene schwedische Diplomat wurde 1953 Generalsekretär der Vereinten Nationen und starb 1961 bei einem dubiosen Flugzeugabsturz auf einer Friedensmission. John F. Kennedy gab zu: „Im Vergleich zu ihm bin ich ein kleiner Mann. Er war der größte Staatsmann unseres Jahrhunderts". Erst nach seinem Tod wurde dieser UN-Generalsekretär als ein tiefer Mystiker bekannt, durch die Veröffentlichung seine Aufzeichnungen und Tagebücher unter dem Titel *Zeichen am Weg*. Der Theologe Henry P. Van Dusen nennt dieses Buch „das vielleicht leuchtendste Zeugnis persönlichen Glaubens, das mitten im Feuer des Berufsdienstes geschrieben wurde ... unter der Last höchster Verantwortung für Frieden und Ordnung in der Welt". Dag Hammarskjöld selber sagte: „In unseren Tagen führt der Weg zur Heiligkeit notwendigerweise durch die Welt tatkräftigen Einsatzes".

Das weltliche Machtsystem gab diesem Mann die höchstmögliche Position. Für Jesus begeistert, benützte er seine Macht, um Andere zum Einsatz für Frieden und ökonomische Gerechtigkeit zu ermächtigen. Wie Jesus konnte er unschwer vorhersehen, was dies für seine eigene Karriere bedeuten würde. Voll Vorahnung schrieb er: „Es ist uns nicht erlaubt, die äußeren Umstände unseres Schicksals zu wählen, was wir aber daraus machen, ist unsere Sache. Wer Abenteuer wählt, wird es erleben – soweit sein Mut es zulässt; wer Aufopferung wählt, wird aufgeopfert werden – soweit die Lauterkeit seines Herzens es erlaubt".

„Dem Vergangenen: *Dank*, dem Kommenden: *Ja*!" Das ist Dag Hammarskjölds bekanntester Ausspruch. Um aber zu ermessen, aus welcher Seelentiefe dieses „Ja!" kam, müssen wir weiterlesen. „Ich weiß nicht, wer – oder was – die Frage stellte. Ich weiß nicht, wann sie gestellt wurde. Ich weiß nicht, ob ich antwortete. Aber einmal antwortete ich *Ja* zu jemandem – oder zu etwas. Von dieser Stunde her rührt die Gewissheit, dass das Dasein sinnvoll ist und darum mein Leben der Hingabe ein Ziel hat". In seinem 2. Brief an die Christengemeinde in Korinth (vermutlich im Jahr 56) nennt Paulus Jesus Christus „das Ja Gottes"(2 Kor 1,19). Sobald Hammarskjöld dieses Ja gefunden hatte, schrieb er: „Beim Weitergehen auf dem *Weg* lernte ich Schritt um Schritt, Wort für Wort, dass hinter jedem Satz des Helden der Frohbotschaft *ein* Mann steht und die Erfahrung *eines* Mannes. Auch hinter seiner Bitte, dass der Kelch an ihm vorübergehe und seiner Entscheidung ihn zu trinken. Also auch hinter jedem Wort vom Kreuz".

Es war Dag Hammarskjöld klar: „Wer sich dem *Weg* anvertraut, weiß dass dieser Weg zum Kreuz führt". Dieses Kreuz kam für ihn im Jahre 1961 im Kreuzfeuer von Friedensverhandlungen. Der 56-jährige UN-Generalsekretär ist auf dem Flug von Leopoldsville nach Ndola, um einen Waffenstillstand im Kongo zu erwirken, als die Maschine in der Nacht vom 17. zum 18. September an der Grenze zu Katanga aus ungeklärter Ursache abstürzt. Der ehemalige Präsident der USA, Harry Truman soll gesagt haben: „Dag Hammarskjöld war gerade daran, etwas zu erreichen, als sie ihn umbrachten – man beachte, dass ich mit Bedacht sage ‚umbrachten'" – wie Jesus, als er gerade daran war, etwas zu erreichen. Jesus nannte dieses Etwas das „Reich Gottes". Wer Dag Hammarskjölds Glauben teilt – an Jesus Christus AUFERSTANDEN VON DEN TOTEN –, der wird wohl auch im Augenblick eines plötzlichen Todes, so wie des seinen, wissen, „dass das Dasein sinnvoll ist". Er schrieb ja auch: „Suche nicht die *Vernichtung*. Sie wird dich finden. Suche den Weg, der zur *Vollendung* führt".

Da frage ich mich: Glaube ich fest genug an Gott, der – allem Anschein zum Trotz – seine Getreuen nicht im Stich lassen wird? Habe auch ich genug gläubiges Vertrauen, um die Vernichtung nicht zu fürchten auf meinem Weg zur Vollendung? Und wie geht es Dir bezüglich dieser Perspektive von AUFERSTANDEN?

Kennst Du Menschen, die aus diesem AUFERSTANDEN so viel Mut schöpfen, dass sie sich getrauen, wie Jesus gegen den Strom zu schwimmen? Sie brauchen keineswegs so prominent zu sein wie Dag Hammarskjöld. Es genügt, „die gewöhnlichen Dinge im Leben ungewöhnlich anzupacken", wie George Washington Carver (1864–1943) sagte. Der musste wohl wissen, wovon er sprach, denn er wurde im Staat Missouri als Sklave geboren, zeichnete sich aber als Agrarforscher, Lehrer, Maler und Erfinder so aus, dass ihm *Time Magazine* (1941) den Ehrentitel „Schwarzer Leonardo" gab. Was findest Du am ungewöhnlichsten an der Art, mit der Jesus die gewöhnlichen Dinge im Leben anpackte? Spornt die Auferstehung Dich an, es auf Deine Weise ähnlich wie er zu machen?

Wir fragen mit Recht nach dem geschichtlichen Ereignis, das hinter AUFERSTANDEN steht. Nur gründliche Arbeit der verschiedenen einschlägigen Wissenschaften wird uns einer Antwort näher bringen. Weit wichtiger aber ist die Frage, ob und wie dieses AUFERSTANDEN unser Gottes- und Lebensverständnis hier und jetzt beeinflusst. Schwingt da etwas mit, was Dir in schweren, dunklen Stunden Hilfe bietet?

„AUFGEFAHREN IN DEN HIMMEL"

Was heißt das eigentlich?

So wenig wie der Abstieg in das Totenreich bedeutet AUFGEFAHREN IN DEN HIMMEL eine *Tätigkeit* Jesu. Vielmehr ist das Hinuntersteigen mythisch-dichterisches Bild für das Sterben, und das Aufsteigen ist Bild dafür, dass er trotzdem lebt. Das Bild wird im Lukasevangelium und der Apostelgeschichte (Lk 24,50f und Apg 1,9–11) dann noch weiter ausgearbeitet: Jesus schwebt empor, eine lichte Wolke entzieht ihn den Blicken seiner Jünger, und Engel weisen auf sein Wiederkommen hin. Auch das ist dichterische Sprache. Aber Dichtung ist ja nicht Lüge. Dichtung ist vielmehr verdichtete Wahrheit. Wir können das gar nicht oft genug wiederholen. Was hier gesagt werden will ist, dass der Auferstandene auf einer höheren Ebene lebt, in höherem Grade lebendig ist.

Auch HIMMEL ist dichterisches Bild für eine Wirklichkeit, die nicht weniger *wirk*lich ist, weil sie unvorstellbar bleibt; sie wirkt sich trotzdem aus. Um herauszufinden, was das Credo mit AUFGEFAHREN IN DEN HIMMEL meint, müssen wir Gelehrte fragen, was der Text in biblischer Sprache sagen will. Da lernen wir: HIMMEL bedeutet hier keinen Ort, auch keinen Zustand. Was ist aber dann die Bedeutung des entsprechenden Wortes? Sprachwissenschaftler machen es uns nicht gerade leichter, wenn sie uns mitteilen, dass HIMMEL als „der dynamische Ausgangspunkt" verstanden wurde, von wo Gottes Kraft in die Welt einbricht. Das regt unsere Phantasie weit weniger an, als „himmlische Seligkeit" und andere Bilder für dieselbe unbegreifliche Wirklichkeit. Es passt aber gut zum AUFGEFAHREN IN DEN HIMMEL. Der auferstandene Christus, das will hier gesagt werden, ist zur Quelle zurückgekehrt, von der Gottes Liebe mit Macht in die Welt strömt. Das bedeutet natürlich auch höchste Seligkeit, und von da her ist „himmlische Seligkeit" zu verstehen.

Was fügt dieser Glaubenssatz dem Bekenntnis der Auferstehung an zusätzlicher Bedeutung bei? AUFERSTANDEN heißt, dass Jesus Christus lebt; AUFGEFAHREN macht klar, mit welcher Art von Leben er jetzt lebt: mit *Gottes* Leben – mit dem Leben des unsichtbaren, des („im Himmel") verborgenen Gottes. Im biblischen Weltbild wird HIMMEL auch verstanden als das blaue Firmament, das man sich wie einen Vorhang vorstellt, der Gott verbirgt. „Gott thront über den Himmeln" (Ps 11.4; 103,19). Durch diesen Vorhang ist der Aufgefahrene zurückgekehrt zu Gott, von dem alles kommt, was es gibt. Dass er trotzdem – ja, umso kräftiger – in der Welt wirksam ist, darauf wird der nächste Satz des Credos hinweisen durch das Bild seines Thronens zur Rechten Gottes. Beim AUFGEFAHREN liegt die Betonung auf seiner Verborgenheit. Sein Leben ist in Gott verborgen (Kol 3,3) – und so auch das eigentliche Leben aller, die sich mit ihm, dem Urbild vollen Menschseins, verbunden wissen. Das ist die gewichtige Aussage dieses Glaubenssatzes.

Wenn wir Gott auch nicht sehen können, so können wir in uns doch seine Kraft spüren, die im ganzen Universum wirkt. Die Himmelfahrt ist Bild dafür, dass Jesus Christus – *in* Gott *ge*borgen und, so *wie* Gott, *ver*borgen – auch Anteil hat an Gottes Wirkkraft, Menschenherzen zu bewegen – zu Mitgefühl, zu Hilfsbereitschaft, zu Selbstachtung, zu Wertschätzung aller anderen Menschen, zu allem, was das Gottesreich zur Wirklichkeit werden lässt – und so durchwirkt er die Welt. Dieses Wirken des Auferstandenen und Aufgefahrenen werden die beiden nächsten Sätze des Credos noch ausdrücklicher betonen.

Woher wissen wir das?

Wir können in uns selbst das göttliche Leben erfahren, aber als verborgen. Es ist die Lebendigkeit im Innersten alles Lebendigen, die Quelle, die im Strom verborgen ist. Uns wird diese Lebenskraft als zielstrebig bewusst, als zu Entfaltung und Lebensfreude hinziehend. Sie pulsiert segenspendend durch das Universum und durch unser eigenes Sein. Wenn wir diese verborgene Wirklichkeit – den Atem im Innersten unseres Atems und „das Licht in dem wir das Licht schauen"(Ps 39,9) – auch nur hin und wieder wie von fern erahnen, so wissen wir doch, dass sie nicht der Vergänglichkeit unterworfen ist. Alles Lebendige entsteht und vergeht. Es leuchtet dem menschlichen Herzen aber irgendwie ein, dass die Lebenskraft selbst unzerstörbar ist und zurückfließt zu ihrer Quelle in Gott. Fast wie eine persönliche Formulierung der inneren Erfahrung dessen, was AUFGEFAHREN IN DEN HIMMEL für jeden von uns bedeutet, klingt einer der schönsten Sätze der frühchristlichen Schriften. Der Märtyrer Ignatius von Antiochien schrieb im Jahre 107 an die Christen in Rom:

„Lebendes und redendes Wasser ist in mir,
das im Innern zu mir spricht:
‚Heim zum Vater!'"

Wer es wagt, sich dem Strom des Lebens hinzugeben, wird die Richtung der Strömung erspüren.

Warum ist das so wichtig?

AUFGEFAHREN IN DEN HIMMEL wäre nicht wichtig, wenn es um ein „Hipp hipp hurra!" ginge für Jesus, der „also doch" die höchstmögliche Zinne des Erfolgs erklommen hat. Das gläubige Bekenntnis zu Christi Himmelfahrt ist etwas anderes: ein Vertrauensvotum für die Christuswirklichkeit in uns selbst, die so schwach erscheint, dass wir zweifeln könnten, ob sie Wirklichkeit sei oder nur Selbsttäuschung. Hier kommen wir wieder voll Vertrauen auf den Satz zurück: „Euer Leben ist mit Christus in Gott verborgen" (Kol 3,3). Das ist von großer Wichtigkeit für alle Menschen, nicht nur für Christen. Unser wahres Leben – das Christus-Selbst in uns – ist ein *ver*borgenes, aber auch ein *ge*borgenes: verborgen in Schwäche, geborgen in Gott, dessen Schwachheit machtvoller ist als menschliche Stärke (1 Kor 1,25).

Wichtig ist auch das Sendungsbewusstsein, das hier mitschwingt. In allen Schilderungen der Himmelfahrt – in drei Evangelien und in der Apostelgeschichte – so verschieden sie auch sonst sein mögen, sendet Jesus Christus seine Jünger in die Welt hinaus, um das Reich Gottes zu verkünden. Obwohl diese Aussendung im Credo nicht ausdrücklich erwähnt wird, gehört sie untrennbar zum AUFGEFAHREN, muss also mitgedacht werden. Mit diesem Glaubenssatz nimmt, wer ihn ernst meint, eine Verpflichtung auf sich: „Geht hin in alle Welt und verkündigt die Frohbotschaft aller Kreatur" (Mk 16,15). Wenn der Aufgefahrene in Gott verborgen ist, dann kann er in der Welt nur durch die Tatkraft, die Mühe und die Kreativität derer, die an ihn glauben, wirken. „Gott braucht Menschen" (Dieu a besoin des hommes) heißt ein Film von Jean Delannoy (1950) zu diesem Thema, der es verdient, nicht in Vergessenheit zu geraten.

Auch dass die Frohbotschaft „aller Kreatur" – der ganzen Schöpfung, nicht nur den Menschen – verkündet werden soll, ist wichtig. Es weist auf die kosmische Bedeutung der Himmelfahrt hin. Wenn der aufgefahrene Jesus Christus in Gott verborgen ist, und Gott im Kosmos – in jedem kleinsten Teilchen des Kosmos – , dann schließt die Verkündigung der Frohbotschaft auch Verantwortung ein für Wasser und Erde, für den Regenwald und die Eisbären; sie muss Verkündigung durch unser Tun sein, mehr als durch Worte. AUFGEFAHREN IN DEN HIMMEL deutet dies nur implizit an: Alle, die das Credo ernstnehmen, werden klar und deutlich dafür Zeugnis ablegen durch ihren Einsatz für Mitwelt *und* Umwelt.

AUFGEFAHREN ist auch ein wichtiger Punkt auf der Kurve von Ab- und Aufstieg, die diesem Mittelteil des Credos seine Struktur gibt. Es ist der Punkt des aufsteigenden Astes, der dem BEGRABEN am absteigenden Ast entspricht. Der Stein, der das Grab Jesu verschließt, wird zum Bild des endgültigen Scheiterns all seiner Bemühungen um das Reich Gottes. Und ungezählte Andere, die ihm nachfolgten, scheiterten ebenso, ohne das Gottesreich verwirklicht zu sehen. War das aber wirklich ein Scheitern? „Nein!“ antwortet das AUFGEFAHREN. Im Einsatz bis zum Tod lag schon die Verwirklichung. Der große amerikanische Friedensmahner A.J. Muste (1885–1967) ist berühmt für seinen Ausspruch: „Es führt kein Weg *zum* Frieden; Frieden *ist* der Weg“. Man könnte wohl auch sagen: „Es führt kein Weg *zum* Reich Gottes; das Reich Gottes *ist* der Weg“. Bevor die Christen Christen hießen, nannten sie sich „Gemeinschaft auf dem Weg“. Von Jesus Christus sagten sie, er sei „der Weg“. Und was Katharina von Siena (1347–1380) sagte, passt gut dazu, besonders im Hinblick auf die Himmelfahrt: „Der ganze *Weg zum* Himmel – *ist* Himmel“ – selbst der Kreuzweg.

Persönliche Erwägungen

Wenn Du nach einem Geschenk suchst für eine Freundin oder einen Freund, vergiss nicht ein Gedicht in Erwägung zu ziehen – eines, das Dich besonders berührt hat, oder vielleicht sogar ein von Dir selbst geschriebenes. Ein persönlicheres Geschenk lässt sich schwer finden. Manche Gedichte, die mir treue Begleiter auf dem Lebensweg geworden sind, haben Freunde mir geschenkt. Die Dichterin Patrizia Campbell Carlson – hunderttausende Menschen kennen sie durch ihre Gestaltung der Website www.Dankbarkeit.org – schenkte mir ein Gedicht, das ich jedes Jahr am Fest Christi Himmelfahrt wieder gerne lese. Um diese Zeit – 40 Tage nach Ostern – erreicht der Frühling meist seinen Höhepunkt im Nordwesten des Staates New York, und in den Wäldern rund um unser Kloster blühen überall die Waldlilien –

„Weiß wie Christi Gewand,
Als Er auffuhr zum Himmel.“

Die großen, weißen Blüten – je eine auf ihrem kniehoch aufsteigenden Schaft – strahlen weithin im frühlingsgrünen Waldschatten und werden für die Dichterin zum Gewand des Auffahrenden Christus. Sie flicht in ihrem Gedicht drei Stränge ineinander – die Waldlilie, die Himmelfahrt und die Art, wie ein Kind den Himmel malt. Zuerst ist der Himmel nur ein blauer Buntstiftstrich oberhalb der Häuser und Bäume am oberen Rand des Zeichenblocks. Später dann lernt das Kind, den Hintergrund der Landschaft bis zum Horizont hinunter mit blauem Himmel auszufüllen. So geht es auch uns: Erst allmählich geht uns ein neues Verständnis der Himmelfahrt auf und wir ahnen, dass der ganze Weg zum Himmel Himmel ist.

Als Kind lernte ich das AUFGEFAHREN IN DEN HIMMEL so verstehen: Vierzig Tage nach der Auferstehung – die selbe Zeitspanne wie die Fastenzeit in Vorbereitung auf Ostern – führt Christus seine Jünger auf den Ölberg hinauf, wo seine Passion begonnen hatte. Dort schwingt er sich vor ihren Augen auf und steigt in den Himmel, bis eine weiße Wolke ihn ihren Blicken entzieht. Zwei Engel stehen plötzlich da und versprechen den bestürzten Jüngern, dass er wiederkommen werde – „zum Jüngsten Gericht", meinten wir, obwohl die Engel das nicht ausdrücklich sagten.

Wenn ich heute dieselbe erste Seite der Apostelgeschichte aufschlage, kommt es mir vor als leuchte ein Lichtzeigestab auf der Projektionsleinwand vor mir Stichworte an, die mir vorher kaum aufgefallen waren. *Zeugnis* ist ein solches Schlüsselwort für mich geworden: Bevor er sie zurücklässt, sendet Jesus Christus seine Jünger in die Welt, um seine Zeugen zu werden. Er will nicht, dass sie ihm nachstarren in die Wolken, sondern sie sollen sich an die Aufgabe machen, die vor ihnen liegt. „Bis an die Enden der Erde" sollen sie – und wir – die Frohbotschaft tragen.

Von Jerusalem aus betrachtet liegt der Staat Minnesota, USA, gewiss am Ende der Erde. Aber auch dorthin sollte fast 2000 Jahre später eine mutige Frau die frohe Botschaft bringen. Aus dem Kloster St. Walburga im bayrischen Eichstätt brach Mutter Benedicta Riepp (1825–1862) mit zwei Mitschwestern als erste Priorin des Benediktinerordens 1852 nach Nordamerika auf. Schon fünf Jahre später reiste sie den Mississippi aufwärts und gründete in der damals noch recht gefahrenreichen Wildnis von Minnesota das Kloster St. Benedikt. (Das war mehr als ein halbes Jahrhundert bevor Karl May nach Amerika kam, ja 18 Jahre, bevor er über Gegenden wie das spätere Minnesota zu schreiben begann.) Im Lauf von mehr als 150 Jahren haben diese Pionierinnen und die selbstlosen Frauen, die sich ihnen anschlossen, hunderttausende von Kindern nicht nur schreiben und lesen gelehrt, sondern auch die Freude, die Menschenherzen aus dem Schönen, Wahren und Guten schöpfen können. Ihr Zeugnis schließt den Umweltschutz ein, und erst kürzlich ist es den Nonnen dieses Ordens gelungen, den Bau einer völlig überflüssigen Autobahn zu verhindern und altes Waldland zu retten, das im Frühling übersät ist von weißen Waldlilien. (Die Samen dieser gefährdeten Blumen brauchen fünf Jahre bis sie zum ersten Mal blühen.) Und wie bringst Du „allen Geschöpfen" die Frohbotschaft?

Das Licht meines imaginären Leuchtstabes fällt auch noch auf eine andere Stelle, die ich heute ganz anders lese als früher. Jesus Christus schien mir immer wegzugehen durch seine Himmelfahrt. Jetzt weiß ich aber, dass die *lichte Wolke* – wie ja auch bei seiner Taufe und Verklärung – Symbol für Gottes *Gegenwart* ist. Indem der Auffahrende in Gottes Gegenwart eingeht, die ja die ganze Welt erfüllt, ist auch er jetzt überall gegenwärtig. Das ist die „Wohnung", die er uns durch seine Auffahrt bereitet. Dort hoffe auch ich – durch ihn, mit ihm und in ihm – hinzukommen, wenn die vergängliche Form, die meinen Namen trägt, nicht mehr da ist.

Ich höre jetzt aus der Stelle, die sagt, Jesus Christus sei vor den Augen seiner Jünger *emporgehoben* worden, ein Echo heraus. Es kommt vom Epheserbrief, der sagt, Gott habe „alles unter seine Füße gelegt". Die sog. „kommunikative Bibelübersetzung" *Hoffnung für Alle* übersetzt die Stelle sehr treffend: „Alles hat Gott ihm zu Füßen gelegt und ihn zum Haupt seiner Gemeinde gemacht. Sie ist sein Leib: Der Schöpfer und Vollender aller Dinge lebt in ihr mit seiner ganzen Fülle" (Eph 1,22 f). Die Gemeinde, von der hier die Rede ist, geht weit über uns Menschen hinaus.

Wenn ich mich also auf den Waldboden kniee, und tief in den Blütenkelch einer Waldlilie schaue, dann sehe ich auch in ihr den Leib Christi in voller Lebendigkeit. – Ich sehe ihn, und ich sehe ihn doch auch wieder nicht. Das wirft Licht auf eine andere Stelle, die mir nicht aufgefallen war, bis mir mein verehrter Freund und Lehrer Ramon Panikkar, dafür die Augen öffnete.

„Dieser Jesus", so sagen die Engel, „wird auf dieselbe Weise wiederkommen, wie ihr ihn in den Himmel habt auffahren sehen"(Apg 1,11 – nach Zürcher Bibel 2007). Wie er aufwärts fuhr, wird er abwärts fahren, stellte ich mir also vor. Panikkar sagt aber: „Nein. ‚Auf *dieselbe* Weise wie ihr ihn habt auffahren sehen', nicht auf *entgegengesetzte* Weise! Er wird immer im Weggehen kommen". Er ist ja – und immer wieder kommen wir auf diesen Punkt zurück – in Gott verborgen.

„Ein Kind lernt und malt jetzt den *ganzen* Himmel", heißt es abschließend in dem Gedicht von Patrizia Campbell Carlson, und ich lerne einzusehen, dass der Himmel, in den Christus auffuhr, mich ganz umgibt. Christus wird für mich sichtbar, wenn ich vor der Waldlilie knie, aber im selben Augenblick verbirgt ihn die lichte Wolke – Gottes unsichtbare Gegenwart. Im Weggehen kommt er; im Kommen geht er weg. Im Gerade-gesehen-haben sehe ich ihn. Und auf welche Weise erlebst Du Jesus Christus AUFGEFAHREN IN DEN HIMMEL? Ist seine Gegenwart-in-Abwesenheit Dir in der Natur zugänglicher oder unter Menschen? Wie fühlst Du Dich, wenn Du Dir Deine Hände, Füße, Ohren und Augen als die Hände, Füße, Ohren und Augen des in den Himmel aufgefahrenen Christus vorstellst? – denn das sind sie ja.

Waldlilie

Der Hügel übersät von Waldlilien.
    weiß wie Christi Gewand,
    als Er auffuhr zum Himmel,
dem Lufthauch jeden Widerstand nehmend
an schlanken Schäften, die hinabreichen
unters Moos in satte, dunkle Erde.
    An welchem Schaft stieg Er auf,
    uns eine Wohnung zu bereiten?
    Der Himmel war ein Buntstiftstrich
    ganz oben auf meinem Zeichenblatt,
    ganz ohne Zugang, ohne Treppe.
    Unvermittelt geht's hinunter.
Die Waldlilie saugt Licht von Millionen
Meilen Entfernung und lässt es niedersickern
in die verschwiegensten Wurzeln.
    Ein Kind lernt, und malt jetzt den ganzen
    Himmel.

Patrizia Campbell Carlson

„ER SITZT ZUR RECHTEN GOTTES, DES ALLMÄCHTIGEN VATERS“

Was heißt das eigentlich?

Diese Inthronisierung Jesu Christi ist ein weiteres jener dichterischen Bilder, die seine Auferstehung auslegen und Schritt für Schritt entfalten. Seine *Rechtfertigung* durch die Auferstehung und seine *Erhöhung* durch die Himmelfahrt gipfelt hier in seiner *Bevollmächtigung*. So wie etwa in einem Betrieb jemand „die rechte Hand“ der Geschäftsführerin genannt wird, so will das Sitzen ZUR RECHTEN GOTTES ausdrücken, dass Jesus Christus – obwohl er gekreuzigt wurde, sterben musste, und tot im Grab lag – höchste Autorität besitzt. Freilich immer im Sinne der einzig wirklichen Autorität, der Allmacht der Liebe. Zum Abschluss dieser Bilderreihe wird der nächstfolgende Glaubenssatz noch von der Macht sprechen, die er kraft dieser Autorität ausübt: der Macht zu richten.

Wir wissen: Was dem geschichtlichen Jesus zustieß, das wird im Laufe der Geschichte immer wieder Menschen zustoßen, die sich bemühen, mutig und konsequent ihrem inneren Licht zu folgen. Was in der Gesellschaft gemeinhin als Autorität gilt, wird sich diesem Licht entgegenstellen und es auszulöschen versuchen. Wie Jesus dürfen aber alle, die sich vom göttlichen Licht leiten lassen, auf die höchste Autorität vertrauen. Gottes Autorität ist auf der Seite derer, die Verfolgung leiden, weil sie sich für eine gerechte Gesellschaftsordnung einsetzen. Sie sind die bleibenden Autoritäten.

Wir brauchen nur an Zeugen opferbereiter Liebe denken – sei es in unserem Familien- und Bekanntenkreis oder unter den Großen aller Religionen – und dürfen sicher sein, dass wir da zugleich Beispiele echter Autorität vor Augen haben, wie sie hier gemeint ist: Beispiele echter Macht-in-Schwachheit. Solche Menschen sind immer durch ihre Vertrauenswürdigkeit ausgezeichnet. Sie sind und bleiben treu. Sie erweisen sich der Zuversicht würdig, die sie in uns wecken. Darum setzen wir unser Vertrauen auf sie, glauben an sie, und das gibt ihnen Macht. Um solche Macht – im höchsten Maße – geht es in diesem Glaubenssatz. Alle wahrhaft Glaubwürdigen, die uns einfallen, von den besten unserer Lehrer bis zur heiligen Hildegard von Bingen oder dem heiligen Bruder Klaus, nehmen an diesem Sitzen ZUR RECHTEN GOTTES teil.

Woher wissen wir das?

Dieser Glaubenssatz enthält keine „zusätzliche Information". Er fügt dem Auferstehungsglauben nichts hinzu, sondern legt nur im Bild vom Thron im Himmel sinngemäß weiter aus, was der Glaube an Jesus Christus als lebendig und wirksam beinhaltet.

Weil das Credo seinen Inhalt auch hier wieder, wie so oft, mythopoetisch darstellt, ist es wohl nicht fehl am Platz, uns daran zu erinnern, dass ein gewisses Maß an Sensibilität für Poesie zur Allgemeinbildung gehört. Dieses Verständnis lässt sich kultivieren, und es ist der Mühe wert, das zu tun. Nicht nur, um zu verstehen, was dieser oder jener Satz im Credo eigentlich heißt, sondern um vieles vom Besten, was das Leben uns zu bieten hat, würdigen und genießen zu können, von Goethe und Schiller bis Wilhelm Busch und von der *Bhagavad Gita* zum letzten Liebesbrief, den in der fernsten Zukunft ein brennendes Herz verschickt (durch E-Mail oder durch irgend eine andere Verständigungsweise, die dann in Mode sein wird).

Jedes Kind wird mit Augen, Ohren und Herz eines Dichters geboren und braucht nur ein Mindestmaß an Förderung – jemanden, der wirklich hinschaut, wenn das Kind ruft: „Schau!", jemanden, der mit ihm auf die vielen verschiedenen Sprachen hinhorcht, in denen das Wasser redet oder der Wind. Wir müssen Kindern Zeit geben, sich vielleicht mit einer Linde wirklich anzufreunden, sie lang und still anzuschauen, an einem heißen

Tag in ihrem Schatten zu spielen, sie zu riechen, zu berühren, in ihre Äste zu klettern, ihren Namen zu lernen, anstatt sie einfach „Baum“ zu nennen. Wir sollten Kindern auch mehr Zeit geben zu träumen und Luftschlösser zu bauen.

Später, wenn wir uns verlieben, wird uns noch einmal eine Chance geschenkt. Unsere erste Liebe macht uns sprach-los, bis wir die ureigenste Muttersprache unseres Herzens wiederentdecken: Poesie. Das wäre die rechte Zeit für Deutschlehrer, junge Menschen mit den großen Liebesliedern der Literatur bekannt zu machen und sie zu ermutigen, ihre eigenen zu dichten und zu singen. Ist es reiner Zufall, dass viele das Interesse an Religion und an Gedichten zur selben Zeit verlieren? Nur wenn wir uns einen gesunden Sinn für dichterische Sprache erhalten oder ihn wiedergewinnen, werden wir verstehen, was das Credo mit SITZT ZUR RECHTEN GOTTES, DES ALLMÄCHTIGEN VATERS und mit vielen ähnlichen Sätzen wirklich sagen will.

Der Bezeichnung Gottes als ALLMÄCHTIGER VATER verweist zurück auf einen der ersten Sätze im Credo, und wir müssen uns hier in einem neuen Zusammenhang daran erinnern, was wir dort über die Allmacht Gottes sagten. Die Macht und Autorität, von der das Credo spricht, ist nicht die eines autoritären Machthabers, sondern die eines liebenden Vaters. Nur als VATER können wir Gott ALLMÄCHTIG nennen. Die göttliche Liebe ist ALLMÄCHTIG, weil alle, die wie Jesus Christus grauenvolles Unrecht, Leiden und selbst den Tod *liebend* erleiden, all diesem Widersinn Sinn geben können. Sinn aber ist das Einzige, worauf es letztlich ankommt. So wissen wir also in unserem innersten Herzen, dass die Autorität der Liebe, mit der Jesus auftrat, im ewigen Jetzt Gültigkeit hat. Die Macht der Ungerechtigkeit mag weit reichen, sie kann aber niemals die Autorität der Liebe außer Kraft setzen. Genau dies bekennt das Credo mit den Worten ER SITZT ZUR RECHTEN GOTTES, DES ALLMÄCHTIGEN VATERS.

All das war auch schon beinhaltet in dem Titel „Herr“, den das Credo Jesus Christus gab. Wenn wir wissen, wofür Jesus sich einsetzte, wissen wir auch: Diesem Ziel kommt zeitlose Gültigkeit zu. Es kann nicht außer Kraft gesetzt werden. Gottes Macht steht letztlich hinter Jesus Christus. Gottes Autorität steht hinter seiner Frohbotschaft.

Warum ist das so wichtig?

Die Bilderreihe „Auferstehung, Himmelfahrt, Thronbesteigung und Richtergewalt“ wendet sich Schritt für Schritt, von Jesus ausgehend, uns selbst zu. In ihr kristallisiert sich immer klarer heraus, was die Auferstehung Jesu Christi *für uns* bedeutet. Indem wir ihn als mit Gottes Autorität bekleidet anerkennen, stellen wir uns unter diese Autorität: Wir verpflichten uns für Frieden, Gerechtigkeit, Gewaltlosigkeit, Menschenwürde und für alles, wofür er einstand, selber einzustehen – zu tun, was wir können, um den Unterdrückten und Ausgebeuteten zu ihrem Recht zu verhelfen, trinkbares Wasser, Brot, ein Dach über dem Kopf und Krankenschutz für alle zu sichern, Fremdenfurcht abzubauen und Gleichgültigkeit in tatkräftige Hilfsbereitschaft umzuwandeln.

Wir proklamieren die Würde jedes einzelnen Menschen, wenn wir im Credo bekennen, dass Jesus Christus – der ja das innerste Wesen des Menschseins repräsentiert – ZUR RECHTEN GOTTES thront.

Persönliche Erwägungen

Wer je in der Kathedrale von San Vitale in Ravenna stand und zum Apsismosaik aufblickte, wird den Eindruck wohl nie vergessen. Ein junger, bartloser Christus thront da – nicht auf einem Königsstuhl, sondern auf dem ganzen Kosmos, dargestellt als eine strahlend blaue Kugel, die vor dem Goldgrund schwebt, der das göttliche Geheimnis versinnbildet. Seine Linke hält eine Schriftrolle, die auf seinem Knie ruht; seine Rechte reicht dem Heiligen Vitalis den Siegeskranz. Zwei Engel stehen zuseiten des Thronenden. Der zu seiner Rechten legt dem Heiligen Vitalis die Hand auf die Schulter; der andere stützt einen Bischof, den Bauherrn, der ein Modell dieser Kirche im Arm hält. Die Christusgestalt atmet Jugendfrische und Lebensfreude. Sein Nacken ist der eines olympischen Wettkämpfers. Die großen, dunklen Augen unter den hochgewölbten Brauen sind Dichteraugen. Um sein Haupt blüht ein Heiligenschein, zugleich Kreis und kosmisches Kreuz. Unter seinen Füßen quellen die vier Paradiesflüsse aus mit Blumen übersätem Erdreich. Wenn man höher blickt, so scheint auch die Christusfigur aufwärts zu schweben, wo im Gold des Himmels rosige Morgenwolken ziehen.

Es waren nicht nur Schauer der Schönheit, die mich bei diesem Anblick überwältigten. Noch unvergesslicher ist das plötzliche Bewusstsein: Ich stand da vor einem Mahnmal der Menschenwürde. Was der Künstler hier im Bildnis Christi darstellte, ist zugleich die Christuswirklichkeit in jedem Menschen. Selbst für den verachtetesten, verworfensten, vergessensten Menschen gilt, was Blaise Pascal (1623–1662) einmal sagte und was ich hier in diesem Christusbild vor Augen hatte: Der Mensch geht unendlich über den Menschen hinaus – *„L'homme dépasse infiniment l'homme"*.

Jesus Christus auf dem Himmelsthron – ein Menschenbild, das die Apsis der Basilika auch an trüben Tagen von Glanz überströmen lässt. Nach fast eineinhalb Jahrtausenden sehen wir dieses Mosaik noch mit der Leuchtkraft, in der es an dem Tag erstrahlte, als das Gerüst endlich abgebaut war und die Menschenmenge zum ersten Mal diese Herrlichkeit schaute. Damals war die Lebenserwartung der Männer und Frauen, die da mit offenem Mund staunten, etwa dreißig Jahre. Und diese kurze Zeit war randvoll mit Entbehrungen und Mühen gefüllt, unvorstellbar für die Touristen, die heute auf den gleichen Fliesen stehen. Wie muss es sich angefühlt haben für die verwahrlosten Benachteiligten der Gesellschaft, die Jahrhundert um Jahrhundert in dieser Kirche beteten, den Menschen – sich selbst – zu solcher Glorie erhöht zu sehen?

Nur einmal noch durfte ich menschliche Hoheit mit solcher Leuchtkraft erleben, diesmal nicht in der Kunst, sondern in der Wirklichkeit – aber unter Verhältnissen, in denen ich es niemals erwartet hätte. Zwei Dutzend Soldaten strahlten eine solche Menschenwürde aus, dass sie die nach Schweiß stinkende Kasernenstube, in die wir gepfercht waren, bei all ihrer Lustigkeit in einen geheiligten Bereich verwandelten; nur als solchen habe ich ihn in Erinnerung. Hitlers Wehrmacht hatte das Wohngebiet dieser Russlanddeutschen „befreit", und sie verloren kurz nachher beim Rückschlag der russischen Armee die Heimat, in der ihre Vorfahren sich angesiedelt hatten, als man noch das ganz veraltete Deutsch sprach, das diese jungen Männer immer noch sprachen. Ihre Frauen und Kinder waren jetzt in irgendeinem Flüchtlingslager. Sie aber waren, so wie ich, ins deutsche Militär gepresst, in Krems gelandet an der Donau. Dieser selbe Fluss hatte ihre Vorfahren als Auswanderer in einer der berühmten Ulmer Schachteln ins Schwarze Meer getragen. Da schloss sich nun ein Kreis.

Bis heute habe ich keine Ahnung, wieso gerade ich als einziger, der nicht aus ihrem Dorf stammte, dieser Gruppe zugeteilt wurde. Nur einen Grund kann ich rückblickend sehen: mein Schicksal machte mich hier in der Kaserne inmitten von Drill und Schliff zum Zeugen dafür, dass der Kirchenvater Irenäus (ca. 115–202) Recht hatte: *„Gloria enim Dei vivens homo; vita autem hominis visio Dei"*. – „Gottes Herrlichkeit ist nämlich der lebendige Mensch; das Leben des Menschen aber die Gottesschau". Das Zusammensein mit diesen Kameraden zeigte mir, wie Menschen leben, die wirklich lebendig sind. Und im Innersten dieser Lebendigkeit wurde mir etwas bewusst, was ich mich nicht scheue, Gottes Gegenwart zu nennen.

Es war alles so ganz natürlich, so ganz gewöhnlich, und doch bin ich jetzt, ein Menschenleben später, noch immer erschüttert davon. Mit Kulturschock erklärt sich das wohl nur teilweise. Hier hatte ich das im besten Sinn unverfälscht Menschliche vor mir, und das unter den trostlosesten äußeren Umständen. Ihr ganzes Eigentum hatte leicht Platz im Spind. Immer waren sie hilfsbereit – zueinander und zu mir. Streit gab es nicht. Sie lachten viel und mit leichten Herzen – trotz allem. Sie schämten sich nicht zu weinen und hatten auch reichlich Grund dazu. Sie waren immer zu Scherzen aufgelegt, aber ich kann mich nicht erinnern, je einen schmutzigen oder auch nur zweideutigen Witz gehört zu haben – und das unter Soldaten! Frommes Gerede war ihnen fern. Auch beten habe ich sie nie gehört, aber ich bin sicher, dass sie abends beteten; das konnte man fühlen in der Dunkelheit nach „Licht aus!". Dann sprachen sie auch mit leiser Stimme von ihren Kindern, ihren Frauen; wenn ich daran denke, werden mir noch jetzt die Augen feucht.

Noch am selben Tag, an dem unsere Pionierausbildung endete, wurden sie an die Ostfront abgestellt. Warum ich zurückblieb? Nie werde ich das wissen. Aus irgendeinem jener „kleinen Versehen", die in der Kriegsgeschichte gerne vorkommen, fuhr ihr Zug in eine Station, die schon von den Russen besetzt war. Als russische Staatsbürger galten sie nicht als Kriegsgefangene, sondern als Landesverräter. Nie kam genauere Nachricht von ihrem Schicksal. Wenn ich aber das Bild vom in Herrlichkeit thronenden Christus sehe, dann scheint es mir dass diese, meine Kameraden von damals, mich aus seinen Augen anblicken.

Wann und wo bist *Du* je Aug in Aug mit unzerstörbarer Menschenwürde gestanden? Und falls Du meinst, das sei Dir noch niemals zugestoßen, wie stellst Du es Dir vor? Kannst Du Dir auch vorstellen, was ein tiefer Glaube an Jesus Christus, den Archetypus des Menschen – von den Mächtigen erniedrigt, von Gott aber zu höchster Autorität erhoben – für die unterdrückten und ausgebeuteten Menschen unserer Gesellschaft bedeuten kann? Was meinst Du dazu, wenn jemand Dichtung die Sprache gewaltfreier Revolution nennt? Kannst Du auch etwas Revolutionäres erahnen in ER SITZT ZUR RECHTEN GOTTES, DES ALLMÄCHTIGEN VATERS?

„VON DORT WIRD ER KOMMEN ZU RICHTEN DIE LEBENDEN UND DIE TOTEN“

Was heißt das eigentlich?

Das „DORT“ in diesem Glaubenssatz – im Lateinischen ein Relativsatz – weist auf den vorhergehenden zurück, obwohl es freilich keinen Ort bezeichnet. Nach Erhöhung und Ermächtigung ist die Übertragung von Rechtsgewalt der Höhepunkt dessen, was im Auferstehungsglauben schon beinhaltet ist. Was wir hier vor uns haben, ist das positive Spiegelbild der negativen Reihe von Tod, Begräbnis und Abstieg in das Totenreich. Dort wurde die Erniedrigung entfaltet, die in der Kreuzigung schon zusammengefasst war, hier die Erhöhung die in der Auferstehung inbegriffen ist. Dort Bilder für den Abstieg, hier für den Aufstieg. Dort verurteilt menschliche Macht, hier rechtfertigt Gott.

Um herauszufinden, was RICHTEN hier heißt, müssen wir wie Archäologen durch spätere Schichten der Tradition hindurch nach früheren, ursprünglicheren graben. Die oberflächlichste Schicht besteht aus weitverbreiteten Missverständnissen des göttlichen Weltgerichts. Hier wird der Mythos missverstanden, als ob er Geschichte wäre – Zukunftsgeschichte. Die Wiederkunft Jesu Christi wird zum geschichtlichen Ereignis am Ende der Zeit, wenn er als Weltrichter kommen wird, wie ihn etwa Michelangelo über dem Altar der Sixtinischen Kapelle darstellte. Umkehrung wird hier als Wiederkehr missverstanden.

In der nächsten, tiefer liegenden (früheren) Schicht der Tradition ist der Mythos von der Umkehrung der Geschicke nicht geschichtlich herausgearbeitet, sondern sagt nur: Er wurde (wie auch seine Freunde) von seinen Feinden ungerecht gerichtet, wird ihnen aber zum gerechten Gericht werden und seinen Freunden zum Recht verhelfen. Die tiefste Schicht enthält noch kein Rachemotiv, sondern stellt das uns angeborene Bewusstsein dar, dass Gerechtigkeit sich nicht auf immer unterdrücken lässt.

Recht verstanden, richtet der Auferstandene gar nicht im landläufigen Sinn, er wird vielmehr seinen Widersachern zum Gericht. So richtet der fachmännisch geschreinerte Stuhl den eines Pfuschers und der Film eines Spitzenregisseurs den eines Stümpers. So wird Dag Hammarskjöld Politikern zum Gericht, und Franz Jägerstätter (1907–1943), der Kriegsdienstverweigerer, einer ganzen Generation von mit dem Strom Schwimmenden. In diesem Sinn wird das hohe Eichmaß der Lebendigkeit Jesu Christi nicht nur den indifferenten, kalten spirituell TOTEN zum Gericht, sondern auch den halbherzig und lau LEBENDEN – die mit T. S. Eliot (1888–1965) sagen müssen: „Wir haben so dahingelebt, lebend und halbwegs lebend".

Solches Richten ist Gnade. Solche Gerechtigkeit ist nicht Rache. So richten heißt nicht strafen, es heißt den rechten Stand der Dinge wiederherstellen. Gerechtigkeit ist kein Aburteilen mehr, sondern verwandelt sich in eine Richtschnur. Es geht um die Aufrichtung einer Weltordnung nach dem Richtmaß von Weisheit und Barmherzigkeit. In der Welt, mit der wir vertraut sind, sichern dagegen nicht selten gerade die Gesetze und die Rechtsprechung den Fortbestand dessen, was der Exeget und Jesusforscher J. D. Crossan „den Normalzustand der Ausbeuterei" nennt. Hier herrschen – nach buddhistischer Diagnose – Gier, Hass und Wahn. Die göttliche Weltordnung aber verlangt Teilen, Zugehörigkeitsbewusstsein und Verstehen – Haltungen, die der Kreativität und Tatkraft der Liebe entspringen.

Was LEBENDE und TOTE hier bedeuten hängt also davon ab, wie wir das RICHTEN verstehen. Für die oberflächlichste Schicht der Tradition sind die einen jene, die bei Christi Wiederkunft noch leben, und die anderen jene, die schon vorher starben. Im Tiefsten bedeutet es, dass Gottes Gerechtigkeit, die in der Auferweckung des Gekreuzigten ihren Ausdruck findet, zeigt, was die wahrhaft LEBENDEN von den spirituell TOTEN unterscheidet: Menschen, die wie Jesus alles auf die göttliche Gerechtigkeit der Liebe setzen, sind im Vollsinn LEBENDE; die anderen sind im Vergleich dazu die TOTEN. Bei Gerechtigkeit, wie dieser

Glaubenssatz sie versteht, geht es um Leben und Tod; sie ist ja ein Aspekt des Seins selbst.

Woher wissen wir das?

Wenn dieser Glaubenssatz sich auf ein zukünftiges Ereignis bezöge, wäre er unbeweisbar; wir müssten abwarten, ob er sich je bewahrheiten würde. Es geht hier aber um eine in der Gegenwart zugängliche Einsicht in Gerechtigkeit und Gericht. Was gerecht ist, das hat der deutsche Volksmund in sprichwörtlicher Rede verdichtet: „Was du nicht willst, dass man dir tu', das füg' auch keinem anderen zu". Was Gericht letztlich bedeutet, sagt der Satz: „Alle Schuld rächt sich auf Erden" (Goethe). Beides ist jedem reifen Menschen intuitiv einsichtig.

Gerechtigkeit kann nicht durch äußere Gesetze aufgezwungen werden. Sie ist das innere Gesetz echter Ordnung. Sie muss von innen wirken – nicht so wie eine Form, mit der man aus dem flachgewalkten Teig Herzchen aussticht, sondern wie der Sauerteig, der die ganze Teigmasse gären lässt und von innen her zum Aufgehen bringt. Martin Luther King (1929–1968), selber ein Opfer schwerster sozialer Ungerechtigkeit, hat dennoch bis in den Tod darauf vertraut, dass sein Traum in Erfüllung gehen würde. Er glaubte an das Gleichnis Jesu vom Sauerteig, der am Ende doch „alles" durchsäuert (Lk 13,21). Von ihm stammt das Wort: „Der Bogen der Geschichte ist lang, aber er neigt sich in Richtung *Gerechtigkeit*".

Gerechtigkeit legt – wie beim Bauen die Senkschnur – das Maß unbedingt gültiger Wirklichkeit an Einrichtungen und Übereinkünfte, denen wir vielleicht große Wichtigkeit zumessen, die aber letztlich doch nur bedingt gültig sind. Sie überprüft Bestehendes mit der Wasserwaage des Seins schlechthin. Das wird uns in unseren Gipfelerlebnissen bewusst, jenen seltenen Gelegenheiten, in denen wir einen Augenblick lang unsere Vorurteile vergessen und die gewohnten Gleise verlassen. Ganz unabhängig von den Vorstellungen von gerecht und ungerecht, die uns eingetrichtert wurden oder die wir uns selber angeeignet haben, sehen wir dann intuitiv, dass Gerechtigkeit ein Aspekt der Wirklichkeit ist. Selbst wenn wir selber ungerecht handeln, wissen wir, was gerecht ist. Ja, selbst unsere Wut, die sich gegen das auflehnt, was uns als Gottes Ungerechtigkeit erscheint, hat ihre Wurzel in der unzerstörbaren Überzeugung, dass Gerechtigkeit vor dem Gericht des Seins Recht behalten muss.

Weshalb ist das so wichtig?

Sobald wir einsehen, was das mythische Bild von Jesus Christus als Weltenrichter für unseren Alltag bedeutet, wird die Wichtigkeit dieses Glaubenssatzes klar. Er kann uns helfen, unser Leben in Ordnung zu bringen.

Ordnung ist nie statisch; ihr Wesen ist dynamische Entfaltung. Sie lässt immer neue Muster entstehen, wie in einem Kaleidoskop, das man aufs Licht richtet und dreht. Das innerste Gesetz wahrer Ordnung heißt Weisheit und Liebe. Die ganze Natur lebt danach. Wo immer natürliche Ordnung sich entfaltet – sei es im tropfenweisen Wachsen eines Eiszapfens, in der Entwicklung eines Kirschkerns zu einem Kirschbaum, oder zweier Liebender zu einer Familie – folgt dieser Prozess einer inneren Gesetzmäßigkeit. Was alle Gesetzmäßigkeit aber letztlich steuert, ist *Weisheit* und *Liebe*. Diese beiden Begriffe haben hier eine ganz nüchterne Bedeutung. Die Wissenschaft erforscht Gesetzmäßigkeiten der Natur. Die *Weisheit* aber, die hinter dieser gesetzmäßigen Ordnung liegt und sie bestimmt, übersteigt grundsätzlich menschliches Wissen. Und wenn wir unter *Liebe* die existentielle Zustimmung zur Zugehörigkeit verstehen (was realistisch ist, wenn es auch etwas abstrakt klingt), dann ist die Natur unser größtes Beispiel für Liebe und für die Ordnung, die ihr entstammt: Alles in der Natur ist eine einzige große Feier alles einschließender Zugehörigkeit.

Nur wir Menschen verletzen die natürliche Ordnung und verschulden einen Riss im nahtlosen Gewand der Natur. Und dennoch fühlt unser Herz die Schwerkraft der Gerechtigkeit und sehnt sich, ihr nachzugeben. Der Psychologe Lawrence Kohlberg (1927–1987) hat die moralische Entwicklung des Menschen im Lauf des Lebens sozusagen kartographisch erfasst. Da stellte sich heraus, dass der *Gerechtigkeitssinn* das moralische Urteil bestimmt. Er ist unser ethischer Kompass. Wie eine Kompassnadel sich nach den magnetischen Polen ausrichtet, so will sich auch unser Herz nach der dem Sein wesenseigenen Gerechtigkeit ausrichten. Die Meister der Liebe und Weisheit in allen Religionen können uns dabei durch Lehre und Vorbild helfen. Kohlberg stimmt ihnen zu: Das Grundprinzip der Gerechtigkeit verlangt, dass wir die Würde aller Wesen achten. Gerechtigkeit ist allgemeingültig. Wir treffen gerechte Entscheidungen, sagt der Psychologe, wenn wir die Lage durch die Augen anderer betrachten. Das setzt wieder unser „Ja zur Zugehörigkeit" voraus. Es ist ein Ja zu dem, was der vietnamesische Zen-Lehrer Thich Nhat Hanh „Inter-Sein" nennt: Gerechtigkeit ist nicht auf Rechtsansprüche gegründet, sondern auf dankbare Liebe.

Obwohl die großen Richtlinien von Weisheit und Liebe klar vorgezeichnet sind, bleibt die praktische Verwirklichung von Gerechtigkeit im Einzelnen immer fragwürdig, weil die Komplexität des Lebens sie erschwert. Wir brauchen nur an Entscheidungen zu denken, die Politik, Wirtschaft, oder Umwelt betreffen; wir alle sind an diesen Entscheidungen irgendwie mitbeteiligt. Jesus hat für die Gerechtigkeit von Liebe und Weisheit gelebt und ist für sie gestorben. Kristalle, Moose, Pappeln, Ameisen, Leoparden und die großen Heiligen aller Traditionen geben uns – ihrer Seinsebene entsprechend, auf je ihre eigene Art – Beispiele von Gerechtigkeit, dadurch, wie sie das große Ja zueinander leben; und dadurch RICHTEN sie zugleich uns und unsere Lebensweise. Unsere Entscheidung, so gut wir können, gerecht zu leben, stellt den Grenzübergang dar zwischen dem Reich der LEBENDEN und der TOTEN.

Daran wird jetzt der dritte und letzte Abschnitt des Glaubensbekenntnisses sinngemäß anschließen. Wahre Lebendigkeit nennt ja die christliche Tradition den Heiligen Geist.

Woher haben wir denn nur unsere alptraumartige Bilderwelt von Christ Wiederkunft zum Weltgericht? Was fühlte Michelangelo, als er die Verdammungsgeste des Weltenrichters so schreckenerregend darstellte, dass selbst die Madonna ihren Schleier straff um Kopf und Schultern zieht und die Augen abwendet vom Zornausbruch ihres Sohnes? Er muss die Erbitterung gefühlt haben, mit der ein menschliches Herz sich unwillkürlich auflehnt gegen Ungerechtigkeit – damals und heute. Mehr verinnerlicht, aber umso herzzerreißender ist der Weheruf, mit dem Matthias Claudius (1740–1815) aus der gleichen Tiefe verletzten Gerechtigkeitssinnes aufschreit:

's ist Krieg! 's ist Krieg! O Gottes Engel wehre,
Und rede du darein!
's ist leider Krieg – und ich begehre
Nicht schuld daran zu sein!

Ja, ich muss gestehen, dass auch mir Michelangelos „Jüngstes Gericht" einfällt, wenn ein Staatsoberhaupt und seine Wirtschaftsberater mit Hilfe von Propagandalügen einen Angriffskrieg vom Zaun brechen. Wer wünscht sich da nicht ganz spontan so einen donnernden Weltenrichter? Und doch weiß ich, dass Gottes Geduld mehr erreicht durch „liebenswürdig zurückhaltende Geschicklichkeit", wie Gerard Manley Hopkins (1844–1889) es nennt, als durch ein Gericht, das Gerechtigkeit erzwingt. Darum mache ich mir das Gebet dieses Dichters zu Eigen und betone dabei das „lieber, ja, lieber":

Mit Amboss-Hall
Und Feuersglut schmiede Deinen Willen.
Oder lieber, ja, lieber doch, schleich' Dich als Frühling
Ein in ihn, schmilz ihn, und meistere ihn.

With an anvil-ding
And with fire in him forge thy will.
Or rather, rather then, stealing as Spring
Through him, melt him but master him still.

Meine liebsten Textstellen zur „Wiederkunft" Christi kommen aus einer vielleicht unerwarteten Quelle: Truman Capotes „Eine Weihnacht", ein Text, der erst kurz vor seinem Tode 1984 veröffentlicht wurde und den ich seither jedes Jahr zur Weihnachtszeit lese. In dieser autobiographischen Erinnerung beschreibt Capote mit großer Zartheit den Zauber seiner letzten Weihnacht mit der Frau, die ihn aufzog. Er ist zur Zeit der Erzählung sieben Jahre alt, sie ist um die sechzig, eine kindliche Seele von leuchtender innerer Schönheit. Die beiden sind einander beste Freunde. Am Weihnachtstag liegen sie im Gras – die Handlung spielt in Georgia, im Süden der USA – und lassen die Drachen steigen, die sie gebastelt und einander geschenkt haben. Da hat die alte Frau einen Augenblick mystischer Einsicht. Bisher, sagt sie, hätte sie sich Christus bei seiner Wiederkunft strahlend vorgestellt, wie wenn Sonnenlicht durch Kirchenfenster flutet. Jetzt ist sie – zu ihrer Überraschung und Freude – plötzlich überzeugt, dass, was sie täglich sah, was wir alle täglich um uns sehen, der Christus ist, der in Herrlichkeit kommt – jetzt und hier.

Kann es sein, dass Jesus Christus KOMMEN WIRD ZU RICHTEN DIE LEBENDEN UND DIE TOTEN, wenn uns plötzlich die Augen aufgehen? Werden wir dann vor Gericht stehen, weil wir seine Herrlichkeit nicht schon eh und je um uns sahen? Und wird er uns RICHTEN, indem er unseren Blick so auf sich richtet, dass wir endlich richtig sehen?

Kannst Du selber Dich an Ereignisse erinnern, die Dir halfen, Dein Leben nach einer ihm innewohnenden göttlichen Ordnung auszu*richten*? Hat Dich eine solche Erfahrung wie ein Hammerschlag getroffen, oder eher wie Tauwetter innerlich zum Schmelzen gebracht? Wie wirkt auf Dich dieses Wort des hl. Johannes vom Kreuz (1542–1591), neben Theresa von Avila (1515–1582) der größte spanische Mystiker: „Am Abend unseres Lebens werden wir gemäß der Liebe gerichtet werden". – *„En el atardecer de nuestras vidas seremos juzgados en el amor".*

„ICH GLAUBE AN DEN HEILIGEN GEIST“

Was heißt das eigentlich?

Die Wiederholung des feierlichen ICH GLAUBE zeigt an, dass hier der dritte Abschnitt des Glaubensbekenntnisses beginnt, es weist nicht auf etwas Drittes hin, an das wir glauben. Der Glaube, den wir im Credo bekennen, ist eine einzige innere Gebärde, ein Sich-verlassen auf ein einziges Ziel hin: auf Gott. Wir können aber unsere Beziehung zu dem einen Gott auf drei ganz verschiedene Weisen erleben: (1) Wir können uns bewusst werden, dass wir in unserem ganzen Wesen auf einen nie erreichbaren Horizont hin offen sind; das Credo nennt diese Wirklichkeit *Gott*. (2) Wir entdecken ohne Ende mehr und mehr von dem Geheimnis, das wir uns selber sind; das ist letztlich die *Christus*-Wirklichkeit in uns. (3) Und wir erleben in uns, dass unser begrenztes Leben an einer unbegrenzten Lebendigkeit Anteil hat, die reines Geschenk ist. In Hinblick auf diese dritte Beziehung zur göttlichen Wirklichkeit sprechen wir von Gott als dem HEILIGEN GEIST.

Der Heilige Geist ist der göttliche Lebensatem in uns. Geist und Fleisch stehen einander im biblischen Sprachgebrauch als Pole gegenüber. Fleisch bezeichnet alles, was unvermeidlich dem Tod verfallen ist. Fleisch muss ja verwesen, wenn es nicht mehr vom Lebensatem lebendig erhalten wird. Geist ist dieser Lebensatem, zunächst ganz konkret biologisch, dann in alle Grade des Lebendigseins übertragen, bis zur höchsten spirituellen Wirklichkeit, unserer Teilnahme am göttlichen Leben. In dieser letzten Bedeutung sprechen wir vom Geist als *Heilig* im Sinne höchster Transzendenz. AN DEN HEILIGEN GEIST zu glauben heißt, auf unsere innerste Verbundenheit mit dem lebendigen Gott zu vertrauen *und* entsprechend zu leben.

Wir können uns bewusst werden, dass leben nicht etwas ist, was wir „tun", wie kochen, laufen oder Schach spielen. Leben ist vielmehr ein Vorgang, an dem wir teilnehmen durch alles, was wir tun und erleiden – ein Vorgang, der sich in uns abspielt, der aber weit über uns hinausgeht. Es ist etwas, was wir nicht durch Analysieren verstehen können, sondern nur im Durchleben.

Wir können uns auch verschiedener Intensitätsgrade der Lebendigkeit bewusst werden. Deine Lieblingsspeise wird Deine Lebendigkeit um einige Grade erhöhen. Gute Musik wird sie noch etwas höher schrauben. Das Lebensgefühl, wenn Du Dein erstgeborenes Kind in Deinen Armen hältst, liegt auf einer noch weit höheren Ebene. Anderseits kann es auch vorkommen, dass Deine physische Lebendigkeit, sagen wir durch Krankheit oder Altersbeschwerden, hinuntergedrückt ist. Auch emotional fühlst Du Dich niedergeschlagen und Deine Denkschärfe ist geschwächt; und trotzdem kannst Du gerade in einer solchen Lage einer unerwarteten Lebensintensität gewahr werden; trotz erschlaffter Vitalität brennt tief in Dir die Lebensflamme stetig, still und stark.

Solange wir uns gesund und kräftig fühlen, achten wir meist kaum auf dieses innerste Lebensfeuer. Wenn in ihm unsere Sehnsucht nach der letzten Wirklichkeit glüht, wenn es uns wärmt und wach hält und uns Kraft gibt unserer Umwelt in Liebe als *Mit*welt zu begegnen – mit allen Konsequenzen, die sich daraus ergeben –, dann nennt die christliche Tradition diese Lebendigkeit den HEILIGEN GEIST. Jeder Mensch kann diese uns unendlich übersteigende und zugleich einbeziehende Lebenskraft in sich erfahren, ganz gleich welchen Namen wir ihr geben.

Warum ist das so wichtig?

Worum es in diesem Glaubenssatz geht, ist nicht ein Fürwahrhalten, dass es „eine göttliche Person" gibt, die Heiliger Geist heißt. Es geht vielmehr um ein gläubiges Sich-verlassen auf das Leben in uns, das letztlich Anteilnahme an der göttlichen Lebendigkeit ist. So dem Leben zu vertrauen heißt: fest damit rechnen, dass jeder Tag uns genau das bringen wird, was wir brauchen – wenn es auch nicht immer das ist, was wir uns wünschen. Daher werden wir keine Energie an inneren Widerstand verschwenden oder an Wunschträume; dann haben wir mehr Energie verfügbar, um mit der gegebenen Lage richtig umzugehen – genau dort, wo das Schicksal uns hingestellt hat. Wir verlassen uns eben darauf, dass die Lebensquelle uns schon gibt, was für uns gut ist, ob wir es immer gleich erkennen oder nicht.

Menschen, die so leben, gleichen Schwimmern in einem reißenden Strom. Sie liefern sich der Strömung nicht willenlos aus, aber sie widerstehen ihr auch nicht; sie passen sich vielmehr mit jeder Bewegung dem Trift und Sog an, und nützen den Lauf des Wassers zielstrebig und geschickt so aus, dass sie sich an dem Abenteuer richtig freuen können.

Was wäre für ein erfülltes Leben wichtiger als solch gläubiges Vertrauen? Je bewusster wir leben, umso klarer erkennen wir, welch Geschenk es ist, überhaupt lebendig zu sein. Diese Einsicht löst mit jedem Atemzug tiefe Dankbarkeit aus und öffnet dadurch unser Herz für immer größere Lebensfreude.

Von hier an werden nun die letzten Sätze des Credos Schritt für Schritt herausstellen, was im Glauben an den HEILIGEN GEIST schon enthalten ist. Im Gegensatz zu theologischen Spekulationen über Gottes innerstes Wesen setzt das Apostolische Glaubensbekenntnis nicht mehr voraus, als wir durch Gottes Wirken in uns und um uns herum erfahren können. Daran werden wir uns hier auch weiterhin in unserem Versuch tieferer Einfühlung halten.

Persönliche Erwägungen

In den späten 1960er Jahren war Ann Arbor, Michigan, eine kleine Universitätsstadt im Mittelwesten der USA als „die Landepiste des Heiligen Geistes" bekannt. Zwar hatte Johannes XXIII. (1881–1963) – „der gute Papst Johannes", wie die ganze Welt ihn mit liebevoller Verehrung nannte – um einen neuen Flammenregen des Heiligen Geistes gebetet, wie am ersten Pfingstfest in Jerusalem, aber er selbst hätte wohl kaum glauben können, was für ein Feuersturm heiliger Begeisterung seine Kirche wenige Jahre später erfassen sollte. Es begann im Februar 1967 mit einer förmlichen Explosion von Geistesgaben während eines Einkehrtages für Studenten der Duquesne University. Von da aus verbreitete sich die Charismatische Erneuerung wie ein Lauffeuer über die ganze Welt. Solche Geistesgaben – z.B. Zungenreden (ein ekstatisches Beten in meist unverständlichen Lauten), prophetische Mahnreden und Heilung durch Handauflegung – die in kleineren evangelischen Kirchen der Pfingstbewegung schon lange bekannt waren, fanden nun plötzlich in den großen traditionellen Kirchen Eingang; in jeder beliebigen Anglikanischen oder Römisch Katholischen Pfarrkirche konnte man jetzt auf solche Phänomene stoßen. Nicht lange vorher – ich erinnere mich noch gut daran – hatte ich in einer Theologiestunde gefragt, warum die Geistesgaben, die doch in der frühen Kirche eine so wichtige Rolle spielten, sich heute nicht mehr zeigten. Mein Professor versicherte mir, dass wir diese außerordentlichen Hilfen des Heiligen Geistes heute nicht mehr bräuchten, da wir ja die ordentlichen Institutionen der Kirche hätten. Es war der institutionellen Kirche jedenfalls hoch anzurechnen, dass ihre Hierarchie diese von unten kommende Bewegung – vorsichtig, aber wohlwollend – unterstützte. Von Ralph Martin und Stephen Clark inspiriert, wurden die Wort-Gottes-Gemeinschaften in Ann Arbor zum Brennpunkt der Katholischen Charismatischen Erneuerung, weitgehend in überkonfessioneller Zusammenarbeit.

Das war auch die Zeit, in der viele aktive Ordensgemeinschaften in der Kirche ihre kontemplative Seite wiederentdeckten und „Häuser des Gebets" gründeten. Das waren kleine Gemeinschaften von bis zu einem Dutzend Frauen, die oft aus verschiedenen Orden kamen, um für eine Zeit der Einkehr zusammenzuleben. Auch Laien nahmen manchmal teil. Es gab auch Häuser für Männer, aber wenige. Für mich persönlich war es eine folgenreiche Fügung, dass ich eingeladen wurde, im Sommer 1969 fünfzehn solcher kleinen Klöster-auf-Zeit im Staat Michigan beim Start zu helfen und sie zu betreuen; über die ganzen USA verstreut gab es Hunderte. Wie zu erwarten war, entstand sehr bald ein reger Austausch zwischen den beiden jungen Bewegungen in der Kirche. Aus den stillen Gebetsgemeinschaften nahmen viele regelmäßig an den sprudelnden, sprühenden charismatischen Gebetsabenden teil.

Etliche von uns bereiteten sich in diesem Sommer auf die Geisttaufe vor, eine Erneuerung der Verpflichtungen, die man in der Taufe auf sich nahm, jetzt aber mit besonderer Offenheit für ein Leben im HEILIGEN GEIST und für seine Gaben. Als Tag für diese Feier hatte ich für mich den 20. Juli ausgewählt, weil das der 43. Jahrestag meiner Taufe war. Freilich konnte ich noch nicht voraussehen, welche spektakuläre zusätzliche Bedeutung dieser Tag in jenem Jahr erhalten sollte. Als wir am Abend des 20. Juli noch ganz glühend von Begeisterung aus dem Schulraum kamen, in dem wir gebetet und die Geisttaufe empfangen hatten, fiel mein Blick auf den Vollmond, der von hoch oben durch eines der Fenster herunterschaute. Eine kleine Menschengruppe stand da in der Eingangshalle vor einem Fernsehgerät. Warum waren sie alle so still? Als ich näher kam, bemerkte ich, dass sie atemlos zuschauten, wie der erste Mensch seinen Fuß auf die Monderoberfläche setzte. „Ein kleiner Schritt für den Menschen, ein großer Schritt für die Menschheit", konnten wir aus 380.000 Kilometer Entfernung Neil Armstrong sagen hören und zugleich zum Mond aufblicken.

Bis heute kann ich kaum glauben, wie alles für mich zusammenstimmte, um eine Einsicht zu unterstreichen, die ich wohl nie vergessen werde: Ja, der HEILIGE GEIST ergreift und verändert uns durch tiefe innere Erfahrungen, aber derselbe HEILIGE GEIST ergreift und verändert auch unsere äußere Welt. Die leidenschaftliche, geduldige Forschungsarbeit von Wissenschaftlern, die Schöpferkraft von Technikern, Künstlern, Musikern, Dichtern und Schriftstellern, und der Einfallsreichtum von Frauen und Männern, die sich auf unzähligen anderen Gebieten im Dienst an der Menschheit um eine bessere Welt mühen, sie alle sind von ein und demselben HEILIGEN GEIST inspiriert.

Jede Saite einer Windharfe antwortet mit einem anderen Ton auf denselben Wind. Welche Tätigkeit lässt Dich selber am stärksten mitschwingen, wenn der Wind des Heiligen Geistes Dich anrührt, der „weht, wo er will" (Joh 3,8)? Die Turbulenz der Charismatischen Erneuerung in den Sechziger- und Siebzigerjahren hat sich gelegt, aber die Kirchen werden nie mehr zum alten Trott zurückkehren können. Ungezählte Christen hatten da tief spirituelle Erlebnisse und werden nie mehr ihre persönliche Erfahrung offizieller Lehre unkritisch unterwerfen. Was hältst Du persönlich von dieser Einstellung? Hat sie Grenzen, die respektiert werden wollen? Wie siehst Du die Rolle des Heiligen Geistes in dieser Hinsicht? Wo siehst Du den HEILIGEN GEIST heute die Welt bewegen?

„DIE HEILIGE KATHOLISCHE KIRCHE“

Was heißt das eigentlich?

Was dieser Glaubenssatz sagen will, können wir nur verstehen, wenn wir sehen, wie er sich aus dem vorhergehenden ableitet. Wir beginnen hier nicht mit einem weiteren ICH GLAUBE. Was wir jetzt gläubig bekennen, ist schon im Glauben an den Heiligen Geist enthalten. Darum sagen wir nicht einmal, dass wir an den Heiligen Geist *und* an Kirche glauben. Es handelt sich nicht um einen Zusatz, sondern um Erläuterung des schon Gesagten. Wie will nun aber KIRCHE hier verstanden werden?

Der Heilige Geist ist Leben in Fülle; und Leben ist nicht Privatsache. Wir können überhaupt nur in Wechselwirkung mit Gemeinschaft überleben – durch einen gegenseitigen Austausch mit unabsehbar vielen anderen Lebewesen, weit über die menschliche Gesellschaft hinaus. Das einfach nur zu erkennen ist schon eine wichtige Einsicht. Es anzuerkennen und danach zu handeln ist der entscheidende Schritt. Er besteht darin, jedes einzelne Mitglied unserer Mitwelt und Umwelt so zu behandeln, dass unsere Zugehörigkeit dadurch gewürdigt wird.

Wo immer der Heilige Geist Leben spendet und es sich organisch entfalten darf, da entsteht Gemeinschaft – und so KIRCHE: Gemeinschaft im Heiligen Geist.

Sowohl auf den Geist wie auch auf die Kirche bezogen, bedeutet das Wort „heilig“ nicht moralische Vollkommenheit, sondern Transzendenz im Gegensatz zum nur Innerweltlichen. Die in diesem Sinne HEILIGE KIRCHE ist eine Gemeinschaft, die alle Begrenzungen durch Raum und Zeit überschreitet. „Alle die sich vom Geist Gottes leiten lassen, sind Söhne und Töchter Gottes“ (Röm 8,14). Das heißt, alle, die sich beleben lassen von Gottes Lebensatem, der Natur und Geschichte durchströmt, stellen im weitesten Sinn KIRCHE dar. Nach diesen Menschen müssen wir Ausschau halten – innerhalb und außerhalb kirchlicher Institutionen –, wenn wir die HEILIGE KIRCHE finden wollen.

Dieser Satz im Credo bekennt nicht den Glauben, dass Heiligkeit – göttliches Leben – sich in einer geschichtlichen Institution manifestiert, die sich KIRCHE nennt. Wir müssen es anders herum ausdrücken: Wo immer göttliches Leben, also Heiligkeit, sich in Gemeinschaft manifestiert, da ist KIRCHE, Ecclesia, die Gemeinschaft derer, die dem Ruf des Heiligen Geistes folgen. Auf diese Gemeinschaft setzen wir unser Vertrauen, wenn wir an die HEILIGE KIRCHE glauben; dass es sie gibt und dass wir alle ihr angehören dürfen, ist im Glauben an Gott, besonders an Gott als Heiliger Geist, mit enthalten.

Weil die Gemeinschaft, die dieser Satz des Glaubensbekenntnisses KIRCHE nennt, im *Heiligen* Geist ihr Lebensprinzip hat, heißt sie also HEILIG. Der alles durchwaltende Heilige Geist „füllt den ganzen Erdkreis und spricht jede Sprache", wie die christliche Gemeinde zu Pfingsten singt. Weil also dieser Heilige Geist, wie es im Buch der Weisheit Salomons heißt, „alles zusammenhält" (Weish 1,17), ist diese Kirche allumfassend (auf Griechisch „katholikos") – KATHOLISCH.

Der allumfassende Heilige Geist schafft die allumfassende Gemeinschaft, die allein im vollen Sinn KATHOLISCHE KIRCHE genannt zu werden verdient. Richtig verstanden, ist KATHOLISCH nicht das Markenzeichen einer bestimmten Gruppe von Christen – „allumfassende Teilgruppe" ist ein offensichtlich widersinniger Begriff –, sondern kennzeichnet die Gemeinschaft aller, die mit dem uns Menschen angeborenen Ur-Glauben dem Leben vertrauen. Wer sollte da ausgeschlossen sein? Selbst Tiere und Pflanzen haben ja auf ihre eigene Art dieses Ur-Vertrauen. Auch wenn dieser Glaube manchmal einem Menschen selber nicht bewusst ist, im tiefsten Herzen bleibt er immer lebendig.

Schon früh hat man eine Definition für katholischen Glauben gefunden, die sich für uns heute in einem neuen Licht gültig erweist. Wahrhaft „katholisch" sei, so definierte um etwa 450 der Kirchenvater Vinzenz von Lérins, jener Glaube, der „überall, immer, von allen geglaubt wurde". „Alle" bedeutete damals alle Christen, heute aber ist unser Horizont weiter geworden. Dürfen wir da gläubige Nicht-Christen noch ausschließen?

Es ist verständlich dass viele christliche Gemeinschaften das Wort „katholisch" im Credo durch „christlich" ersetzen, weil die römische Kirche nur sich selbst katholisch nennt – eine Exklusivität, die der Einschließlichkeit dieses Begriffes widerspricht. So verständlich es also ist, so ist es doch bedauernswert, denn das Wort „christlich" in diesem Glaubenssatz beschränkt KIRCHE auf Christen.

Als wahrhaft katholisch darf nur jener Glaube gelten, der „allzeit und überall allen" gläubigen Menschen gemeinsam war, ist und sein wird, ganz gleich welcher religiösen Tradition sie angehören. Ein engeres Verständnis von Katholizität lässt sich heute nicht mehr vertreten. Das heißt aber: Der katholische Glaube ist nicht eine Unterart des christlichen Glaubens, sondern der christliche Glaube ist eine Unterart des katholischen (d.h. der ganzen Menschheit gemeinsamen) Glaubens. KIRCHE im Vollsinn ist diese *alle* gläubigen Menschen umfassende Gemeinschaft.

HEILIG und KATHOLISCH kann KIRCHE nur als überzeitliche Gemeinschaft sein, nicht als geschichtliche Institution. Innerhalb der geschichtlichen Wirklichkeit braucht jede größere Gemeinschaft ein institutionelles Gerüst. Bezüglich einer solchen geschichtlichen Institution kann man dies oder jenes glauben (d.h. für wahr halten), aber *an* sie glauben (im vollen Sinn von „glauben") kann man nicht. Ja, an eine innerweltliche Einrichtung in diesem Sinne glauben darf man gar nicht.

Glauben kann man nur an Gott. Das Glaubensbekenntnis stellt darum Satz für Satz nur heraus, was im Glauben an Gott eigentlich schon mitverstanden ist. Dazu gehört vom lebendigen Gott inspirierte lebendige Gemeinschaft, also KIRCHE. Als über Zeit und Raum hinausgehend und allumfassend darf diese Gemeinschaft HEILIG und KATHOLISCH genannt werden; ihre Verwirklichung in den verschiedenen Kirchen und religiösen Gemeinschaften aber ist notwendigerweise raum- und zeitgebunden und muss Stückwerk bleiben.

Ich selber gehöre mit Überzeugung jener christlichen Kirche an, deren Institution sich im ungenauen, aber landläufigen Sinn „katholisch" nennt. Ihr bin ich für Unzähliges dankbar, vor allem aber dafür: Hie und da lässt mich meine Kirche in ihrem Rahmen jene Gemeinschaft erahnen, die allein im vollen Sinne DIE HEILIGE KATHOLISCHE KIRCHE ist. Sie allein bekennen wir in diesem Glaubenssatz, und sie sprengt jeden Rahmen.

Woher wissen wir das?

Würden wir mit der Institution beginnen, die „Kirche" heißt, und zu zeigen versuchen, dass sie HEILIG sei und im Vollsinn KATHOLISCH, so dürfte das wohl kaum jemanden überzeugen. Wir haben also mit dem, was „Heiliger Geist" heißt, begonnen, denn das ist eine Wirklichkeit, die man aus persönlicher Erfahrung kennen kann. Als nächster Schritt kommt die Einsicht, dass zu leben, also auch im Heiligen Geist zu leben, immer bedeutet, in Gemeinschaft zu leben. Gemeinschaft, die vom Heiligen Geist inspiriert ist, wird, wie der Geist selbst, HEILIG sein, d.h. sie wird als Begegnung mit göttlichem Leben über diese Welt von Raum und Zeit hinausgehen. Sie wird auch im Vollsinn KATHOLISCH sein, also wirklich allumfassend. Wir nennen diese Gemeinschaft KIRCHE (von griechisch Kyrios = Herr). „Der Herr aber ist der Geist", schreibt Paulus „und wo der Geist des Herrn wirkt, da ist Freiheit" (2 Kor 3,17). KIRCHE wird sich als Geistgesteuert erweisen in dem Maß, in dem sie uns Freiheit erfahren lässt – sowohl im Halt, den sie uns bietet, als auch in den Wahlmöglichkeiten, die sie uns eröffnet.

Warum ist das so wichtig?

Jede Gemeinschaft, der wir angehören, prägt unserem Leben ihre Form auf. Es ist von großer Wichtigkeit zu wissen und uns klar einzugestehen, wie die Gemeinschaft aussehen soll, der wir unsere innerste Treue schenken wollen. Das macht es leichter, an jeder Gabelung unseres Lebensweges zielbewusst zu entscheiden. Auch das Leben aus dem Glauben ist, wie alles Leben, Gemeinschaftssache. In einer Glaubensgemeinschaft aufzuwachsen oder eine zu finden, ist eines der größten Geschenke im Leben.

Wo sie ihre Aufgabe erfüllen, werden Glaubensgemeinschaften zu Fenstern, durch die wir KIRCHE sehen, und sogar Pforten, durch die wir in sie eintreten können. So dürfen wir hoffen, dass viele Mitglieder der *Institution* „Kirche" auch zur KIRCHE als *Gemeinschaft* im Heiligen Geist gehören. Wir müssen auch zugeben, dass diese Institution trotz ihrer Fehler und Verbrechen zu allen Zeiten durch heiligmäßige Menschen, die zu ihr gehörten, tatkräftige Liebe in der Welt repräsentierte und immer neu repräsentiert. Dadurch hat sie das Ideal, das sie immer predigte, oft sogar verwirklicht. Unzufriedenheit mit der Kirche, wie sie *ist*, kann der heiligen Sehnsucht nach dem, was sie sein *sollte*, entspringen. Kritik an der geschichtlichen Form der Kirche kann also vom Heiligen Geist inspiriert sein. Ob sie es wirklich ist, wird sich daran zeigen, was wir über Kritik hinaus tun, um mitzuhelfen, in der Gemeinschaft in der wir stehen, HEILIGE KATHOLISCHE KIRCHE zu verwirklichen.

Persönliche Erwägungen

In einem öffentlichen Dialog zum Thema *Buddhismus und Christentum* schlug Zentatsu Richard Baker Roshi mir einmal vor, für die Dauer unseres Gespräches anzunehmen, dass mein christlicher Glaube einfach ein Irrtum sei – nur als ein Gedankenexperiment, um für unsere Debatte Unvoreingenommenheit zu sichern. Sein Vorschlag schien mir gerechtfertigt, und ich stimmte zu. Mit geschlossenen Augen bemühte ich mich, durch das Wegwischen aller christlichen Überzeugungen und Verpflichtungen mein Inneres zu einer *tabula rasa* zu machen. Es fiel mir gar nicht so leicht. Je mehr ich mich bemühte, umso unmöglicher erschien mir die Aufgabe. Noch fester presste ich die Augen zu, noch mehr bemühte ich mich, wie ein Schulkind, das die Tafel löscht. Schließlich platzte ich lachend heraus: „Es geht einfach nicht!" Warum ging es nicht? Das habe ich mich seitdem schon öfters gefragt. Warum erwies sich ein so einfaches Gedankenexperiment als unmöglich? Weil es eben so viel mehr als *denken* von mir verlangte. Es ging eben um KIRCHE; ich will versuchen, das zu erklären.

Mein christlicher Glaube ist nicht eine Meinung, die ich eine Zeit lang einklammern könnte. Er ist vielmehr das Erdreich, in dem mein Leben Wurzeln geschlagen hat – ich muss zu Bildern greifen – eine Grundfeste, die weit tiefer hinabreicht als das Denken. Mein Glaube ist eingebettet in ein Gemeinschaftsleben, in das ich von Kindheit an hineinwuchs, das mir zur Familie wurde, und durch das ich KIRCHE erlebe.

Vor dem Empfang der Taufe wird dem Kandidaten die feierliche Frage gestellt: „Was verlangst du von der KIRCHE?" Die Antwort lautet: „Den Glauben". Damit ist nicht eine Liste von Glaubenssätzen gemeint, sondern das lebendige Zeugnis wagemutiger Menschen, etwas also, das nur eine Gemeinschaft zu geben vermag. Die Pazifistin und Frauenrechtlerin Dorothy Day und ihre *Catholic Worker* Gemeinschaften, oder Cesar Chavez, der Gründer der US-amerikanischen Landarbeitergewerkschaft und die Gemeinschaften der *United Farm Workers* wurden mir in den USA zu Beispielen für christliche Glaubenszeugen, die mächtig auf die Gesellschaft einwirkten. Auch Martin Luther King – und damit geht „meine Kirche" schon über die Grenzen meiner Konfession hinaus. Mit Mahatma Gandhi – wenn wir bei derselben Art von Zeugen bleiben – erweitert sich „meine Kirche" sogar über das Christentum hinaus. Je stärker wir in der Familie verwurzelt sind, in die wir hineingeboren wurden, umso leichter wird es uns fallen, anzuerkennen, dass wir darüber hinaus der allumfassenden Menschheitsfamilie angehören, und dementsprechend zu leben. Unser Gefühl sicherer Zugehörigkeit wird uns schützen vor der Unsicherheit, die so leicht zu Angst vor allem Fremden führt. Ganz ähnlich kann uns die Geborgenheit in einer bestimmten Kirche helfen, unseren Begriff von KIRCHE zu erweitern, bis wir uns in der ganzen Menschheit als Gottesfamilie zuhause fühlen.

Meine Kirche ist für mich Symbol für den Gotteshaushalt – Symbol im vollen Sinn, das heißt, ein Zeichen, das die transzendente Wirklichkeit, auf die es hindeutet, zugleich verkörpert. Wir brauchen Symbole, um uns in der Wirklichkeit zu verankern. Mein junger Begleiter machte große Augen, als er mich bei einer Audienz den Ring des Papstes küssen sah. Aber auch dieser Fischerring ist ja Symbol für eine Kirche, die selbst wiederum Symbol für KIRCHE ist.

Die großen Zeugen, die ich oben erwähnte, fallen mir zuerst ein, wenn ich an KIRCHE denke, weil sie weithin strahlende Leuchten sind. Aber unbekannte Lichter brennen mit dem gleichen Feuer, und haben mir ebenso kraftvoll die Wirklichkeit erhellt, die KIRCHE heißt. So zum Beispiel unser Pfarrkaplan am Ende des Zweiten Weltkriegs, Pater Geiger Alois. (Er stellte seinen Familiennamen immer *vor* seinen Taufnamen, wie es Leute aus den „unteren Schichten" der Gesellschaft taten, mit denen er sich dadurch gleichsetzte.) Zu der Zeit gab es in unserem Bezirk wochenlang kein Leitungswasser und keinen Strom, unsere Nachbarschaft war ein Ruinenfeld, und die Melde, die auf dem Schutt zerstörter Häuser aufkeimte, war uns als eine Gottesgabe willkommen, weil wir daraus Suppe kochen konnten. Niemand wusste, wo Nahrung für den nächsten Tag herkommen sollte oder was der nächste Tag überhaupt bringen würde. Eines aber war sicher: Um 17:00 Uhr konnten wir ein reines Tischtuch auflegen und eine Kerze anzünden, denn unser Kaplan machte pünktlich die Runde durch das Trümmerfeld und brachte uns den Leib des Herrn. An ihn dachte ich an jenem Morgen am

Petersplatz in Rom, an ihn und an alle Menschen guten Willens, die durch ihr Wirken und Leiden zu KIRCHE verwoben sind. Jedem einzelnen von ihnen galt der Kuss, den ich dem Fischerring des Papstes gab.

Und wie erlebst *Du* persönlich KIRCHE? Wo wird der Gotteshaushalt für Dich zur greifbaren Wirklichkeit? Wer oder was gibt Dir Zugang dazu? Viele meiner Freunde finden durch das ein oder das andere *12-Schritte*-Programm ihren Weg zur KIRCHE. „Da", sagen sie, „kommen wir zusammen in Vertrauen auf eine Macht, größer als wir selbst" – entschlossen, „unseren Willen und unser Leben der Fürsorge Gottes – wie wir Ihn verstehen – anzuvertrauen". Was meinst Du: Würde Jesus sich heute in einem 12-Schritte Meeting mehr zuhause fühlen oder in einer Kathedrale? In welcher Gemeinschaft fühlst Du Dich wohl und zuhause?

„GEMEINSCHAFT DER HEILIGEN“

Was heißt das eigentlich?

In diesem ganzen Teil des Glaubensbekenntnisses geht es um den Heiligen Geist. Mit dem eben besprochenen Satz bekennt das Credo, dass der Heilige Geist vom göttlichen Lebensatem erfüllte Gemeinschaft ins Leben ruft, nämlich Kirche. In diesem Glaubenssatz nun weist das Credo auf die doppelte Aufgabe aller hin, die zur Kirche gehören: teilzunehmen und zu teilen.

Schon sehr früh in der Geschichte des Apostolischen Glaubensbekenntnisses bedeutete dieser Satz zweierlei. Zum Ersten: GEMEINSCHAFT DER HEILIGEN *untereinander*, also Kirche. Alle nämlich, die der heiligen Kirche angehören, alle, die sich vom Heiligen Geiste leiten lassen, werden im Sprachgebrauch der frühen Kirche Heilige genannt. Sie bilden eine Gemeinschaft, auch wenn sie in von einander verschiedenen geschichtlichen Epochen leben oder auf verschiedenen Erdteilen und einander nicht kennen. Nach Augustinus beginnt Kirche mit Adam und hat bis zum Ende der Welt Bestand.

Zum Zweiten kann dieser Satz *die Feier* dieser GEMEINSCHAFT DER HEILIGEN im Brotbrechen bedeuten, also die christliche Abendmahlsfeier, die Eucharistie. Darüber hinaus aber sprechen wir hier im Credo unser Vertrauen aus, dass der Geist Gottes wirksam sei in *jedem* heiligen Mahl, das Gemeinschaft ausdrückt und aufbaut. Das lateinische „communio sanctorum“ enthält beide Bedeutungen.

So geht auch dieser Satz weit über den christlichen Rahmen hinaus und hat für alle Menschen Bedeutung. Wer im Glauben an die GEMEINSCHAFT DER HEILIGEN darauf vertraut, Anteil zu haben „am Los der Heiligen im Licht“ (Kol 1,12), verpflichtet sich zugleich, wenn er diesen Glaubenssatz betet, auch mit denen sein Brot zu brechen, denen unsere Gesellschaft keinen Platz am

Familientisch gönnt. Beides – teilnehmen und teilen – gehört zum Wesen jener allumfassenden Gemeinschaft im Heiligen Geist, um die es hier geht, und die im Credo Kirche genannt wird.

Woher wissen wir das?

Wenn uns klar ist, was wir unter dem Heiligen Geist verstehen – die göttliche Lebenskraft in uns selbst und im Universum (Weish 1,7) – und was unter Kirche – die Gemeinschaft derer, die sich vom Heiligen Geist leiten lassen (Röm 8, 14) – dann ist leicht einzusehen, dass ein heiliges Mahl der entsprechende Ausdruck dieser Gemeinschaft ist, ihr eigentliches Sakrament. Ein Sakrament ist eine symbolische Handlung, die bewirkt, was sie darstellt. (Zur offiziellen kirchlichen Definition gehört noch mehr, aber zum Verständnis dieses Glaubenssatzes genügt dies.) Jedes gemeinsame Mahl ist Ausdruck für ein Doppeltes: teilnehmen und teilen. Und es bewirkt, was es darstellt: Gemeinschaft der Tischgenossen miteinander.

Ist nicht die ganze Natur ein Festmahl, in dem alle von allen leben? Wenn wir darauf unsere Aufmerksamkeit richten, dann erweitert sich unser Verständnis für das biblische Bild vom Hochzeitsmahl; wir können darin die allumfassende Kirche erkennen, in der ja alle Lebewesen ihren Platz haben, weil jedes auf eigene Weise von Gottes Atem belebt ist (Ps 103,29). Und auch hier nehmen alle an der großen Gemeinschaft teil, indem sie alles teilen – Lebensraum, Luft, Nahrung und das Leben selbst.

Wir Menschen haben ein tief verwurzeltes Bedürfnis, Gemeinschaft durch das Teilen von Speise und Trank zu feiern. Solange ich lebe, werde ich an einen der Ureinwohner in den Bergen Taiwans als meinen Bruder denken. Er sei traurig, sagte er mir durch den Übersetzer, weil wir uns nicht in derselben Sprache verständigen könnten, so wolle er mit mir trinken. Das bedeutete, zugleich aus demselben Becher trinken – Wange an Wange. Danach sagte er feierlich, was mir so übersetzt wurde: „In alten

Zeiten taten Freunde dies nur einmal miteinander". Wenn irgendwo auf Erden Menschen aus demselben Becher trinken oder ein Stück Brot teilen, wissen wir, dass sie zusammengehören. Von daher können wir den zweifachen Sinn von GEMEINSCHAFT DER HEILIGEN verstehen.

Warum ist das so wichtig?

Gläubiges Vertrauen auf den Heiligen Geist – auf das göttliche Lebensprinzip in uns selbst und im All – beinhaltet schon den Glauben an die Kirche als die Gemeinschaft aller bewusst vom göttlichen Atem Belebten. Das war schon in den beiden vorigen Sätzen des Credo enthalten. Was hier nun hinzugefügt wird, ist ein dynamischer Aspekt der Kirche, das Teilen. (Das Heilen, die andere Hauptbestimmung der GEMEINSCHAFT DER HEILIGEN, wird im nächsten Glaubenssatz angefügt werden). Teilen und teilnehmen finden ihren höchsten christlichen Ausdruck im gemeinsamen heiligen Mahl der Eucharistie.

Dieses Brotbrechen miteinander ist schon seit Anfang der christlichen Tradition Herzstück des Gemeinschaftslebens. Es verbindet die christliche Gemeinde, die es heute feiert, mit Jesus Christus, auf den sie zurückgeht, und dies nicht nur spirituell, sondern schon rein geschichtlich. Die Tradition einer Tischgemeinschaft, die alle einschließt, lässt sich ohne Unterbrechung auf Jesus von Nazareth selbst zurückführen. Dass dazu alle geladen sind, verlangt das Beispiel Jesu, der sogar „mit Sündern" Tischgemeinschaft pflegt (Mt 9,10–13). Nur, wenn wir bei unserer Feier diesem Beispiel folgen, feiern wir Eucharistie „in seinem Namen", und Christus ist mitten unter uns (Mt 18,20).

Wie wir diese Gegenwart begrifflich fassen und verstehen sollen, darüber schweigt das Credo; das ist auch unwichtig im Vergleich zur gelebten und erlebten heiligen Tischgemeinschaft. Selbst die klarsten und treffendsten Begriffe haben ja nur im Rahmen eines bestimmten philosophischen Systems ihre Bedeutung. Die Sprache eines jeden solchen Systems bleibt aber nur für eine beschränkte Zeit und in einem begrenzten geographischen Bereich verständlich. Dagegen ist das Erlebnis der göttlichen Gegenwart im heiligen Mahl allen Menschen zu allen Zeiten zugänglich.

Das gemeinsame Mahl ist ein zentraler Akt in allen Kulturen. Immer und überall feiern Menschen mit diesem Akt Leben. Leben aber wurzelt in jenem geheimnisvollen Urgrund göttlicher Lebendigkeit, auf den der Glaube an den Heiligen Geist hinweist. Deshalb stehen Menschen, die soziale oder kulturelle Demarkationslinien mutig überschreiten und unvoreingenommen ihr Brot mit anderen teilen, in engster Verbindung mit Jesus Christus, selbst wenn sie seinen Namen nie gehört haben (vgl. Mt 25,35ff). Solange wir noch jemanden von unserer Tischgemeinschaft ausschließen, ist sie nicht heilig, und wir verschließen uns der GEMEINSCHAFT DER HEILIGEN, selbst wenn wir das Glaubensbekenntnis beten und bei einer Eucharistiefeier gegenwärtig sind. Auf diese wichtigen Punkte weist der Satz von der GEMEINSCHAFT DER HEILIGEN hin.

Persönliche Erwägungen

Ein Augenblick von Heiliger Kommunion im tiefsten Sinn steht mir noch lebendig in Erinnerung. Es war zu einer Zeit, als empörte Menschen noch in den Straßen gegen die immer weitere Verbreitung von Atomwaffen protestierten. (Jetzt haben wir uns schon daran gewöhnt.) Am 12. Juni 1982 hatte in New York City die bis dahin größte Protestaktion der Weltgeschichte stattgefunden, als über eine Million Menschen durch einen Friedensmarsch von der UN Plaza zum Central Park die 2. Sondersitzung der Vereinten Nationen zur Atomabrüstung unterstützten. Zwei Tage später kamen wieder Hunderttausende, um sich als Protestzeugen vor den UN-Gesandtschaften der fünf Mächte mit Nuklearwaffen aufzustellen und so gewaltfreien zivilen Ungehorsam zu verüben. Ich durfte unter ihnen sein.

Unsere Gruppe nahm vor dem Gebäude der französischen UN-Delegation Aufstellung. Es war eine friedliche Feier. *Brot-*

brechen war unser Leitgedanke – Gemeinschaft durch das Teilen von Nahrung als Gegenpol zu Atomteilung und nuklearer Vernichtung. „*Ein Brot, ein* Leib, sind wir die Vielen", sangen wir da in der Morgensonne unter blumengeschmückten Spruchbändern, die im Wind flatterten. Wir boten allen, die vorübergingen, frisches hausgebackenes Brot an, und Hungrige, die die Nacht vielleicht auf einer Bank im Park verbracht hatten, machten sich mit einem ganzen Laib davon. Uns war das Recht; wir hatten reichen Vorrat mitgebracht. Pater John Giulianis Begabung, mitreißend Liturgie zu feiern, zog viele in den Bann dieses Brotbrechens. Nur einige Passanten waren zurückhaltend; elegant gekleidet, hatten sie wohl nicht gerade mit dieser Art von Party gerechnet. In meiner Erinnerung wird diese Straßenecke in Manhattan immer nach frischem Brot duften, Tauben werden im Morgenlicht flattern und ich werde fröhliche Lieder hören – stundenlang – Kommunionlieder wie „Nimm und iss, nimm und iss!".

Dann erschienen die Polizisten. Rang an Rang, mit Helmen und gesenkten Visieren nahmen sie eng beieinander Stellung, um uns den weiteren Zugang zu sperren. Ein kleiner, etwas gebeugter Mann in einem grauen Anzug mit Weste und Krawatte – offenbar ein Beamter bei der Gesandtschaft – war gerade im Begriff, das Gebäude zu betreten. Er hielt ein und blickte um sich. Dieses mausgraue, unscheinbare, etwas ängstlich aussehende Männchen richtete sich plötzlich auf, als er sah, worum es ging. Er blickte den Polizeikordon entlang, schaute lang und still auf die Sänger, die Blumen, die Brotkörbe, und bat dann mit überzeugter Stimme: „Darf auch ich, bitte, von diesem Brot essen?"

Hast auch Du schon solches Brotbrechen miterlebt, ein Brotbrechen, das zur Wirklichkeit werden lässt, was es darstellt? Wo immer Menschen Speise dankbar teilen, nehmen sie am unerschöpflichen Geheimnis der Eucharistie teil – Eucharistie heißt ja Danksagung, und Dankbarkeit ist unerschöpflich geheimnisvoll. Nur diese Art von Kommunion kann den tiefsten menschlichen Hunger stillen. Fällt Dir ein, wie Du das in Deiner eigenen Umgebung und in Deinem Alltag verwirklichen könntest?

„VERGEBUNG DER SÜNDEN“

Was heißt das eigentlich?

Um zu verstehen, was VERGEBUNG DER SÜNDEN bedeutet, ist es wichtig zu wissen, was unter SÜNDEN zu verstehen ist. Das wird nämlich meist missverstanden. Das Wort „Entfremdung“ drückt nach heutigem Sprachgebrauch am treffendsten aus, was Sünde ist. Auf dreifache Weise ist Sünde Entfremdung: Sie entfremdet uns unserem wahren Selbst; sie entfremdet uns unserer Mitwelt und Umwelt; und sie entfremdet uns unserem göttlichen Wesensgrund. Sünde im vollen Sinn ist also mehr ein Zustand als etwas, was wir tun. Wenn, was wir tun (oder unterlassen!), aus Entfremdung entspringt oder Entfremdung verursacht, dann ist es Sünde. Wenn es weder aus Entfremdung entspringt noch Entfremdung verursacht, dann ist es nicht Sünde, ganz gleich was gesellschaftliche Normen davon halten.

Es ist wichtig, zwischen Sünde als Tat (oder schuldiger Unterlassung) und Sünde als Zustand zu unterscheiden. Vor allem heißt es dabei, hellhörig zu sein für jene Entfremdungen, die in ganze Systeme eindringen und zu einem Zustand der Vergiftung führen können. Für unzählige Christen löst dagegen das Wort Sünde nur eine einzige Assoziation aus: Sex. Dass die unpersönliche Eigendynamik einer entfremdeten und entfremdenden Weltordnung („Ausbeuterei als Normalzustand“) ein Zustand schwerwiegendster Sünde ist, an dem wir alle mitschuldig sind, fällt wenigen ein. Wenn wir unseren Sündenbegriff auf persönliche Überschreitung von *Verboten* beschränken, übersehen wir leicht *Gebote* der Stunde, die weit wichtiger sein können.

Der Gegenpol zu Entfremdung ist Zugehörigkeit. VERGEBUNG stellt auf allen Ebenen Zugehörigkeit wieder her. Jede Verweigerung von Zugehörigkeit verwundet eine Welt, in der alle mit allen verbunden und von einander abhängig sind. VERGEBUNG heilt diese Wunde. Vergeben ist mehr als Verzeihen. Verzeihen rechnet Schuld nicht an. Vergebung geht darüber hinaus: Sie macht verletzte Gemeinschaft wieder heil. Das verlangt viel von uns. Es verlangt nicht weniger als jene höchste Form von Geben, die das Wort „*ver*-geben“ andeutet. Wer vergibt, gibt sich selbst. Nur durch Selbsthingabe, durch Loslassen von Widerwillen und Verbitterung, können wir Entfremdung überwinden und Zugehörigkeit wieder herstellen.

So wie GEMEINSCHAFT DER HEILIGEN im heiligen Mahl der Eucharistie ihren sakramentalen Ausdruck findet, so die VERGEBUNG DER SÜNDEN in der Taufe. Sie feiert ja die Heimkehr aus dem Elend der Entfremdung in das Daheim des Gotteshaushalts. Es ist kein Zufall, dass der Hinweis auf gerade diese beiden Sakramente der Kirche Jesu Christi ins Glaubensbekenntnis aufgenommen wurde. In beiden Sakramenten ist es ja tatkräftiger Glaube, worauf alles ankommt, Glaube, der sich im Tun zeigt. Gläubige Entschlossenheit zum Teilen kann, auch unter Menschen, die nicht Christen sind, jedes gemeinsame Mahl zur Eucharistie machen (siehe Mt 18,20). Gläubige Entschlossenheit zum Heilen aller Entfremdungen im eigenen Leben und in der Welt ist radikale Offenheit für VERGEBUNG DER SÜNDEN. Diese macht, nach christlicher Lehre (unter dem Namen „Begierdetaufe“), auch Menschen, die nicht Christen sind, den Getauften ebenbürtig.

Der Glaube an VERGEBUNG DER SÜNDEN bedeutet also zweierlei: Unser Vertrauen, dass Entfremdung überwunden werden kann, und unsere freiwillige Verpflichtung, sie opferwillig zu überwinden.

Woher wissen wir das?

Der erste Schritt zum Verständnis ist, dass wir uns darüber klar werden, was SÜNDE und VERGEBUNG in der christlichen Tradition bedeuten. Der zweite Schritt besteht darin, das so Gefundene in eine Ausdrucksweise zu übersetzen, die heutigem Lebensgefühl und Sprachgebrauch entspricht. (Wir haben dies oben versucht, indem wir die Begriffe *Entfremdung* und *Heilung* benützten.) Beide Schritte sind nötig, bevor wir das Credo voll begreifen und aufrichtig beten können.

Jeder reife Mensch kennt das Gefühl der Entfremdung – von sich selbst, von Anderen und vom eigenen Seinsgrund. Wir wissen aus Erfahrung, dass es sich dabei um drei Dimensionen ein und derselben Entfremdung handelt. Niemand kann, zum Beispiel, sagen: „Mir selber bin ich zwar in letzter Zeit entfremdet, mit meinen Beziehungen zu Anderen steht es aber ausgezeichnet". Und wir haben auch alle erfahren, dass VERGEBUNG aus einem Stück ist, ob sie nun damit beginnt, dass wir Anderen vergeben oder uns selbst oder Gott – den wir beschuldigen und dabei ganz vergessen, „dass Gott nicht jemand anderer ist", wie Thomas Merton uns in Erinnerung ruft. Wenn wir unser Ich loslassen (uns nicht mehr mit dem Ich identifizieren) und so zu unserem Selbst heimkommen, dann finden wir da Gott – „uns näher als wir uns selber sind" (Augustinus). Ja, auch in Bezug auf Gott muss Vergebung mit uns selber beginnen; Gott ist ja allvergebende Liebe und ist uns längst zuvorgekommen und hat uns schon vor Beginn aller Zeit VERGEBUNG geschenkt; wir müssen sie nur annehmen. Wir müssen uns nur besinnen, wie der Verlorene Sohn, der am Wendepunkt des Gleichnisses Jesu (wörtlich:) „zu sich selber kam" (Lk 15,17). Die große Mystikerin Juliana von Norwich (1342–1416) spricht sogar davon, dass Gott sich um Sünder mit doppelter Liebe kümmert, wie eine Mutter um ein Kind, das gefallen ist und sich verletzt hat. Auch das wissen wir im tiefsten Herzen.

Warum ist das so wichtig?

Freude hat Heilkraft. Glaube an die VERGEBUNG DER SÜNDEN kann das Herz mit einem solchen Schwall von Freude füllen, dass es überfließt und zur Heilquelle wird, die überall, wo sie hinfließt, Entfremdung heilt und Frieden bringt.

Wir sind bei diesem Glaubenssatz immer noch dabei, ausdrücklicher zu sagen, was es bedeutet, an Gott als den *Heiligen Geist* zu glauben. Zuerst nennt das Credo die *Kirche*, denn der Heilige Geist schafft Gemeinschaft, die sich auf doppelte Weise verwirklicht – durch Teilen und durch Heilen. Darum zwei weitere Glaubenssätze: *Gemeinschaft der Heiligen* (derer, die teilnehmen und teilen) und jetzt VERGEBUNG DER SÜNDEN (da die Kirche durch Heilung von Sünde/Entfremdung zustande kommt und immer wieder erneuert wird). Da es bei VERGEBUNG DER SÜNDEN um Heilung *aller* Entfremdung geht, kommt hier Welt-Gemeinschaft ins Blickfeld, eine heile Welt, wie das menschliche Herz sie zu allen Zeiten ersehnt. Nichts könnte heute wichtiger und dringender sein. Wer wirklich an VERGEBUNG DER SÜNDEN glaubt, setzt sich voll ein für eine Weltordnung, die der Umwelt und der Menschenwürde gerecht wird – wie etwa Hans Küng sich vorbildlich für ein allgemein anerkanntes Weltethos einsetzt.

Können wir uns überhaupt eine grundlegend neue Weltordnung vorstellen? Unsere heutige baut nicht auf VERGEBUNG auf, sondern auf Bestrafung. Verhalten, das von der Norm abweicht, muss bestraft werden, um den Normalzustand so schnell wie möglich wieder herzustellen. VERGEBUNG packt das Übel an der Wurzel an. Eine vergebende Gesellschaft würde erkennen, dass kriminelles Verhalten oft von Defekten im sozialen System ausgelöst wird. Sie würde statt immer größerer Strafanstalten bessere Schulen bereitstellen. Wenn wir danach fragen, wie VERGEBUNG die Welt-Gemeinschaft verändern könnte, sollten wir uns daran erinnern, dass die Vaterunser-Bitte, „Vergib uns, wie auch wir vergeben", sich ursprünglich nicht auf Sündenschuld bezog, sondern auf finanzielle Verschuldung. Wer denkt da nicht an internationale Verschuldung und Entschuldung als moralische Herausforderung? Dabei zeigt sich die Sachlage hier ironisch umgedreht: Die „Sünder" gegen Gerechtigkeit sind hier nicht die Schuldner, sondern die Schuldeintreiber, die zu Ausbeutern wurden.

Alle konkreten Situationen stellen uns immer vor komplizierte praktische Probleme. So auch hier. Wir dürfen nicht übersimplifizieren, als ob VERGEBUNG einfach die Lösung aller Probleme wäre. Wir können allerdings mit Recht behaupten, dass sie einen vielversprechenden Ansatz bietet. Dafür lassen sich zwei Gründe anführen: Eine vergebende Haltung entspringt aus dem Bewusstsein der Zugehörigkeit – „Wir sind alle im selben Boot" – und damit ist Entfremdung, die Wurzel aller Ungerechtigkeit, schon abgeschnitten. Zweitens verpflichtet sich, wer wirklich vergibt, damit schon zum vollen Einsatz beim Suchen nach einer Lösung, kann sich also nicht mit Legalismus zufriedengeben. Schon die Römer, denen wir unsere Jurisprudenz verdanken, wussten es, und Cicero (106–43 v. Chr.) sprach es klar aus: „Summa ius, summa iniuria" – „Extremes Recht ist extreme Ungerechtigkeit". Das Gegenteil ist nicht Gesetzlosigkeit und Chaos, sondern ein Friede, der aus VERGEBUNG aufblüht, und Gerechtigkeit als Frucht von Gemeinschaftsgefühl. Der Glaubenssatz von der VERGEBUNG DER SÜNDEN erweitert also unsere Vorstellung von Kirche, da sie aus dieser Perspektive alle einschließt, die sich für Frieden und Gerechtigkeit einsetzen.

Persönliche Erwägungen

„Der Mensch", sagt Jean Paul, „ist nie so schön, als wenn er *um Verzeihung bittet oder selbst verzeiht*". Wenn wir uns aber schuldig fühlen, kommen wir uns hässlich vor. Wir schauen dann nur auf das Unrecht, das wir getan haben, und seine Last drückt uns nieder. Wer hat das nicht schon selber erlebt?

Als Kind schien mir eine Zentnerlast auf mein Gewissen niederzudonnern, als der Ast vom Weichselbaum des Hausherrn krachend über mir brach. Einmal zu oft hatte ich mich – dem strengsten Verbot zum Trotz – daran geschaukelt. Was jetzt? Mich verstecken? Aber wo? Und auf ewig? Vielleicht ließe sich der Schaden doch noch gutmachen, wenigstens unsichtbar machen? Mit Hilfe meiner beiden Brüder versuchte ich, den bis zum Boden niederhängenden Ast wieder in die Horizontale hinaufzuheben. Vielleicht könnten wir ihn aufbinden und die gesplitterte Stelle irgendwie verdecken. Nur zu bald zeigte es sich, dass unser Versuch aussichtslos blieb. Erst jetzt wurde es mir langsam bewusst: Ich würde mein Verbrechen – und es schien mir wirklich als solches – bekennen und um Vergebung bitten müssen. Dazu aber hatte ich einfach nicht den Mut – jedenfalls jetzt noch nicht. Gab es nicht vielleicht doch noch einen anderen Ausweg? Mit jeder Stunde aber wurde meine Last drückender. Es war doch schließlich recht großzügig vom Hausherrn, dass wir den ganzen Garten jederzeit benützen durften. Sogar klettern durften wir auf seinem Weichselbaum, nur das Schwingen an den Ästen hatte er verboten.

Ja, der Hausherr. Er wurde in meiner Vorstellung immer größer, immer drohender, als ich mich endlich zum oberen Stockwerk des Zweifamilienhauses hinaufschleppte, um bei ihm anzuläuten. Es war wirklich wie das Schleppen einer schweren Last – einer Last, die ich selber war. Ein sonderbares Erlebnis: Ich schleppte *mich* – ein *anderes* Ich – Stufe um Stufe die Treppe hinauf. Jede Einzelheit prägte sich meiner Erinnerung ein wie eine fesselnde Filmszene in Zeitlupe. Die Tür ging auf, und die Gestalt des Hausherrn füllte den Türrahmen. Dunkel und riesig sah er aus, als ich, auf der obersten Stufe stehend, mein Geständnis murmelte. Wenn das Dach in diesem Augenblick eingestürzt wäre, so hätte mich das nicht überrascht – eigentlich wäre es mir fast eine Erleichterung gewesen. Was aber wirklich geschah, kam als völlige Überraschung. Herr Ingenieur Baumgartner sagte auch sonst nicht mehr als nötig. „O weh!" sagte er diesmal. „O weh!" Das war alles; und ziemlich ausdruckslos noch dazu. Als ich aber zu ihm aufblickte – und das kostete mich noch etwas zusätzlichen Mut –, da schmunzelte er mir zu. Wenn ich mich recht erinnere, so zauste er mir auch den Schopf ein wenig, wie zum Spaß, mit seiner schweren Hand. Das Schmunzeln war sein großes Geschenk; es bedeutete VERGEBUNG.

Kannst Du Dich an ein Erlebnis erinnern, bei dem Dir VERGEBUNG geschenkt wurde, oder bei dem Du selber sie jemandem schenktest? In solchen Augenblicken sind wir Menschen, mehr als zu irgendeiner anderen Zeit, Träger von Gottes Gaben und Säer von Gottes Aussaat für eine Friedensernte. Vielleicht ist das der Grund, weshalb wir Menschen nie schöner sind, als wenn wir um Verzeihung bitten oder selbst verzeihen. Wir strahlen dann nämlich im Lichte von Gottes eigener VERGEBUNG.

Fällt es Dir schwer, die Vorstellung aus dem Religionsunterricht in der Volksschule von Sünde als Befleckung der Seele hinter Dir zu lassen? Wie lässt sich unsere Betrachtungsweise – von Sünde als Entfremdung und von VERGEBUNG als Heilung durch Zugehörigkeit zu Gemeinschaft – auf Konfliktsituationen in Deinem eigenen Alltag hilfreich anwenden? Wie kannst Du die Unterscheidung zwischen Verzeihen und Vergeben auf Deinen Umgang mit erlittenem Unrecht anwenden? (Und Unrecht erleiden wir alle früher oder später, wenn wir lang genug leben.) Welches Beispiel von VERGEBUNG aus Geschichte oder Literatur spricht Dich besonders an?

„AUFERSTEHUNG DER TOTEN“

Was heißt das eigentlich?

Was AUFERSTEHUNG DER TOTEN (im Urtext AUFERSTEHUNG DES FLEISCHES) bedeutet, muss vom Zusammenhang her verstanden werden: Dieser Abschnitt des Glaubensbekenntnisses entfaltet immer noch weiter, was an den Heiligen Geist zu glauben beinhaltet. Leben spielt sich auf allen seinen Stufen als Gegenseitigkeit ab, als Wechselwirkung zwischen Du und Ich und Wir. Das gilt mit besonderer Intensität vom Leben im Heiligen Geist. Wir sagten es schon: „Inter-Sein" nennt der vietnamesische Mönch Thich Nhat Hanh diese Vernetzung alles Lebendigen. Der Heilige Geist „hält alle Dinge zusammen" (Weish 1,7).

Bisher sahen wir dieses „Zusammenhalten" unter dem Blickwinkel von Gemeinschaft: Der Heilige Geist schafft Gemeinschaft, KIRCHE, die (als gottgeschenkt) HEILIG und (als all-umfassend) KATHOLISCH ist. Teilen (GEMEINSCHAFT DER HEILIGEN) und Heilen (VERGEBUNG DER SÜNDEN) sind, wie wir gesehen haben, Wesenszüge dieser Gemeinschaft im Heiligen Geist. Mit diesem nächsten Glaubenssatz wenden wir uns jetzt der Wirkung des „Zusammenhaltens" durch den Heiligen Geist unter einem neuen, noch weiterem Blickwinkel zu, nämlich seiner *kosmischen* Bedeutung. Vorerst aber müssen wir wohl auf *persönliche* Anliegen zu sprechen kommen, die in vielen Menschen wach werden, wenn von AUFERSTEHUNG DER TOTEN die Rede ist. Damit wollen wir also beginnen.

Auch hier ist „Verbundenheit" im Heiligen Geist, der alles zusammenhält, bedeutsam für tieferes Verständnis. Mein Leib ist ja nicht ein beliebiges Anhängsel an mein Bewusstsein, sondern seine Verkörperung – im Vollsinn dieses Wortes. Er gehört zu mir, nicht wie meine Kleidung, sondern eher so, wie die Melodie zu einem Lied gehört. Wenn ich mich im Spiegel sehe, so denke ich nicht: „das ist mein Körper", sondern einfach, „das bin ich". Und doch war jedes Atom dieses Körpers vor nicht langer Zeit Teil eines anderen Lebewesens oder Dinges, und in absehbarer Zeit wird es das wieder sein. Selbst jetzt sterben jede Sekunde Millionen meiner roten Blutzellen ab und Millionen neue entstehen – und das gilt auch von den übrigen Zellen meines Körpers in unterschiedlichen Raten. Was sich nicht verändert, hat man den „Inneren Leib" genannt oder „die Seele". Meine Freunde erkennen mich noch nach langer Zeit wieder, obwohl inzwischen fast alle physischen „Bestandteile" ausgewechselt wurden, was so alle sieben Jahre der Fall sein soll. Die „Seele", an der sie mich erkennen, ist nicht ein Homunculus irgendwo in meinem Inneren. Sie ist vielmehr meine Identität, die sich in meinem Leib verkörpert – mein ganz eigener und einzigartiger Ausdruck der allgemeinen Lebenskraft, die auch in mir fließt. Ich bin ja nicht batteriebetrieben wie ein Spielzeug, sondern mit einem unerschöpflichen Stromnetz verbunden – dem Heiligen Geist, der das Universum füllt.

Formen entstehen und vergehen wie Seifenblasen. Aber Gottes Atem – der Heilige Geist – formt und füllt sie, und darum ist jede einzelne unendlich wertvoll und heilig.

„Einfach da sein ist ein Segen; einfach nur *leben ist heilig*", sagt der jüdische Weise Abraham Joshua Heschel (1907–1972). Hin und wieder gehen uns die Augen auf und wir schauen durch eine Form hindurch bis auf ihren heiligen Grund. Jungen Eltern wird dies manchmal geschenkt, und sie sind dann überwältigt von jedem Ohrläppchen, jedem kleinen Zehennägelchen, jedem feinsten Härchen ihres ersten Babys. In solchen Augenblicken wissen auch wir, dass einfach nur leben schon heilig ist, und das lässt uns ehrfürchtig erschaudern.

Auf der tiefsten Ebene ist das Leben – als ein Aspekt des Seins – unberührt vom Entstehen und Vergehen seiner Formen. Auf diese tiefste Ebene scheint das Jesuswort bei Johannes hinzuweisen: „Ich bin gekommen, dass sie das Leben haben, und es in

Fülle haben" (Joh 10,10). Er atmete den unvergänglichen Lebensatem Gottes, und solches Leben kann nichts auslöschen, auch nicht der Tod. Paulus versichert uns, dass dies auch für unser eigentliches Leben gilt. (Ich zitiere die Übersetzung in *Hoffnung für Alle*): „Ist der Geist Gottes in euch, so wird Gott, der Jesus von den Toten auferweckt hat, auch euren sterblichen Leib wieder lebendig machen; sein Geist wohnt ja in euch" (Röm 8,11).

Weil Jesus sein Leben vom Heiligen Geist gestalten ließ, war sein Ende nicht Tod und Zerstörung, sondern – im Tod und durch den Tod hindurch und jenseits des Todes – Leben in Gott. Ebenso gehen alle, die sich vom Heiligen Geist leiten lassen, nicht auf den Tod zu, sondern auf AUFERSTEHUNG. Ihre vom Heiligen Geist erfüllte leibliche Wirklichkeit wird „mit Christus in Gott verborgen" sein (Kol 3,3). Diese Vorstellung von der AUFERSTEHUNG DER TOTEN ist freilich anders als die auf mittelalterlichen Bildern, auf denen wir die wiederbelebten Leiber der Toten aus ihren Gräbern kriechen sehen. Beides sind aber nur Bilder. (Wir müssen die Grenzen unserer Vorstellungskraft zur Kenntnis nehmen.) In diesem Satz des Credos bekennen wir unser Vertrauen auf Lebensdimensionen, die über das Vorstellbare hinausgehen. Entscheidend ist dies: Weil Leiblichkeit zu unserem geisterfüllten Leben dazugehört, hat auch sie Anteil am unzerstörbaren Leben im Heiligen Geist.

Hier weitet sich unser Blickwinkel von einer persönlichen zu einer kosmischen Perspektive. Durch unseren Körper sind wir ja untrennbar mit allen anderen Lebewesen und darüber hinaus mit dem ganzen Universum verwoben. Jedes Atom in uns war einmal in einer Super-Nova. Die Übersetzung AUFERSTEHUNG DER TOTEN engt die Aussage dieses Glaubenssatzes zu sehr ein. In meiner Jugend hieß es noch AUFERSTEHUNG DES FLEISCHES, und das trifft das lateinische *resurrectionem carnis* genauer. Das Credo spricht hier nicht nur von Menschen, sondern von *allem* Vergänglichen. Alle Formen, die in der Zeit erscheinen und vergehen, sind hier im Glauben an AUFERSTEHUNG mit eingeschlossen – das ganze Universum.

Der Gegenpol zur Lebensfülle von Geist heißt in der Sprache der Bibel Fleisch. Wir sollten dabei nicht gleich an „Fleischeslust“ denken, sondern ganz konkret an ein Stück Fleisch, das früher oder später verwesen muss, weil es nicht mehr vom Atem belebt wird. *Fleisch* bedeutet hier also *Vergängliches* – im Gegensatz zu *Geist*, was hier *unvergängliches Leben bedeutet*. Wer AUFERSTEHUNG DES FLEISCHES bekennt, der drückt seinen Glauben aus, dass alles Vergängliche doch letztlich am unvergänglichen Leben des Heiligen Geistes Anteil hat, der ja in allem vergänglichen Leben atmet.

Wir dürfen diese Polarität zwischen Geist (*spiritus*) und Fleisch unter keinen Umständen verwechseln mit der zwischen Geist (*mens*) und Leib. Die Geist-Fleisch-Polarität stellt dem unzerstörbar lebendigen Geist (*spiritus*, als Lebenshauch Gottes) alles Vergängliche unter dem Bild von verweslichem Fleisch gegenüber. So sieht es die biblische Tradition.

Die Geist-Leib-Gegenüberstellung entspringt einer Einstellung, die bei *Leib* die Betonung (meist abwertend) auf das materiell Körperliche legt, während *Geist* (*mens*, wie in „Mentalität“) alles Nicht-Materielle bedeutet. Allerdings sagten auch die alten Römer: *„Mens sana in corpore sano“* („Ein gesunder Geist in einem gesunden Körper“). Diese hellenistisch geprägte Polarität ist der Tradition, in der das Credo wurzelt, fremd.

Dem heutigen Sprachgebrauch entsprechend könnten wir unter *Geist* (im biblischen Sinn) alles Lebensbejahende verstehen, unter *Fleisch* alles Lebensverneinende. Für die Bibel kann daher auch Materielles *Geist* sein. Sie sieht einen von heiliger Lebendigkeit durchatmeten Leib nicht als *Fleisch* an, weil er ja am Geist Anteil hat, am Heiligen Geist. (Fra Angelico und El Greco haben auf ganz verschiedene Art so durchgeistigte Leiber gemalt, Veit Stoss und Michael Pacher haben sie in Holz geschnitzt, und an den Portalen gotischer Dome finden wir sie aus Stein gemeißelt – etwa den „Bamberger Reiter“, an dessen Pferd selbst jeder Muskel von innen her Geistesglut auszustrahlen scheint.)

Wenn der lateinische Urtext unseres Credo von der AUFERSTEHUNG DES FLEISCHES spricht, wo die neuere deutsche Übersetzung AUFERSTEHUNG DER TOTEN sagt, dann sollten wir beachten, dass es in beiden Fällen um mehr geht als um philosophische Spekulationen über „Unsterblichkeit der Seele". Es geht um Leben im Heiligen Geist. Alles, was es gibt, und sei es noch so kurzlebig und flüchtig, wird vom Heiligen Geist – dem *Creator Spiritus* – hervorgebracht und von Gott mit unvorstellbarer Zartheit und Leidenschaft geliebt. Bei Lukas 12,6f lesen wir (und ich zitiere die treffende Übersetzung der *Zürcher Bibel 2007*), dass Jesus fragt: „Verkauft man nicht fünf Spatzen für zwei Fünfer?" Und er versichert seinen Jüngern: „Nicht einer von ihnen ist von Gott vergessen. Und ihr erst – bei euch sind sogar die Haare auf dem Kopf alle gezählt". Vergessen und Erinnern sind hier zwar wieder nur Bilder, die Einsicht aber, die sich in ihnen ausdrückt, reicht weit.

Wenn Gott den Spatzen nicht vergisst, dann kann sein kurzes Zwitscherleben niemals verlorengehen. Nur in der Zeit kann etwas enden. Wenn aber die Zeit selbst längst nicht mehr ist, bleibt alles, was aus der Zeitperspektive so flüchtig erschien – jedes Spatzentschilpen –, taufrisch aufgehoben in Gottes ewigem Jetzt. Das Jetzt ist über die Zeit erhaben, wir erleben es aber in der Zeit – Augenblick um Augenblick – sozusagen „gebrochen", wie das farblose Licht, wenn es uns – Farbe um Farbe – aufleuchtet. Darin liegt viel Trost für alle, die über einen Todesfall trauern, denn im ewigen Jetzt dürfen wir ja unsere Freunde, unsere Verwandten und unsere lieben Tiere wiederfinden – allerdings auch alle, mit denen wir uns jetzt in der Zeit streiten; es ist also keine schlechte Idee, uns jetzt schon auszusöhnen.

In letzter Hinsicht hängt unser Verständnis von AUFERSTEHUNG DER TOTEN (sowie DES FLEISCHES) zuinnerst mit *Zugehörigkeit* zusammen. Eine biblische Schlüsselstelle dazu ist, was Paulus (vermutlich im Jahre 54 oder 55) an die Christengemeinde in Korinth schrieb. Wir müssen dabei nur im Auge behalten, dass Zugehörigkeit immer *gegenseitig* ist. „Alles gehört euch. Ihr selber aber gehört Christus, und Christus gehört Gott" (1 Kor 3,23). Alles *gehört* zu uns, weil wir mit jedem kleinsten Teilchen unseres Leibes dem Kosmos angehören. Wir *gehören* Christus – der Christuswirklichkeit in uns, wie wir es nannten –, weil sie unser wahres Selbst ist (und das gilt natürlich für uns alle als Menschen, nicht nur für Christen). Und dieses Christus-Selbst in uns *gehört* Gott, weil es ja unsere Teilhabe an jener letzten Wirklichkeit ist, auf die das Wort „Gott" hinweist. Was aber Gott angehört, dem gehört – auf Grund der Gegenseitigkeit – unzerstörbares Sein.

„Der Geist Gottes erfüllt das ganze Weltall" (Weish 1,7). Darum dürfen wir gläubig vertrauen, dass alles Fleisch, alles was hinfällig ist und auf den Tod zugeht, unser sterblicher Leib nicht ausgenommen, in Gott, der jeden Grashalm kennt und liebt und nicht vergessen kann, unzerstörbares Leben hat. Alles in der Welt ist hinfällig; auch wir selber. „Wir alle fallen", wie Herbstlaub, sagt Rilke, „und doch ist Einer, welcher dieses Fallen / unendlich sanft in seinen Händen hält". In Zeit und Raum vergehen alle Formen wie Seifenblasen; in Gottes ewigem Jetzt aber sind sie gegenwärtig. „Nichts Vergängliches vergeht", sagt Werner Bergengruen (1892–1964); „Gott ist ein Herr der Dauer / und alles hat Bestand". Immer wieder kreisen seine Gedichte um die tiefe Einsicht, dass „nichts vergänglich ist, als die Vergänglichkeit".

Woher wissen wir das?

Rilke sagt in dichterischer Sprache etwas aus, dessen wir uns alle irgendwie bewusst sind, wenn er zu Gott spricht:

> „Du sagtest *leben* laut und *sterben* leise
> und wiederholtest immer wieder: *Sein*."

In Augenblicken glühendster Lebendigkeit wird uns bewusst, dass wir inmitten allen Wandels etwas in uns kennen, das Bestand hat: Wir haben Anteil am Sein. In solchen Augenblicken wird uns klar, dass unser eigenes Sein am Einen, Schönen, Guten und Wahren Anteil hat und daher unzerstörbar ist, so wie diese höchsten Werte es sind. Wir wissen darum auch, dass dieses Heilsein unser ganzes Wesen umfasst, nicht nur unseren Geist, sondern auch unsere ganze leibliche Wirklichkeit, trotz ihrer Vergänglichkeit.

Aus dieser Perspektive können wir also doch etwas über AUFERSTEHUNG DER TOTEN wissen, obwohl der Inhalt dieses Glaubenssatzes auf den ersten Blick entschieden jenseits des Horizontes unserer jetzigen Erfahrung zu liegen scheint. Wenn wir unsere Aufmerksamkeit nach innen lenken, kann uns bewusst werden, dass unser „ich bin" – Descartes zum Trotz – doch nicht vom „ich denke" abhängt. Wenn wir lernen, die Pausen zwischen Gedanken nach und nach zu verlängern – und dabei wach und aufmerksam bleiben –, können wir uns unseres Seins bewusst werden und von dieser Warte aus unser Denken beobachten. Wir wissen uns dann verwurzelt im Sein, von dem die unzählbare Vielfalt des Seienden – unser kleines Ich mit eingeschlossen – nur flüchtige Bekundungen sind. Sie kommen und gehen, erscheinen und vergehen, aber unsere innerste Wirklichkeit ist das Sein selbst, der bleibende Grund all der unbeständigen Formen.

Es ist entscheidend und muss betont werden: Die innere Erfahrung unzerstörbaren Seins ist grundsätzlich jedem Menschen zugänglich. Wie aber könnten wir daran Anteil haben, ohne selbst unzerstörbar zu sein? Unser innerstes Sein ist unverwelklich, obzwar wir uns nicht vorstellen können, was das für uns bedeuten wird, wenn unsere zeitgebundene Form sich auflöst. Das Bild vom Aufstehen (wie vom Schlaf), das hinter AUFERSTEHUNG DER TOTEN steht, soll uns nicht irreführen; es gehört der Zeit an. Wenn es um überzeitliche Aussagen geht, dann lässt uns unsere Vorstellungskraft im Stich. Aber unsere Zugehörigkeit zum unvernichtbaren Sein wiegt schwer, auch wenn wir uns nicht vorstellen können, wie sie sich am Ende auswirken wird.

Manchmal überwältigt uns das Bewusstsein dieser Zugehörigkeit ganz überraschend. Wir erwähnten Abraham Maslows Entdeckung und Erforschung der *Gipfel-Erlebnisse*. Bei solchen Erlebnissen fühlen wir uns nicht nur außerordentlich lebendig, wir können uns dabei auch einer Lebenskraft bewusst werden, die über Vernichtung erhaben ist. In diesen Augenblicken werden uns Werte wie Wahrheit, Gutheit oder Schönheit eindrücklich bewusst. Maslow nannte sie B-Werte (von *Being* = Sein) und sah in ihnen leuchtende Aspekte des Seins, den Facetten eines Diamanten vergleichbar. Es mag vorkommen, dass wir, von Schönheit hingerissen, unter blühenden Kirschbäumen stehen, dass uns die Wahrheit, die aus einem Rilkegedicht spricht, wie ein Hammerschlag trifft, oder dass uns vor dem Fernsehschirm der aufopfernde Mut von Feuerwehrleuten ans Herz greift, und plötzlich lässt uns das Bewusstsein erschaudern, dass das Schöne, das Wahre und das Gute unvergänglich sind und dass unser eigenes Sein daran Anteil hat. Unser Sein aber drückt sich auch in unserer Leiblichkeit aus.

Unsere Sterblichkeit widerspricht dem nicht. Sie zeigt nur an, dass Sterben zum Leben dazugehört. Wir wissen ja aus Erfahrung, dass wir nur dann wirklich leben, wenn wir jeden Augenblick sterben.

> „Und so lang du das nicht hast,
> Dieses: Stirb und Werde!
> Bist du nur ein trüber Gast
> Auf der dunklen Erde."

Goethe wusste: Wir müssen den jetzigen Augenblick loslassen und so für das Alte sterben, um für das Neue, das uns entgegenkommt, empfänglich zu sein. Unsere vielen kleinen Tode bereiten uns für den letzten, großen vor. In gläubigem Vertrauen auf die innerste Dynamik der Lebendigkeit – im Glauben an den Heiligen Geist also – dürfen wir sicher sein, dass auch im letzten Augenblick unseres Lebens, so wie in jedem vorhergehenden, das Loslassen des Alten Voraussetzung sein wird für den Empfang des Neuen – dann des unvorstellbar Neuen.

Warum ist das so wichtig?

Volle Würdigung unserer Leiblichkeit setzt spirituelle Reife voraus. Das gilt für jeden von uns persönlich, aber auch für ganze Kulturen, z.B. für die griechische Antike, die für die gesamte westliche Kulturentwicklung so entscheidend werden sollte. In der ersten Begeisterung der Entdeckung dessen, was über alles Körperliche, über alles nur Dinghafte hinausgeht, neigen wir dazu, alles andere als grobstofflich, krass und vergänglich zu verachten. Erst langsam dämmert uns, dass wir die beiden Bereiche zwar klar unterscheiden, nicht aber trennen können. Sie sind von ihrem Ursprung her eins, und sie von einander zu sondern hat schwerwiegende Folgen für den Geist sowohl als für den Leib. Geist, der die Verleiblichung verschmäht, wird impotent. Und wo Leiblichkeit als dem Geist entgegengesetzt verstanden wird, sinkt sie zum bloß Körperlichen herab und wird nicht mehr hochgeschätzt. Das zeigt sich besonders erschreckend an unserer Verletzung der Umwelt, die ja zu unserer Leiblichkeit untrennbar dazugehört.

Die Asketen verschiedener Traditionen haben oft vergessen, dass Askese *Training* bedeutet, nicht Selbstschädigung; sie misshandelten den Leib, anstatt ihn als „Tempel des Heiligen Geistes" (1 Kor 6,19) zu erkennen und anzuerkennen. Sie versuchten den Geist zu stärken, indem sie den Leib schwächten – als ob der Leib ein Feind wäre, und nicht zur Windharfe des Heiligen Geistes bestimmt. Freilich, unsere leiblichen Gelüste sind oft nicht so leicht im Zaum zu halten und gebärden sich wie ein Gespann, bei dem jedes Pferd in eine andere Richtung zerrt. Ordnung und rechtes Maß aufrecht zu erhalten, ist da nicht immer leicht; es ist aber notwendig für wahren Lebensgenuss und für den Dienst an der Welt.

Wie soll unser Leib gedeihen, wenn er nicht mehr Ausdruck und Werkzeug des Heiligen Geistes ist? Ein und dieselbe Lebenskraft befeuert ja unsere leibliche Lust und unser höchstes geistiges Streben. Echte Lebendigkeit bringt Ordnung hervor. Losgekoppelt von dieser Ordnung benimmt sich der Leib wie ein Kraftwagen, der sich „selbstständig" gemacht hat; er rast und schleudert, und wir schlittern leicht in irgendeine Art von Missbrauch hinein. In jedem 12-Schritte-Meeting kann man Lebensgeschichten hören, die das beweisen.

Wie wir beginnen unseren Leib zu missbrauchen, wenn wir ihn nicht als Verleiblichung des Geistes hochhalten, so auch unsere Umwelt. Wer nachfühlen kann, wie weit der Begriff des *Leibes* über das nur *Körper*liche hinausgeht, der hat damit auch schon eine Ahnung, wie unsere Umwelt ausschauen könnte, wenn wir bereit wären, sie als vom Heiligen Geist durchwaltet ehrfürchtig zu behandeln. Wie wichtig dieser Glaubenssatz ist, sehen wir an seiner letzten Konsequenz: Wer an AUFERSTEHUNG DES FLEISCHES glaubt, zeigt dies durch Ehrfurcht vor dem ganzen Kosmos.

Persönliche Erwägungen

Wenn ich an persönliche Erlebnisse zurückdenke, bei denen mir die Wirklichkeit bewusst wurde, die im Credo AUFERSTEHUNG DES FLEISCHES heißt, dann spüre ich, wie schade es ist, dass diese wörtliche Übersetzung in AUFERSTEHUNG DER TOTEN umgewandelt wurde. FLEISCH ist *alles* Vergängliche, und wir dürfen gläubig vertrauen, dass es im Unvergänglichen liebend aufgehoben ist. Die Einengung auf die TOTEN ist zugleich Verlust und Verzerrung. Verlust, weil so vieles ausgeblendet wird; Verzerrung, weil der Blick vom ganzen vergänglichen Kosmos abgelenkt, sich auf das menschliche Privatinteresse an Los der TOTEN beschränkt. Es geht hier um weit mehr. Ja, es geht gar nicht um Tod, sondern um Leben – ewiges Leben, wie es im nächsten Glaubenssatz heißen wird. Es geht hier nicht um ein Ereignis „nach dem Tod", sondern um etwas, das hier und jetzt stattfinden kann und soll. Die AUFERSTEHUNG DES FLEISCHES ist nicht Umkehrung des Totseins, sondern Überhöhung des Lebendigseins. So ruft auch in meiner Erinnerung AUFERSTEHUNG DES FLEISCHES Augenblicke wach, in denen meine Lebendigkeit so intensiv wurde, dass sie plötzlich Zeit und Vergänglichkeit überragte und im ewigen Jetzt – wenn auch nur flüchtig – an Unvergänglichkeit streifte.

Ich schließe meine Augen und öffne sie innerlich. Jetzt grünt um mich ein Sommermorgen in den Ost-Tiroler Alpen. Von der blühenden Bergwiese, zu der mich ein Fußpfad heraufführte, geht es fast senkrecht hinunter zum Sommerheim der Wiener Sängerknaben, bei denen ich Präfekt bin. Mit offenen Augen ist das „damals in meinen Studententagen", in der Erinnerung aber ist es jetzt. Auch damals war es ja jetzt; und jetzt ist immer jetzt. Das Jetzt lässt sich nicht vervielfachen; es ragt über die Zeit hinaus. Nur wir verfangen uns immer wieder in der Illusion von Zeit. Manchmal aber scheint es uns, dass die Zeit still steht, weil wir einen Augenblick lang ganz im Jetzt sind – und so in der Ewigkeit, dem Jetzt, das nicht vergeht. (In meiner Erinnerung ist das so ein Augenblick:) Tief unter mir probt der Chor, und durch die große Stille steigt Ton um Ton silberklar zu mir empor – da Vittorias (c 1548–1611) Motette „Duo Seraphim". Wovon der Text spricht, wird jetzt hier Wirklichkeit: Von Anbetung hingerissen, rufen zwei flammen-geflügelte Engel einander zu: „Heilig, heilig, heilig!" Das ist zugleich meine eigene innerlichste Stimme, die da singt; und nichts sonst ist von Bedeutung, als dieses unerschöpfliche „Heilig, heilig, heilig!" im ewigen Jetzt.

Ein zweites solches Erlebnis fällt mir ein, weil es auch mit Musik verbunden ist, und auch auf die AUFERSTEHUNG DES FLEISCHES Licht wirft. In der Zeit spielt es sich ein paar Jahre später ab, in der bleibenden Wirklichkeit aber ist es jetzt. Wieder bin ich Präfekt bei einem Knabenchor, diesmal in Florida. Es ist der Abend vor den langen Ferien. Die meisten der jungen Sänger sind schon auf der Heimreise. Einer steht noch beim Klavier und singt Händels Arie „O hätt' ich Jubals Harf' und Miriams süßen Ton" – wohl zum letzten Mal, denn er steht kurz vor dem Stimmbruch und wird nicht zum Chor zurückkehren. Selbst unter all diesen ausgewählten Knabenstimmen ist sein Alt von einzigartiger Schönheit. Wie bernsteinfarbener Honig fließt das

Abendlicht schräg durch die hohen Bogenfenster des halbdunklen Raumes und scheint in dieser Altstimme Klang zu werden.

Jetzt muss ich eine blitzschnelle Entscheidung treffen. Neben mir steht das Gerät, das mir erlaubt, diese Stimme auf einem Tonband zu „verewigen". Soll ich die Taste drücken? Fast schon strecke ich die Hand aus, aber etwas in mir sagt ein klares „Nein!" Dieser Augenblick *ist* ja schon ewig.

Erinnerungen verblassen und verlöschen. Wenn aber meine Zeit um ist, wird das Jetzt jenes Tiroler Sommermorgens, das Jetzt jenes Abends in Florida, wird *jedes* Jetzt meines Lebens lebendige Gegenwart sein. Nichts geht verloren, so flüchtig es erscheinen mag, denn „Alles ist immer jetzt". Ich glaube an die AUFERSTEHUNG DES FLEISCHES – und das schließt natürlich auch die TOTEN ein – weil alles Vergängliche unvergänglich aufgehoben ist im Jetzt, das nicht vergeht. Es muss nicht wiedergebracht werden aus dem Staub, wie die Leiber der Verstorbenen auf mittelalterlichen Bildern vom jüngsten Gericht. Es ist ja mit dem auferstandenen Christus „in Gott verborgen", gegenwärtig. Darum vertraue ich, dass wir unsere Lieben mit jeder Sommersprosse und mit jedem Grübchen in der uns so lieben Wange „wiedersehen" werden, wenn wir „Gott schauen". „Gib mir Liebende", sagt Augustinus, „denn die wissen, was ich meine". Das kann auch ich hier sagen.

Vielleicht bist Du schon alt genug, um Fotos von Verwandten und Freunden zu besitzen, die Du von ihrer Geburt bis zu ihrem Tod kanntest. Dann schließt Deine Liebe doch das Nackerpatzerl in der Badewanne ebenso ein wie den zahnlückigen Volksschüler, den ruppigen Buben auf dem Fahrrad, den zum Abschluss-Ball geschniegelten Maturanten, das junge Ehepaar, und so Bild um Bild bis zum letzten matten Lächeln. In welchem der Bilder siehst Du den von Dir geliebten Menschen? Nicht doch in jedem? Musst Du wählen? Jedes Jetzt des Lebens ist gegenwärtig im „Jetzt, das nicht vergeht", das heißt in der Ewigkeit.

„Wir sind die Bienen des Unsichtbaren", schrieb Rilke. „Nous butinons éperdument le miel du visible, pour l'accumuler dans la grande ruche d'or de l'Invisible". (Inständig sammeln wir den Honig des Sichtbaren, um ihn anzuhäufen in der großen goldenen Wabe des Unsichtbaren.) Unsichtbar heißt hier: dem Bereich der Sinne entzogen. Sommermorgen und Winterabend, das „Heilig, heilig, heilig!" der Seraphim und „Miriams süßer Ton" sind nicht nur physiologisch gespeichert in meinem zur Verwesung bestimmten Gehirn. Sie sind meinem über Zeit und Raum erhabenen Selbst mit der Glut des Geistes eingebrannt. Wenn einst der Wassertropfen meines Lebens ins Meer zurückkehrt, wird er nach dieser Musik schmecken, und das Meer wird diesen Geschmack unverlierbar enthalten.

Und wie siehst Du das? Ist der Leib – Dein eigener und der von jemandem, den Du liebst – Dir wichtig genug, dass die Vorstellung eines entleibten Lebens nach dem Tod Dich nicht besonders reizt? Ist Dein über Zeit und Raum erhabenes Selbst Dir jemals so tief bewusst geworden, dass es Dich nicht mehr stört zu wissen, dass Dein Gehirn verwesen muss? Wie berührt es Dich, wenn Du von jemandem, der Dir lieb ist, Fotos – aus Kindheit, Jugend, Alter – betrachtest? „Alles ist immer jetzt" (T. S. Eliot); wie beeinflusst diese Tatsache Dein Verständnis von AUFERSTEHUNG DER TOTEN?

„DAS EWIGE LEBEN“

Was heißt das eigentlich?

Mit diesem Glaubenssatz kommt der dritte und letzte Teil des Credos zum Abschluss. Er hat Schritt für Schritt entfaltet, was es bedeutet, an Gott als den Heiligen Geist zu glauben, an den Lebensspender (*vivificantem*), wie ihn eine andere Version des Glaubensbekenntnisses nennt. Der Heilige Geist ist die Fülle von Leben – ewigem Leben. Und so erreicht das Credo seinen Höhepunkt im Glauben an DAS EWIGE LEBEN.

Um recht zu verstehen, was „ewig" hier bedeutet, müssen wir uns zuerst von dem Missverständnis befreien, dass es mit endloser Zeit zu tun hat. Unser Sprachgebrauch ist da irreführend, wenn wir etwa jemanden einen ewigen Studenten nennen, vom ewigen Einerlei reden oder uns beschweren, dass ein lang ersehnter Brief schon eine kleine Ewigkeit auf sich warten lässt. Richtig verstanden, ist Ewigkeit nicht immerwährende Zeit, sondern gerade das Gegenteil von Zeit – das Jetzt, das Vergangenheit und Zukunft aufhebt.

Bewusst im Jetzt zu leben ist wahre Lebendigkeit. Rilke ruft uns dies in Erinnerung:

Wir sind die Treibenden.
Aber den Schritt der Zeit,
nehmt ihn als Kleinigkeit
im immer Bleibenden.

Das Wort EWIG kommt von einer Sprachwurzel, in deren Bedeutung jugendliche Lebenskraft mitschwingt. Was dahinter steckt, ist nicht die Vorstellung von verstaubten Strohblumenkränzen, die sich „ewig" halten, sondern eher eine von Immergrün umrahmte, nie versiegende Quelle. Auch dieses Bild ist freilich unzulänglich. Jenseits aller Bilder wissen wir aber um eine unzerstörbare Lebendigkeit, an der wir Anteil haben – hier und jetzt, nicht vielleicht später einmal. An dieses EWIGE LEBEN zu *glauben* heißt, alle Bereiche unseres Lebens davon bewässern zu lassen wie einen fruchtbaren Garten.

Das Credo verpflichtet uns zu keiner bestimmten Vorstellung vom Leben nach dem Tode. Wenn ich sterben muss, weil für mich *die Zeit um ist* – wie die Weisheit der Sprache es so treffend ausdrückt –, was soll dann „*nach* dem Tod" überhaupt bedeuten? Das EWIGE LEBEN kommt nicht *nach* dem Tod, sondern ist ein Leben, dem der Tod nichts anhaben kann. Diese Sicht leugnet natürlich nicht, was im landläufigen Sinn mit „Leben nach dem Tod" gemeint ist, berichtigt es aber am entscheidenden Punkt und darf es umso nachdrücklicher behaupten, weil es das „nach" leugnet. Selbst wenn wir uns das noch nicht voll bewusst gemacht haben, so sehnen wir uns ja vor allem nach einem Leben, das über den Tod hinausgeht – nicht der Zeit nach, sondern essentiell, seinem Wesen nach. Auf dieses Leben brauchen wir nicht bis zu unserer Todesstunde zu warten. Heute schon können wir über die Zeit – und so über den Tod – hinausgehen, in dem Ausmaß, in dem wir im Jetzt leben.

Dieser Glaubenssatz bezieht sich ja nicht auf etwas, das in der Zukunft liegt, sondern auf das Jetzt. Wer bekennt ICH GLAUBE AN DAS EWIGE LEBEN, der verlegt das Schwergewicht seines Lebens auf das Jetzt, in dem die Zeit aufgehoben ist. Von dieser Mitte her können wir „in Fülle" leben, weil Zeit für uns auf eine höhere Ebene hinaufgehoben ist. Wir brauchen uns nicht länger darüber Sorgen zu machen, dass unsere Zeit unaufhaltsam abläuft. Die Zeit, die so abläuft, ist für uns schon jetzt aufgehoben, sie ist außer Kraft gesetzt, abgeschafft. Aber gerade deshalb dürfen wir jeden Augenblick als Gabe und Aufgabe voll ausschöpfen. Das Jetzt in der Zeit gibt uns ja Zugang zum Jetzt, das über Zeit erhaben ist. Wir dürfen darauf vertrauen, dass alles, was schön und gut und echt ist an der Zeit, aufgehoben und geborgen ist im ewigen Jetzt; mit jeder für uns bedeutsamen Einzelheit ist es liebend aufbewahrt dort, wo wir letztlich zuhause sind – in Gott. Weil wir AN DAS *EWIGE* LEBEN glauben, dürfen wir das LEBEN hier – wo immer wir sind – im großen Jetzt, das die Zeit aufhebt, feiern.

Woher wissen wir das?

Manchmal in unserem Leben, und gerade wenn wir bis in die tiefsten Schichten unseres Seins wach und lebendig sind, können wir eine Art Zeitlosigkeit erfahren. Minuten oder sogar Stunden können uns in diesem Bewusstseinszustand wie ein einziger Augenblick erscheinen. Die Uhren ticken weiter, aber für uns steht die Zeit still. Solche Augenblicke liefern den Erfahrungsinhalt für den Begriff von Ewigkeit. In elegantem Latein definiert Augustinus Ewigkeit als *„nunc stans"*: Das „Jetzt", das nicht vergeht, weil es jenseits aller Zeit „steht". Ewigkeit hebt die Zeit auf.

Danach sehnt sich das menschliche Herz. Wie Goethes Faust wollen wir alle zum Augenblick sagen: „Verweile doch, du bist so schön!" Oder wie Friedrich Nietzsche (1844–1900) es ausdrückte: „... alle Lust will Ewigkeit –, will tiefe, tiefe Ewigkeit!" Unser ganzes Wesen sehnt sich nach Befreiung von einer Zeit, die alles Gegenwärtige ununterbrochen zur Vergangenheit abbaut, so wie das Meer die Sandburgen, die wir als Kinder bauten, am nächsten Morgen immer wieder eingeebnet hatte. Mit unserem ganzen Leben geht es uns so:

> Uns überfüllts. Wir ordnens. Es zerfällt.
> Wir ordnens wieder und zerfallen selbst.
>
> (R.M. Rilke, *8. Duineser Elegie*)

Der Gegenpol zu solchem Zerfall ist aber nicht einfach Bestand; damit blieben wir ja immer noch im Bereich von Zeit. Was wir als Ewigkeit erahnen, ist nicht statisch, sondern im höchsten Grad dynamisch. Es ist jene von Zeit befreite Lebendigkeit, nach der sich alles in uns sehnt – EWIGES LEBEN also. Weil die uns hie und da flüchtig geschenkte Erfahrung davon weit über unsere jetzige Begrenztheit hinausgeht, schreiben wir sie dem göttlichen Leben zu, dem Heiligen Geist.

Je besser wir lernen im Jetzt zu leben, umso lebendiger werden wir. Das kann jeder Mensch durch eigene Erfahrung überprüfen. Auf Grund dieser Erfahrung vertrauen wir im Glauben, dass wir, wenn unser zeitliches Leben um ist, in Gottes ewiges Leben eingehen werden mit jener Lebendigkeit, die jetzt schon unsere eigentliche ist. Tief innerlich verstehen wir, was Rilke meint, wenn er sagt: „Mit kleinen Schritten gehen die Uhren *neben* unserem *eigentlichen* Tag".

Warum ist das so wichtig?

Das ganze Glaubensbekenntnis findet seinen Höhepunkt mit dem Posaunenstoß EWIGES LEBEN. „Leben in Fülle", darum geht es hier. Darum geht es aber auch in allem, was uns Menschen wichtig ist. Was immer das auch sei, es ist uns deshalb wichtig, weil es unser Lebensgefühl erhöht. Hier im letzten Glaubenssatz liegt die Betonung auf jenem göttlichen Leben, zu dem wir uns in jedem Satz des Credo gläubig bekannten. Hier klingt alles noch einmal an: Unser Vertrauen auf Gott als *Vater*, als Quelle und Ursprung allen Lebens; unser Vertrauen auf Gott als *Sohn*, als Menschenkind, in dem dieses Leben stärker ist als der Tod; unser Vertrauen auf Gott als den *Heiligen Geist*, die ewig junge Lebenskraft Gottes in uns. Was bisher im Glaubensbekenntnis antönte, wie drei große Glockenschläge, wird hier zum festlichen Geläut, das wahres, tiefstes, unzerstörbares Leben feiert.

Persönliche Erwägungen

Wenn die alten Römer Verse zitierten und den Autor ohne Namensangabe einfach *„Poeta"* nannten – den Dichter schlechthin –, dann meinten sie Vergil (70–19 v. Chr.). Für mich nimmt Rainer Maria Rilke (1875–1926) diese Stellung ein. Immer wieder muss ich staunen, wie tief sein Blick eindringt in alles, was er ins Auge fasst, und wie er es von innen her aufhellt bis zu seinem innersten Kern. So hat er auch Wesentliches zu sagen zu der Wirklichkeit, die im Credo EWIGES LEBEN heißt. Diese Wirklichkeit ist ja unserer Erfahrung zugänglich. Sie kann uns hier und jetzt einsichtig werden, nicht erst „im Jenseits". Wenn es uns gelingt, völlig hier zu sein, völlig im Jetzt, dann sind wir schon jenseits des Todes. Denn „alles ist immer jetzt", wie T. S. Eliot (1888–1965) es zusammenfasst in einem Satz, der offensichtlich scheint, und doch unerschöpflich immer neue Einsichten eröffnet, wenn wir ihn ernst nehmen und im Jetzt leben. Das ist ja für jeden Menschen die große Aufgabe, die zu verwirklichen wir auf je eigene Weise berufen sind: im Jetzt leben. Wenn aber alles immer jetzt ist, dann bedeutet das Im-Jetzt-leben EWIGES LEBEN.

> Wir sind die Treibenden.
> Aber den Schritt der Zeit,
> nehmt ihn als Kleinigkeit
> im immer Bleibenden. (Sonette an Orpheus I:22)

Auf dieses immer Bleibende – unser Daheimsein im Jetzt – zielt unsere tiefste Sehnsucht hin, unser existentielles Heimweh, auch wenn wir uns dessen nur dunkel bewusst sind. Wir sind auf dieses Bleibende hin angelegt, sind darauf angelegt, über Zeit hinauszuragen – nicht weil wir unser Hiersein im Zeitlichen geringschätzen,

> aber weil Hiersein viel ist, und weil uns scheinbar alles das Hiesige braucht, dieses Schwindende, das seltsam uns angeht. Uns, die Schwindendsten. Ein Mal jedes, nur ein Mal. Ein Mal und nicht mehr. Und wir auch *ein* Mal. Nie wieder. Aber dieses *ein* Mal gewesen zu sein, wenn auch nur *ein* Mal: *irdisch* gewesen zu sein, scheint nicht widerrufbar.
>
> (9. Duineser Elegie)

Alles schwindet. Wir aber sind die Schwindendsten, weil wir um unser Schwinden wissen. Wenn wir die unvorstellbar lange Zeitspanne von sechzehntausend mal tausend mal tausend Jahren bedenken, die das Weltall brauchte, um uns hervorzubringen, dann ist unsere Lebensspanne im Vergleich dazu kürzer als ein Seufzer. Wir wissen aber nicht nur, wie schwindend wir sind, wir wissen auch, wie wir unser Schwinden einmünden lassen können in EWIGES LEBEN: indem wir unser Hiersein in seiner Einmaligkeit völlig vollziehen – jetzt und jetzt und jetzt, mit jedem Atemzug. Das erwarten all die anderen schwindenden Formen von uns Menschen, denn sie brauchen uns, um durch uns ins EWIGE LEBEN einzugehen. Darum fordert Rilke uns auf:

> Sei allem Abschied voran, als wäre er hinter
> dir, wie der Winter, der eben geht.
> Denn unter Wintern ist einer so endlos Winter,
> dass, überwinternd, dein Herz überhaupt übersteht.

Als Menschen wissen wir, wie kein anderes der vergänglichen Lebewesen um den Tod, jenen endlosen Winter. Aber gerade darum kennt unser Herz auch das Geheimnis, ihn zu überstehen: allem Abschied voran zu sein, indem wir im Jetzt leben. Wach um den Tod zu wissen, heißt ihn vorwegnehmen. Orpheus wird hier zum Beispiel dafür. Es gelang ihm nicht – so der griechische Mythos –, Eurydike, seine große Liebe, aus der Unterwelt zurückzubringen, aber umso klangvoller sang er –, „wie die Zunge zwischen den Zähnen, die doch, dennoch, die preisende bleibt" (1. Duineser Elegie.). Das ist auch unsere Aufgabe, und wir erfüllen sie, indem wir die Vergänglichkeit des Augenblickes durch dankbares Leben zum Klingen bringen.

> Sei immer tot in Eurydike –, singender steige,
> preisender steige zurück in den reinen Bezug.
> Hier, unter Schwindenden, sei, im Reiche der Neige,
> sei ein klingendes Glas, das sich im Klang schon zerschlug.
>
> (ibid.)

Mitten im vergänglichen Augenblick das unvergängliche Jetzt dankbar rühmend zu feiern, das ist wahres Sein, und es ist uns nur unter der Bedingung geschenkt, dass wir auch zum Nichtsein, zum Schwinden, Ja sagen. Jubelnd muss dieses Ja zur Vergänglichkeit erklingen, damit die Vielzahl vergänglicher Formen im ewigen Jetzt aufgehoben werden kann.

Sei – und wisse zugleich des Nicht-Seins Bedingung,
den unendlichen Grund deiner innigen Schwingung,
dass du sie völlig vollziehst dieses einzige Mal.

Zu dem gebrauchten sowohl, wie zum dumpfen und
stummen
Vorrat der vollen Natur, den unsäglichen Summen,
zähle dich jubelnd hinzu und vernichte die Zahl.

(ibid.)

Auf „dieses einzige Mal" kommt alles an. Solange wir erwarten, dass es uns „nächstes Mal" gelingen wird, ganz im Augenblick zu sein, ihn völlig zu vollziehen, sind wir noch in Zeit und Zahl verfangen. Das „nächste Mal" wird ja auch „dieses einzige Mal" sein, denn „alles ist immer jetzt". Wir dürfen diese Einmaligkeit nicht vergessen in allem was wir tun und erleiden – *ein* Mal. Und weil es „unwiderruflich" ist, führt „dieses eine einzige Mal" als Tor zum EWIGEN LEBEN. Hier noch einmal das ganze Sonett:

Sei allem Abschied voran, als wäre er hinter
dir, wie der Winter, der eben geht.
Denn unter Wintern ist einer so endlos Winter,
dass, überwinternd, dein Herz überhaupt übersteht.

Sei immer tot in Eurydike –, singender steige,
preisender steige zurück in den reinen Bezug.
Hier, unter Schwindenden, sei, im Reiche der Neige,
sei ein klingendes Glas, das sich im Klang schon zerschlug.

Sei – und wisse zugleich des Nicht-Seins Bedingung,
den unendlichen Grund deiner innigen Schwingung,
dass du sie völlig vollziehst dieses einzige Mal.
Zu dem gebrauchten sowohl, wie zum dumpfen und
stummen
Vorrat der vollen Natur, den unsäglichen Summen,
zähle dich jubelnd hinzu und vernichte die Zahl.

Verlangt das nicht Mut von uns? Großen Mut? Sollten wir nicht erwarten, dass EWIGES LEBEN höchsten Lebensmut von uns verlangt? Und nicht später einmal, sondern jetzt. Wie anders sieht das doch aus, als die landläufige Vorstellung vom EWIGEN LEBEN als Fortleben nach dem Tod.

Der indische Mystiker Kabir (1440–1518) sagt dazu (Robert Bly; *Kabir: Ecstatic Poems* 2004):

> Wenn du deine Fesseln nicht als Lebender sprengst,
> meinst du,
> Geister werden es später tun?
> Seliges Entzücken der Seele,
> nur weil der Leib verwest,
> ist reine Phantasterei.
> Was du jetzt findest, wirst du dann finden.
> Wenn du jetzt nichts findest,
> wirst du eben eine Wohnung
> in der Stadt der Toten erben.
> Wenn du dich jetzt auf göttliches Liebesspiel einlässt,
> werden dann deine Züge befriedigte Lust spiegeln.

Im Jetzt leben bedeutet nicht weniger, als sich auf ein Liebesspiel einzulassen mit der göttlichen Wirklichkeit, die uns mit jedem Atemzug neu begegnet. Scheint es nicht so, als ob dieses letzte Wort im Credo uns DAS EWIGE LEBEN als größtes Versprechen vor Augen halte und zugleich als höchste Herausforderung für unser Leben hier und jetzt?

„AMEN“

Was heißt das eigentlich?

Wir werden gut daran tun, das abschließende AMEN als wesentlich zum Glaubensbekenntnis gehörig zu verstehen. Allzu leicht wird es sonst so bedeutungsleer wie der Schnörkel unter einer Unterschrift. Das hebräische AMEN ist ein inhaltsreiches Wort. Es bedeutet so viel wie das deutsche Ja, geht aber weit darüber hinaus. Wer AMEN sagt, bejaht nicht nur eine Aussage, sondern verpflichtet sich, danach zu leben.

Die Kernbedeutung dieses Wortes ist Verlässlichkeit. AMEN zu sagen heißt, sich auf Gottes Verlässlichkeit zu verlassen. So fasst das AMEN am Schluss des Glaubensbekenntnisses noch einmal zusammen, was glauben heißt: Unser Herz vertrauensvoll auf Gott zu setzen und dementsprechend zu leben. Nicht, als ob Gottes Vertrauenswürdigkeit überhaupt in Frage gestellt werden könnte. Nur das, was uns so verlässlich erscheint, dass wir uns vorbehaltslos darauf verlassen können, verdient ja Gott zu heißen. In dem Ausdruck „uns verlassen" schwingt die Vorstellung mit, dass wir unser kleines Selbst zurücklassen und uns vertrauend auf etwas Größeres hinbewegen. Diese innere Bewegung haben wir schon mit dem ersten Wort des Glaubensbekenntnisses begonnen „ICH GLAUBE" heißt genau das gleiche wie *„ich verlasse mich"*. Und mit AMEN schließt sich nun der Kreis. Jeder Satz im Credo drückt unter einem anderen Blickwinkel das aus, was AMEN mit einem einzigen Wort ausspricht.

AMEN ist eigentlich Antwort einer Gemeinschaft auf Gottes Wort – auf das, was uns im Rahmen heiliger Feier (oft wortlos) anspricht. Wer das Glaubensbekenntnis mit dem Wort AMEN zusammenfasst, stellt sich damit gläubig in die Gemeinschaft der Gläubigen. Wir dürfen diese Gemeinschaft in immer weiter gezogenen Kreisen verwirklicht sehen. Sie ist zunächst die Gemeinschaft der Christen, deren Glauben dieses Credo verkündet, umfasst aber auch Juden und Muslime, die ihren Glauben ja auch im AMEN zusammenfassen. Aber nicht nur die westlichen Amen-Traditionen sind durch dieses Wort verbunden. Wir dürfen das AUM oder OM (ॐ), die heilige Silbe östlicher Traditionen als dem AMEN eng verwandt verstehen. Wenn Hindus, Jaina und Buddhisten das OM aussprechen, so drücken sie damit ihre Bereitschaft aus, ihr Leben mit der Ur-Harmonie des Kosmos in Einklang zu bringen, mit voller Resonanz mitzuschwingen. Auch sie verlassen sich dabei auf die innerste Verlässlichkeit des Seins. Das ist die Gebärde des menschlichen Herzens, die „glauben" heißt. AMEN besiegelt also nicht nur das Bekenntnis des Glaubens in seiner spezifisch christlichen Form, sondern stellt Christen zugleich in eine alle Zeiten und Zonen umspannende Glaubensgemeinschaft.

Woher wissen wir das?

Für die biblische Verwendung von AMEN ist das 27. Kapitel des 5. Buches Mose ein gutes Beispiel. Vierzehnmal heißt es dort: „Und das ganze Volk soll rufen: Amen" (Dtn 27,15–26). Unter den heiligen Schriften des Ostens ist die ganze *Mandukya Upanischade* dem Verständnis von OM als dem bedeutendsten aller Mantren gewidmet.

Diese rein faktische Information können wir durch eigene Erfahrung ergänzen, wenn wir etwa das Amen hören, mit dem Johann Sebastian Bach das Credo seiner H-moll Messe krönt. Auch im Westen entdecken immer mehr Menschen, dass ein Mantra wie AMEN oder der Name Jesu beim Meditieren eine große Hilfe sein kann. In Indien macht heute Yagad Guru Ramanandacharya das OM zum Brennpunkt seiner Unterweisungen und hilft seinen Schülern, darin „den Klang Gottes" zu erleben.

Warum ist das so wichtig?

Unser Verständnis von AMEN als Verbindung zu den Amen-Traditionen und darüber hinaus zu anderen Religionen spiegelt unsere Einstellung zum ganzen Glaubensbekenntnis wider: Wir waren bemüht, den Wurzeln des Glaubens so tief nachzuspüren, dass wir von da her auch die christlichen Konfessionen als Teilgruppen einer weltweiten Glaubensgemeinschaft verstehen. Diese Sichtweise ist nicht relativistisch; sie relativiert nicht den *Glauben*, der in dem einen Wort *„credo"* zusammengefasst ist, auf dem alle unsere Erwägungen gründen; wir nehmen aber die Verschiedenheit der Traditionen relativ zu diesem Glauben ernst. Je weniger wir die spezifisch christliche Form des menschlichen Ur-Vertrauens, die wir im Credo bekennen, verabsolutieren und zur *einzig* richtigen machen, umso überzeugender werden wir sie finden. Umso leichter wird es uns auch fallen, ihre Eigenart, Schönheit und Tiefe zu würdigen.

In Beethovens 9. Symphonie hören wir die bekannte Melodie zu Schillers Ode „An die Freude" zuerst pianissimo in den Bässen, nach und nach aber schließt sich ein Instrument nach dem anderen an, die Lautstärke schwillt und schließlich stimmt auch noch der Chor triumphierend ein. Auf ähnliche Weise nimmt jede Tradition das Thema *Glaube* auf und prägt es durch die Eigenart ihrer Stimme. Unser eigenes Instrument mag das Cello sein oder die Oboe, aber erst wenn wir den Zusammenklang aller Instrumente hören, werden wir unsere eigene Melodie voll würdigen können. Nur das volle Orchester der weltweiten Gemeinschaft im Glauben kann das große AMEN angemessen erklingen lassen – als Antwort menschlichen Vertrauens auf Gottes Treue.

Unser Bemühen ging auch noch dahin, etwas Weiteres immer wieder im Einzelnen aufzuzeigen: Zu sagen „Ich glaube" drückt eine so tiefe Überzeugung aus, dass jeder Glaubenssatz zugleich eine freiwillige Verpflichtung zu tatkräftigem Tun mit einschließt. Gerade das trifft auch für AMEN zu. Wer AMEN sagt, bestätigt nicht nur eine Behauptung, sondern verspricht zugleich, danach zu handeln. Das AMEN am Ende tut dies für das ganze Credo. Das gibt ihm Wichtigkeit und Gewicht.

Persönliche Erwägungen

Mehr als acht tausend Menschen hatten sich in Chicago zusammengefunden, um an dem Parlament der Weltreligionen im August 1993 teilzunehmen. Von der ganzen Welt kamen sie als Abgeordnete einer großen Vielfalt religiöser Traditionen. Mit dem ersten Parlament der Weltreligionen 1893 war Chicago zum Geburtsort des weltweiten interreligiösen Dialogs geworden, der damals etwas Unerhörtes war. Seitdem hatte dieser Austausch nach und nach Schwung gewonnen, aber erst jetzt, hundert Jahre später, war die Zeit reif für ein zweites solches Treffen. Jetzt war dieser historische Augenblick gekommen. Und da war ich nun, ganz überwältigt von der Ehre, zu diesem Ereignis beitragen zu dürfen. Spannung lag in der Luft. Die Frage, worüber ich vor einer so achtunggebietenden Zuhörerschaft sprechen sollte, ließ mich in dieser Nacht nicht schlafen.

Zweierlei war mir klar: Was ich sagen würde, musste meine eigene christlich-katholische Tradition getreu darstellen *und* musste zugleich für die Vertreter anderer Traditionen verständlich sein. Ich hatte also vom Herzen meiner Tradition zum Herzen aller anderen zu sprechen. Das Herzstück der christlichen Tradition ist ohne Zweifel die Dreieinigkeit Gottes – Gott als Vater, Sohn und Heiliger Geist. Wie konnte ich aber hoffen, diese tiefgründigste Lehre der christlichen Tradition den anderen nahezubringen? War gegenseitiges Verständnis im interreligiösen Dialog überhaupt möglich, wenn es um den kennzeichnenden Glaubensinhalt weit auseinanderliegender Traditionen ging?

Diese Fragen waren entscheidend und sie plagten mich in dieser schlaflosen Nacht. Zwei Begriffe schoben sich langsam immer mehr in den Vordergrund meines Denkens – Glaube und Lehre. Glauben haben wir alle, aber unsere Lehren gehen weit auseinander. Unsere Herzen verstehen die innere Haltung des Sich-Verlassens, die glauben heißt, aber unsere Vernunft ringt mit den so unterschiedlichen Lehren, in denen der Glaube sich ausdrückt; sie scheinen unüberbrückbar. Glaube vereint, Lehren trennen uns. Es wurde mir klar, dass ich tiefer gehen müsste und fragen: Wie stehen Glaube und Lehre eigentlich zueinander? In welchem Verhältnis steht mein eigener Glaube zu den Lehren, die ich gläubig bekenne? Da war die Antwort leicht: Die Lehren sind *Ausdruck* meines Glaubens. Sobald mir das klar war, hatte ich den Ansatz für gegenseitiges Verständnis: Ich würde appellieren müssen an den Glauben, der uns eint, trotz der Lehren, die uns trennen.

Was aber ist dieser uns allen gemeinsamer Glaube, bevor er sich in dieser oder jener Lehre ausdrückt? Wie erleben wir ihn? Hier muss ich meine Leser einladen, diese Frage selber zu beantworten. Wie und in welchem Zusammenhang wird *Dir* Dein tiefstes Vertrauen auf die Vertrauenswürdigkeit des Lebens bewusst? Meine eigene Antwort begann sich abzuzeichnen, als ich die größte Herausforderung an meinen Glauben ins Auge fasste: Hat überhaupt irgendetwas Sinn? In meinen dunkelsten Stunden bezweifle ich das. Nur mutiges Vertrauen – und das ist ja die Essenz des Ur-Glaubens – kann universellen Zweifel überwinden. Der allen Menschen gemeinsame Glaube ist also das tapfere Vertrauen, das wir beweisen durch unsere nie endende Suche nach letztem Sinn.

Sinnsuche ist die Triebkraft, die alle Menschenherzen bewegt. Das haben wir alle gemeinsam. Sobald mir das bewusst wurde, war mir klar, worüber ich vor dem Parlament der Weltreligionen sprechen müsste: Über unsere Aufgabe, die uns gemeinsame Sinnsuche besser zu verstehen; und es würde meine Aufgabe sein, gemeinsam mit meinen Zuhörern damit zu beginnen. Jetzt begann sich auch eine klare Struktur für meinen Ansatz herauszukristallisieren. Sinn hat immer drei Aspekte: Wort, Schweigen und Verstehen. Wenn eines von den dreien fehlt, fehlt auch Sinn. Das müsste ich erklären im Hinblick auf die allgemeinmenschliche Erfahrung der Sinnsuche, und zwar unter den drei Gesichtspunkten von Wort, Schweigen und Verstehen.

Dass Wort und Sinn zusammengehören, leuchtet vielleicht am schnellsten ein. Wenn wir etwas sinnvoll finden, dann sagen wir, dass es uns *etwas sagt*. Es ist also *Wort* in der weitesten Bedeutung – nicht ein Wort aus einem Wörterbuch, aber doch Wort, dadurch, dass es Sinn vermittelt. Jedes Wort aber, das wirklich sinnträchtig ist, kommt aus dem *Schweigen* – aus dem Herzen der Stille; nur so kann es zur Stille des Herzens sprechen. (Alles andere ist nur Geschwätz.) Weder Wort noch Schweigen können aber das „Aha!" der Sinnfindung auslösen, wenn *Verstehen* fehlt. Verstehen ist ein dynamischer Vorgang. Wenn wir so tief hinhorchen auf ein Wort, dass es uns in das Schweigen führen kann, aus dem es kommt, dann ereignet sich Verstehen. Schweigen *kommt zu Wort* und das Wort kehrt durch Verstehen heim ins Schweigen.

Die Delegierten in Chicago waren eine buntgemischte Schar und boten einen farbenreichen Anblick – von den safranfarbenen Roben der buddhistischen zu den schwarzen Soutanen der orthodoxen Mönche; von den hohen Kopfbedeckungen der ostkirchlichen Archimandriten zu den Gebetskäppchen der Rabbiner, den Turbanen der Derwische und dem Federschmuck der Indianerhäuptlinge. Während sich meine Augen an dieser großen Vielfalt weideten, wusste ich, dass unter all diesen Hüllen ein und dieselbe Sehnsucht diese Menschen hier zusammengeführt hatte und in ihren Herzen brannte: Sehnsucht nach Sinn.

Wenn jede spirituelle Tradition Ausdruck der unstillbaren Sinnsuche des Menschenherzens ist, dann müssen die drei charakteristischen Aspekte von Sinn – Wort, Schweigen und Verstehen – jede Religion auf eigene Art kennzeichnen. Freilich sollten wir Unterschiede in der Betonung des ein oder anderen Aspektes erwarten, und die finden wir auch tatsächlich. In den uralten ursprünglichen Religionen – z. B. in Australien, Afrika und Amerika – sind die drei noch gleichbetont und eng miteinander verwoben in Mythos, Ritual und Gemeinschaftsleben. Als aber Hinduismus, Buddhismus und die Amen-Traditionen des Westens aus der gemeinsamen ur-religiösen Matrix herauswuchsen, begann der Nachdruck immer stärker auf einen oder den anderen Bereich zu fallen, obwohl alle drei – Wort, Schweigen und Verstehen – in keiner Tradition ganz verloren gehen können.

Meine Gespräche mit Rabbi Joseph Gelbermann, mit Professor Hans Küng und mit Pir Vilayat Inayat Khan hatten mich davon überzeugt, dass in Judentum, Christentum und Islam das Wort die wichtigste Rolle spielt. Gott wird als uns anrufend und aufrufend verstanden. Gott spricht zu uns durch alles, was es gibt, und alles ist seinem innersten Wesen nach Wort Gottes. Ein und das selbe erschaffende und befreiende Wort Gottes wird uns durch alles Seiende auf immer neue Weise entschlüsselt und erschlossen. Gott ist Liebe, daher hat Gott in Ewigkeit nichts anderes zu sagen als „Ich liebe Dich". Wie aber Liebende nie müde werden, ihre Liebe durch Geschenke, Lieder, Blumen und Küsse auszudrücken, so wiederholt Gott „Ich liebe Dich" immer wieder durch alles, was entsteht – und wir werden nicht müde es immer wieder neu zu hören.

Ich hatte aber bemerkt, dass für meine buddhistischen Lehrer Schweigen die Zentralstellung einnahm, die der des Wortes in den Amen-Traditionen entsprach. Nirgends wird das offensichtlicher als in der berühmten wortlosen Predigt des Buddha. Wie kann jemand ohne Worte predigen? Der Buddha hielt einfach eine Blume hoch. Nur ein einziger seiner Jünger verstand, heißt es. Wie konnte er aber ohne Worte beweisen, dass er verstand? (Und wenn er redet, hat er ja das Wesentliche nicht verstanden.) Er lächelte, wird uns berichtet. Der Buddha lächelte zurück, und in diesem gemeinsamen Schweigen wird die Tradition Buddhas weitergegeben an seinen ersten Nachfolger, an Mahakashypa, den Mönch, der verständnisvoll schweigend gelächelt hatte. Seither, sagt man, wird die buddhistische Tradition schweigend weitergegeben. Oder genauer gesagt, was weitergegeben wird – die Tradition selbst –, *ist* Schweigen. Das erklärt, was ich mit ano Roshi erlebte. Wenn ich meinte, einen Punkt des dhismus verstanden zu haben und ihn so genau wie ch formulierte, um ihn danach zu fragen, lachte er aus vol- Hals und sagte: „Absolut richtig – aber wie schade, dass du s in Worte fassen musst". Und wenn er selber sich in unseren Gesprächen manchmal vergaß und begann, einen Punkt zu erläutern, erwischte er sich früher oder später dabei und lachte: „Ich mache schon wieder viele Worte. Jetzt bin ich schon ein halber Christ".

Swami Satchidananda war schon vor mir in Chicago angekommen, und ich hatte ihn von weitem gesehen. Er war als der „Woodstock Guru" bekannt, weil er das *Woodstock Festival* im August 1969 eröffnet hatte. Das Festival stand unter dem Motto „Drei Tage Frieden und Musik", und er hatte von Musik gesprochen als dem „himmlischen Klang, der ins ganze Universum Ordnung bringt". Von meiner langen Freundschaft mit diesem großen Lehrer wusste ich, dass im Hinduismus weder Wort noch Schweigen letzte Bedeutung haben, sondern Verstehen. „Yoga *ist* Verstehen", hatte Swami Venkatesananda gesagt und so sein tiefes Verständnis bezeugt für das, worauf es dem Hinduismus letztlich ankommt, denn das Wort *Yoga* fasst ja die ganze hinduistische Spiritualität zusammen. Was wir oben über das Wort sagten, das aus dem Schweigen kommt und durch Verstehen ins Schweigen heimkehrt, gab mir Zugang zu der hinduistischen Einsicht: *„Atman ist Brahman"* und *„Brahman ist Atman"* – der offenbare Gott (das Wort) *ist* der verborgene Gott (Schweigen); und der verborgene Gott *ist* der offenbare. Einzusehen, dass das Wort das offenbar gewordene Schweigen ist und Schweigen das verborgene Wort – unterschieden, und doch ohne Trennung, untrennbar eins, und doch unvermischt –, das heißt verstehen. (Freilich geht es hier um ein Verstehen, das weit über verstandesmäßiges Begreifen hinausgeht, ein Verstehen mit dem Herzen, an dem Denken, Fühlen und Wollen gleichermaßen beteiligt sind.)

Wenn uns auf unserer Suche nach Sinn ein Aha-Erlebnis schenkt wir, dann sagen wir typischerweise: „Das ist es!“ D rum entschloss ich mich, bei meiner Ansprache mit diesem „Da ist es“ zu spielen. Die christliche Perspektive verrät sich, indem sie das erste Wort dieses Sätzchens betont: „*Das* ist es!“ Begeisterung darüber, dass „Gott spricht“, dass also alles, was es gibt, ein Wort Gottes ist, lässt uns Christen immer wieder ausrufen, „*Das* ist es!“ und „*Das* ist es!“, wenn immer neue Worte uns Sinn enthüllen. Bei Buddhisten ist das anders. Was sie überwältigt, ist, dass ein und dasselbe Schweigen in einer solchen Vielzahl von Dingen zu Wort kommt. Für sie ist also das dritte Wörtchen das wichtige: „Das ist *es*!“ und das und das und auch noch das; es ist immer das eine geheimnisvolle Es, das sich in allem ausspricht, was *es gibt* – das große Schweigen. Da brauchen wir unsere hinduistischen Schwestern und Brüder um uns daran zu erinnern, dass wir eigentlich sagen sollten, „Das *ist* es!“ Darauf kommt es an: das Wort *ist* das Schweigen und das Schweigen *ist* das Wort. Das einzusehen heißt: verstehen. Wir müssen lernen, die Eigenständigkeit und Einzigartigkeit jeder dieser Perspektiven zu respektieren. Sie ergänzen einander. Indem wir die uns weniger vertrauten kennenlernen, vertiefen wir unsere eigene und erweitern sie, ohne sie zu verlieren. Die Traditionen brauchen die Hilfe, die sie einander bieten können bei der gemeinsamen Suche nach Sinn.

Hier beim Parlament der Weltreligionen zeigte sich mir aber etwas Wichtiges: Spiritualität ist nicht nur ein *Suchen* nach Sinn, sie ist ebenso *Feier* von Sinn. Jeder dieser wundervollen Tage in Chicago brachte neue Feiern und Festlichkeiten, in denen die Schönheit einer Tradition nach der anderen zum Leuchten kam. Das Bild eines prachtvollen Reigentanzes drängte sich mir dabei auf, und ich entschied mich, es in meiner Ansprache zu verwenden.

Schon im 4. Jahrhundert verwendeten die griechischen Kirchenväter das Bild des Reigens oder Rundtanzes – so wie Kinder ihn tanzen, einander bei den Händen haltend und „Ringa ringa reia“

tiefe theologische Einsichten über Gottes Drei-
echen: Der Sohn – Christus als *Choryphaeos*,
es Tanzes – kommt aus der Verborgenheit des
und kehrt im Schwung des Heiligen Geistes zum
ück. Wenn mein christlicher Glaube an Gott als drei-
- nicht eins und nicht drei, sondern eins in drei und drei
eins – wirklich Ausdruck des Ur-Glaubens ist, dann musste selbst eine so spezifische Lehre wie die von Gottes Dreifaltigkeit, keimhaft in dem Glauben enthalten sein, den ich mit allen Menschen gemein habe. *Anders*gläubige sind eben auch gläubig Sinnsuchende. Und dieser keimhafte Ansatz liegt tatsächlich in der Bedeutung, die Wort, Schweigen und Verstehen bei der Sinnsuche zukommt. Aus dieser Sicht ist menschlicher Ur-Glaube zumindest implizit trinitarisch. Es begann mir zu dämmern, dass die „Offenbarung" der Trinität, die ich immer für ausschließlich christlich gehalten hatte, das Herzstück des Glaubens schlechthin war. So konnte ich also hoffen, andersgläubige Schwestern und Brüder zu erreichen, wenn ich von dieser Trinität aus meiner christlichen Perspektive sprach. Das entschied ich mich also zu tun. Ich würde über das menschliche Streben nach Sinn sprechen und das Bild eines festlichen Reigens ausmalen, bei dem die vom Wort Lebenden Hand in Hand mit denen, die ins Schweigen tauchen, und mit denen, die den Pfad des Verstehens gehen, tanzen.

Ein Rundtanz hat etwas Faszinierendes an sich. (Wir müssen da unsere Vorstellungskraft zu Hilfe rufen.) Solange wir außerhalb des Kreises stehen, wird es uns immer so vorkommen, als ob die uns am nächsten Tanzenden in die eine Richtung gingen, die uns am fernsten aber in die entgegengesetzte. Solange wir von außen zuschauen, bleiben wir in dieser Illusion gefangen; wir können es nicht anders sehen, selbst wenn wir wissen, dass es nur eine Illusion ist. Im Augenblick aber, in dem wir selber in den Kreis eintreten und die Hände unserer Mittänzer halten, ist es klar, dass alle in die gleiche Richtung gehen. Kaum hatte ich dieses Bild verwendet, konnte ich das „Aha!" der Anwesenden beinahe hören. Jetzt war, was ich zu sagen hatte, angekommen.

Es war einer der großen Augenblicke meines Lebens – ein Hö punkt, Gipfel-Erlebnis, Erfahrung grenzenloser Zugehörigke und weltweiter Gemeinschaft, Vorgeschmack des ewigen Jetzt. Ich schaute über die Versammlung hin und konnte innerlich aus vielen Herzen ein AMEN aufsteigen hören.

Gott ist die Treue im Herzen aller Dinge, unser Glaube ist das Vertrauen darauf, und das Wort, das all das zusammenfasst, ist AMEN. Unser innerstes Wesen (die Christuswirklichkeit in uns) sagt AMEN zur Treue (des verborgenen Gottes), und dieses AMEN-Sagen ist die Dynamik des Glaubens (Werk des Heiligen Geistes). So schwingen im Wort AMEN selbst Obertöne des Glaubens an den dreieinigen Gott mit, wie auch von der heiligen Silbe Om gesagt wird, dass in ihr Einheit in Dreiheit und Dreiheit in Einheit anklinge.

Was sollten die Tänzer im großen Reigen der Religionen singen? „AMEN, AMEN und nochmals AMEN!"

Vorworts aus dem Englischen von Bernardin Schellen-

aus: David Whyte. *Fire in the Earth.* Langley WA: Many , 1999. Übersetzung: David Steindl-Rast. Printed with permis- Many Rivers Press, www.davidwhyte.com. © Many Rivers Press, y, Washington.

erard Manley Hopkins, Eis-Vögel. Die Übersetzung stammt von Andreas Koziol; in: Gerard Manley Hopkins, Pied Beauty – Gescheckte Schönheit; Gedichte – zweisprachig, ausgewählt und übertragen von S. Doering, G. Falkner, H. Gericke, A. Koziol; Edition Qwert Zui Opü; im Druckhaus Galrev.

Patricia Campbell Carlson; „Waldlilie". Erstveröffentlichung. Übersetzung: David Steindl-Rast. © Patricia Campbell Carlson. Mit freundlicher Genehmigung der Autorin.

Die Rilke-Texte sind zitiert nach: R. M. Rilke, Sämtliche Werke, herausgegeben vom Rilke Archiv; Insel-Verlag, Frankfurt a. M. 1962.

An dieser Stelle möchte ich allen meinen Dank aussprechen,
die dazu beigetragen haben, dass dieses Buch zustande kommen
konnte: Menschen, Tieren und Pflanzen – von den Mitarbeitern
in der Papierfabrik, im Druckereibetrieb und im Verlag und
meinen Freunden und Lehrern, lebend und verstorben, bis hin
zu den Katzen, die mich erheiterten, und zu den Bäumen,
die zur Papierherstellung gefällt werden mussten.
Dankbar bin nicht zuletzt auch allen, die sich die Mühe nehmen,
dieses Buch zu lesen. Nur durch sie kann es ja lebendig werden.